# GERENCIAMENTO DE PROJETOS ESPACIAIS

# GERENCIAMENTO DE PROJETOS ESPACIAIS

## do Sputnik aos dias atuais

André Bittencourt do Valle
Bernardino Coelho da Silva
Carlos Alberto Pereira Soares

FGV EDITORA

Direitos desta edição reservados à Editora FGV
Rua Jornalista Orlando Dantas, 37
22231-010 | Rio de Janeiro, RJ | Brasil
Tels.: 0800-021-7777 | 21-3799-4427
Fax: 21-3799-4430
editora@fgv.br | pedidoseditora@fgv.br
www.fgv.br/editora

Impresso no Brasil | *Printed in Brazil*



1ª edição - 2017

Coordenação editorial e copidesque: Ronald Polito
Revisão: Marco Antonio Corrêa e Sandro Gomes dos Santos
Capa e diagramação: Ilustrarte Design e Produção Editorial
Imagem da capa: Nature Stock Photos

Ficha catalográfica elaborada pela Biblioteca Mario Henrique Simonsen/FGV

Valle, André
Gerenciamento de projetos espaciais: do Sputnik aos dias atuais / André Bittencourt do Valle, Bernardino Coelho da zSilva, Carlos Alberto Pereira Soares. - Rio de Janeiro : FGV Editora, 2017.
272 p.
Inclui bibliografia.
ISBN: 978-85-225-1950-7

1. Administração de projetos. 2. Astronáutica – Administração. 3. Voo espacial. 4. Naves espaciais. I. Silva, Bernardino Coelho da. II. Soares, Carlos Alberto Pereira. III. Fundação Getulio Vargas. IV. Título.

CDD – 658.404

Enquanto sentires as estrelas como algo que está
"por cima de ti" não possuis ainda
o olhar do homem que sabe.

FRIEDRICH NIETZSCHE

# SUMÁRIO

# PALAVRAS INICIAIS

> No fundo de um buraco ou de um poço,
> acontece descobrir-se as estrelas.
>
> ARISTÓTELES

O gerenciamento com sucesso de projetos de alta complexidade, como é o caso de projetos espaciais, requer sempre muito conhecimento e vivência na área, além de processos bem desenhados e estruturados, somados a ferramentas e técnicas adequadas de gestão e de monitoramento, aptos a lidar de forma efetiva e eficiente com as quatro áreas consideradas cruciais pelos autores da obra *Applied project management for space systems* (Larson et al., 2008): custo, cronograma, risco e desempenho técnico.

A rigor, um projeto espacial envolve um intenso elo entre as áreas de engenharia e tecnologia da informação e um grande número de produtos (sistemas, subsistemas e componentes) específicos e únicos, a serem customizados ou projetados, desenvolvidos e qualificados para uma determinada missão espacial.

Somado a isso, poder-se-ia enumerar (Larson et al., 2008) alguns fatores que caracterizam um projeto espacial e que nos dão a noção do quão complexo são: variados graus de prontidão tecnológica necessários para se integrar a cada subsistema espacial, considerando ainda a inexistência, até então, de alguns desses subsistemas ou componentes; requisitos de alto desempenho para componentes e subsistemas; intenso uso de software; desafios constantes para as áreas de engenharia (materiais, subsistemas específicos etc.); necessidade de se ter instalações e equipamentos sofisticados para testes e qualificação de componentes, subsistemas e sistemas espaciais.

Sem dizer que, depois de lançado algum artefato espacial, pouca ou nenhuma oportunidade há para se fazer reparo no mesmo, ou no caso de uma falha no lançamento, anos e anos de trabalho são perdidos e muito dinheiro investido simplesmente pode vaporizar.

Claro que, certamente, deixará um legado de conhecimento, mas o difícil, geralmente, é traduzir isso em comunicação com a sociedade, de tal forma que haja entendimento de que nem tudo foi em vão e que o país saiu ganhando, apesar do prejuízo material. Talvez seja o caso do fracasso no lançamento do Satélite CBERS 3, do Brasil, no dia 9 de dezembro de 2013, quando o Foguete Longa Marcha Chinês não conseguiu atingir a órbita prevista. Houve um momento de grande frustração com o acidente, mas também, com certeza, surgiu a dúvida quanto às dificuldades políticas e financeiras para a continuidade do projeto, face ao volume de recursos perdidos com a não colocação em órbita do satélite. Por outro lado, tendo tido certeza de que os subsistemas do satélite responsáveis pela sua operação no espaço (energia, comunicação, posicionamento) funcionaram, conforme previsto, mesmo estando caindo em direção ao solo, e de posse do conhecimento sobre partes reservas, foi possível, em tempo recorde, montar, testar e lançar o CBERS 4 no dia 7 de dezembro de 2014.

O custo elevado de um projeto espacial é, então, uma primeira barreira que se percebe em seu desenvolvimento. Somente a Nasa, embora ainda pressionada pela crise de 2008, tem um orçamento anual previsto até 2020 da ordem de 17,7 bilhões de dólares, conforme planilha de orçamento publicada em sua página oficial.[1]

Na obra lançada em 2011 pela Space Technology Library, intitulada *Space mission engineering: the new Smad*, no capítulo introdutório escrito por James R. Wertz, da University of Southern California, são apresentados dados de custo da indústria aeroespacial mundial, entre 2005 e 2008 (aplicações civis e militares), pelos quais se pode ver uma crescente tendência de investimento nesse setor, para aquele período: partia de quase 200 bilhões de dólares (2005) para 257,2 bilhões de dólares em 2008.

Segundo divulgado pela Agência Espacial Brasileira (AEB), durante o XII Encontro Nacional de Estudos Estratégicos, realizado no Rio de Janeiro (Brasil),[2] em 8 de novembro de 2012, o financiamento mundial em 2011, somente de projetos espaciais civis, ficou na casa de 39,5 bilhões de dólares, para pesquisa, construção, lançamento de foguetes e artefatos espaciais diversos, e o monitoramento e a manutenção de sistemas espaciais operacionais e não operacionais, ainda com o reflexo da crise de 2008.

---

1 Disponível em: <www.NASA.gov/pdf/632697main_NASA_FY13_Budget_Summary-508.pdf>. Acesso em: 12 jan. 2014.

2 Disponível em: <http://pt.slideshare.net/saepr/apresentao-xiienee-oramento-e-financiamento>. Acesso em: 14 jan. 2014.

Embora as demandas tenham aumentado nos últimos anos, segundo dados dessa mesma apresentação da AEB, o orçamento das agências espaciais tem crescido pouco, razão por que é razoável antever que seja preciso definir bem quais projetos deverão ser desenvolvidos, com o orçamento que se tem disponível.

E, quase sempre, essa decisão não ocorre apenas no campo científico, mas é muito influenciada pelo político, pois o sucesso nos projetos de exploração espacial se coloca, sobremaneira, como uma face do poderio de uma nação diante do resto do mundo, embora, diante de dificuldades econômicas em nível mundial, grandes *players* da exploração espacial estejam sendo obrigados a abrir mão de algumas ambições privadas.

Mas tais decisões também costumam ser mais de caráter político do que propriamente econômico, quando o governante resolve "jogar para o público interno" diante de uma crise ou quando o programa espacial, por si só, já não é sinal de vantagem competitiva entre as nações ou não reflete, em seus resultados, o poder. Algumas vezes também, o problema reside na falta de uma prioridade do Estado para a área espacial, porque essa área do conhecimento não foi incorporada em um projeto de Estado e continua sendo apenas aspiração de um segmento do governo.

Em recente artigo, publicado em 23 de dezembro de 2013, na *The Space Review*,[3] o doutor Roger Handberg, professor de ciência política na University of Central Florida, avaliou, com muita propriedade, esse aspecto da questão e jogou luz sobre o atual estágio do Programa Espacial Americano:

> Vários eventos aconteceram na última metade de 2013 sinalizando a chegada de uma era nova para a política espacial dos Estados Unidos. Geralmente, nenhum evento significa uma ordem nova, mas de forma crescente a situação põe o programa espacial americano em território desconhecido. Os eventos incluem a chegada de Space-X e a Ciência Orbital em estágio de ponta, com o anúncio da mais recente política de transporte espacial dos Estados Unidos, o colapso do programa de exploração espacial americano e a aterrissagem na Lua pelo veículo de exploração chinês.
>
> Esses eventos podem se agrupar em dois flancos: a política espacial doméstica e a política espacial internacional dos Estados Unidos. O que está sendo verificado agora é resultado de décadas de mudanças que vêm ocorrendo na política espacial

[3] Handberg (2013). Disponível em: <www.thespacereview.com/article/2425/1>. Acesso em: 12 dez. 2013.

> americana: não o produto de uma Administração Presidencial ou Congressual, mas, mais do que isso, a pressão inexorável de eventos frequentemente fora do campo da política espacial.
>
> Tudo é impactado pela mudança de papel dos Estados Unidos no mundo e sua resposta para essa mudança, com efeitos sentidos no programa espacial. Simbolicamente, o fim da Guerra Fria em 1989, junto com o fim da União Soviética, em 1991, vem afastando o incentivo principal e ansiedades que dirigiram os primeiros dias do programa espacial dos EUA.

Ainda em seu brilhante artigo, o professor Roger Handberg falou que "O público americano não percebe hoje uma ameaça à sobrevivência dos EUA, como fez durante a Guerra Fria. Então, outros fatores ficam mais críticos". E cita a crise econômica mundial que teve início em 2008 e ainda assombra nos dias de hoje, pelo que tememos o seu retorno.

O ex-ministro de Estado de Ciência e Tecnologia, Roberto Amaral, em contribuição para o livro *O militar e a ciência no Brasil* organizado por Manuel Domingos Neto, afirmou, de forma bastante crítica, a postura do Estado ante os projetos estratégicos, entre eles, o Programa Espacial Brasileiro:

> Ver-se-á, desde logo, que a questão espacial é um só aspecto de um tema central, que é a crise do Estado: porque, em nosso país, os projetos estratégicos são tratados como secundários e as raras políticas de Estado subordinadas a uma estrutura jurídico-burocrática descomprometida com os interesses nacionais.
>
> Os projetos estratégicos sofrem com a insuficiência de recursos, com a intermitência das políticas ou planos de governo, padecem nas mãos de uma estrutura burocrática perrengue e ainda têm de enfrentar a interferência de dezenas de instituições públicas, autônomas entre si e livres de coordenação, voltadas prioritariamente à construção de meios e controles aos quais não podem resistir as metas de produção.
>
> Não há política de Estado se não há continuidade na eleição das prioridades, variáveis não só como resultado da periódica alternância de governos, mas, até, em função do humor ou das simpatias do administrador de plantão ou do burocrata (seja o funcionário público, seja o juiz federal, seja o representante do Ministério Público, seja o ministro do Tribunal de Contas) que faz andar ou parar o processo, as petições, os esclarecimentos, os pareceres, os pedidos de informação, as liberações de recursos e mais isso e mais aquilo.
>
> O pano de fundo é o silêncio da sociedade, desinformada, e, portanto, sem opinião, um meio acadêmico pouco afeito a discussões estratégicas ou que sugiram temas supostamente de origem militar, uma ordem militar que ainda supõe que as

> questões estratégicas estão reservadas à sua domesticidade, uma imprensa desinteressada dos temas nacionais e intoxicada pela busca do escândalo, e, finalmente, um Congresso permanentemente em crise, esvaziado politicamente, acuado pelos meios de comunicação de massa e assim voltado para sua própria sobrevivência como instituição, esta restritivamente entendida como a sobrevivência eleitoral de cada um de seus membros.
>
> Não há a menor possibilidade de construção de políticas estratégicas sustentáveis sem o apoio de uma opinião pública bem informada. [Amaral, 2010:170-171]

Assim, os gerentes de projetos espaciais, além dos elevados custos a serem gerenciados, têm de lidar sempre com a expectativa de retorno que esses projetos devem trazer para a sociedade, pois deriva daí, em grande parte, o apoio e o reconhecimento que podem ser recebidos para a continuidade de tais atividades de pesquisa e exploração. Também esses gerentes sempre estarão pressionados por outras áreas que lhes requerem a mesma ou maior competência: cumprir o prazo estipulado para a missão, se certificar do alto desempenho técnico de componentes, subsistemas e sistemas, e o risco, que deve estar devidamente mitigado e em níveis aceitáveis para se assegurar o sucesso da missão.

Logicamente, outras áreas são vitais para o bom andamento e sucesso do projeto, como: gerenciamento dos *stakeholders*, planejamento, gerenciamento de aquisições e contratos de fornecimentos, projeto e desenvolvimento de software, gerenciamento da logística, comunicação, qualidade, monitoração e controle.

Segundo afirmam os autores do capítulo I do livro *Applied project management for space systems*, "Para aplicar as ferramentas e técnicas de gerenciamento de projetos, devemos estar familiarizados com as questões que determinam o sucesso de um projeto espacial" (Larson et al., 2008:4). Eles pontuam, ainda, o fato de que sistemas espaciais são sempre desenvolvidos em um contexto complexo de restrições legais, políticas nacionais de regulamentação e interesses de *stakeholders* do governo e da iniciativa privada.

Diante dessa narrativa inicial, vê-se a importância crítica do gerenciamento no sucesso de um projeto espacial, pelo que este livro demonstrará como as grandes agências espaciais e outras organizações mundo afora trabalham no gerenciamento de seus projetos em um momento ímpar da história da corrida espacial, quando muitos empresários da iniciativa privada se engajam nesse campo de pesquisa e preparam suas máquinas e sonhos para conquistarem o direito de usar o espaço, seja para o transporte de astronautas e suprimentos para a estação espacial, para o uso do espaço como plataforma de turismo espacial ou até para a pretensa ida a outros corpos celestes (como à Lua e a Marte), em viagens ainda de difícil consecução, mas que poderão se tornar realidade dentro de algumas décadas.

O destino do homem é rumo ao conhecimento de sua origem e habitar outros "mundos", embora ainda haja toda a dificuldade possível para tal. E cada vez mais a indústria espacial investirá nesse sonho de conquista, pois algo parece nos impelir a ver o futuro com nossos pés fincados em planetas distantes, a serem povoados pela espécie humana, embora correndo todos os riscos e incertezas de uma viagem que poderá não ter volta nem sobreviventes.

Assim, o gerenciamento de projetos espaciais é uma área de atuação para aqueles que querem se dedicar a uma atividade que requer a competência de saber lidar com a possibilidade da perda de vidas humanas ou de todo um projeto, caso algo saia diferente do esperado. Portanto, gerenciar um projeto espacial requer mais do que conhecer metodologias, pois exige dedicação de corpo e alma e, embora um generalista, precisa ter conhecimento multifacetado das áreas em que vai liderar. Não é um projeto qualquer.

Nosso objetivo, ao idealizar este livro, foi contribuir para a difusão do conhecimento emanado das principais agências espaciais e entregar aos gerentes de projeto uma ferramenta que poderá ser-lhes útil para o aprimoramento de suas atividades, de forma a melhorar processos e maximizar resultados, mesmo que não ligados diretamente à área espacial.

# UM BREVE PASSEIO PELA HISTÓRIA

> Às vezes acredito que há vida em outros planetas.
> Às vezes eu acredito que não.
> Em qualquer dos casos,
> a conclusão é assombrosa.
>
> CARL SAGAN

É sempre difícil falar sobre o que se faz nos dias atuais, em qualquer área do conhecimento humano, sem que se busque por suas raízes, pois a vida é, em tudo, evolutiva e continuada. Assim, é também a área de gerenciamento de projetos, pois, embora não contando com as modernas ferramentas hoje disponíveis, pode-se dizer que gerenciar projetos sempre foi uma prática das civilizações que nos antecederam, há milhares de anos.

Já na Idade do Bronze (3000 a.C. a 1550 a.C.)[4] surgiram grandes obras de engenharia na Grécia, Mesopotâmia e Creta, que só foram possíveis pelo avanço do estudo da matemática e da geometria. Por exemplo, podemos inferir que somente sendo conhecedores da matemática é que arquitetos poderiam planejar e construir as belíssimas pirâmides do Egito (2570 a.C.) e com a perfeição que as mesmas possuem.

---

[4] Apesar dos modernos recursos à disposição dos pré-historiadores e historiadores, quanto mais se recua no tempo, maiores as dificuldades que aparecem. A margem de erro para o Neolítico, por exemplo, chega a atingir a margem nada desprezível de 1000 anos ou mais; para o fim do Neolítico e primeiros séculos da Idade do Bronze, mais ou menos 400 anos; para datas entre -3000 e -2000, 200 anos; por volta de -1000, uns 50 anos. Regra geral, datas anteriores ao ano de -650, na Grécia, têm apreciável margem de erro, devido às limitações próprias da arqueologia. Após essa data, a popularização dos registros escritos facilitou muito a tarefa dos estudiosos, mas, mesmo assim, do século V em diante temos de contar ainda com uma margem de erro pequena, de 1 ou 2 anos. A exata transposição de datas gregas antigas continua, portanto, a apresentar algumas dificuldades. RIBEIRO JR., W. A. *Datação e cronologia da Grécia antiga*. Portal Graecia Antiqua, São Carlos. Disponível em: <www.greciaantiga.org/arquivoasp?num=0101>. Acesso em: 5 jan. 2014.

Outra construção também vista como uma joia da arquitetura é a chamada Grande Muralha da China, que teve sua construção consolidada, em parte, durante a Dinastia Qin, entre os anos de 221 a.C. a 206 a.C., quando o imperador Qin Shihuang teria ordenado, segundo relatos disponíveis,[5] que milhões de pessoas, entre soldados, pessoas comuns e criminosos, fossem mobilizados para a unificação das fortificações existentes, no que daria corpo a esta grande obra de engenharia, que teve continuidade em dinastias posteriores. Segundo documentário da *National Geografic* intitulado *Trekking The Great Wall* (traduzido no YouTube como *A Grande Muralha da China*), "não existe uma única muralha. Trata-se de vários muros ao norte da China construídos por várias Dinastias nos mais de 2 mil anos".[6]

No Império Romano (início provável em 27 a.C. e término em 1453 d.C.), houve notável destaque para a arquitetura,[7] com a construção do Coliseu de Roma (70-80 d.C.) e a construção das Termas de Caracala (216 d.C.), para a engenharia hidráulica e sanitária, com a construção dos grandes aquedutos, e para a rodoviária, com estradas monumentais, como a Via Ápia (312 a.C. a 264 a.C.),[8] que chegou à extensão de 600 km.

Em eras mais recentes, grande impulso na construção foi conseguido por engenheiros civis e por arquitetos, com destaque para o inglês Christopher Wren[9] (1632-1723), o escocês Thomas Telford (1757-1834)[10] e o inglês Isambard Kingdom Brunel (1806-59),[11] entre outros.

Já na última metade do século XIX, com o advento da Revolução Industrial, ocorreria uma profunda mudança na estrutura econômica do mundo

---

[5] Disponível em: <http://historiasdomundointeiro.blogspot.com.br/2012/11/muralha-da-china.html>. Acesso em: 5 jan. 2013.

[6] Disponível em: <www.youtube.com/watch?v=KdLIAnYalKn>. Acesso em: 16 dez. 2013.

[7] Disponível em: <http://pt.wikipedia.org/wiki/Arquitetura_da_Roma_Antiga>. Acesso em: 16 dez. 2013.

[8] Disponível em: <http://pt.wikipedia.org/wiki/Via_%C3%81pia>. Acesso em: 19 maio 2014.

[9] Sir Christopher Wren nasceu em East Knoyle, Wiltshire, a 20 de outubro de 1632 e morreu em Londres, em 25 de fevereiro de 1723. Foi projetista, astrônomo, geômetra e o maior arquiteto da Inglaterra de seu tempo, tendo projetado 51 igrejas em Londres, incluindo a Catedral de São Paulo, considerada uma das obras-primas da arquitetura europeia, e muitos prédios seculares, também dignos de reconhecimento.

[10] Thomas Telford nasceu em 9 de agosto de 1757, em Westerkirk, Escócia, e morreu em 2 de setembro de 1834. Foi um arquiteto e engenheiro civil, notabilizando-se como construtor de estradas, pontes e canais.

[11] Isambard Kingdom Brunel nasceu em 9 de abril de 1806, em Portsmouth, Inglaterra, e morreu em 15 de setembro de 1859. Foi um dos arquitectos, inventores e engenheiros que mais se destacou no século XIX, tendo projetado e construído estradas, pontes, navios e muitas outras obras fantásticas.

ocidental, tendo como consequência o desenvolvimento do capitalismo industrial. Com a Revolução Industrial, as relações de produção sofreram grandes modificações, dando início a uma série de transformações, que tornaria cada vez mais exigente a tarefa de gerir essas novas organizações e, consequentemente, surgiu a necessidade de sistematizar e orientar essa atividade gerencial.

Nos Estados Unidos, a primeira grande organização que foi levada a repensar a forma de gerenciar seus empreendimentos foi a Central Pacific Railroad, que iniciou suas atividades em 1861. Esse grande empreendimento teve à frente os comerciantes californianos, mais tarde conhecidos como os Big Four: Colis P. Huntington, Leland Stanford, Mark Hopkins e Charles Crocker, que construíram a primeira parte da estrada de ferro[12] transcontinental, que uniu a cidade de Omaha a Sacramento, na Califórnia, sendo considerado o maior desafio tecnológico americano do século XIX.

Esse Projeto envolveu a organização das atividades de milhares de trabalhadores de origens diversas e, segundo o Portal Britannica[13], grande parte teria sido de imigrantes irlandeses e veteranos da Guerra Civil. A construção envolveu a abertura de túneis, a construção de pontes e a montagem de quantidades não planejadas de matéria-prima, pelos obstáculos que se apresentavam ao longo do percurso, além de outro grande desafio, que era cumprir o prazo para conclusão da obra, cuja data de término foi estipulada pela Suprema Corte Americana.

Na obra *Teoria geral da administração* (Bonome, 2009) o autor João Batista Vieira Bonome relata que Henry Gantt, em 1903, já apresentara à Asme o trabalho *A graphical daily balance in manufacture* (Controle gráfico diário de produção), no qual descreveu um método gráfico de acompanhamento dos fluxos de produção. Ainda segundo Bonome, isso teria advindo de suas observações em relação à natural resistência que o ser humano tem a mudanças e normas, o que afetaria diretamente sua produtividade.

Somente em 1917 é que surgiria desses seus estudos sobre a ordem de operações no trabalho o método do Gráfico de Gantt, com técnicas de planejamento e controle, considerado, à época, uma ideia radical e inovadora, de importância mundial.

---

[12] Disponível em: <www.britannica.com/EBchecked/topic/102543/Central-Pacific-Railroad>. Acesso em: 23 dez. 2013.

[13] Disponível em: <www.britannica.com/EBchecked/topic/102543/Central-Pacific-Railroad>. Acesso em: 23 dez. 2013.

Seus estudos de gerenciamento foram realizados durante a Primeira Guerra Mundial, observando a construção de navios.[14] Henry Gantt construiu diagramas com barras de tarefas e marcos,[15] que esboçavam a sequência e a duração das tarefas de um determinado processo.

O estudo detalhado de Henry Gantt sobre a produção e que resultou na criação do Gráfico de Gantt, visto como uma eficiente ferramenta para a representação de cronogramas, foi o precursor de muitas ferramentas de gerência modernas de projeto, tais como a Work Breakdown Structure (WBS) ou Estrutura Analítica do Projeto (EAP).

Segundo relatado pela Microsoft,[16] na década de 1990 o Project foi o primeiro a adicionar linhas de vínculo às barras de tarefas, descrevendo dependências mais precisas entre as tarefas. Com o passar dos anos, o Project incluiu ainda mais informações nas linhas, como linhas de progresso em relação a uma linha de base, variações e linhas descrevendo o *status* em um ponto no tempo.

Henry Gantt também contribuiu em estudos e teorias sobre liderança, direção de pessoal e sobre as relações humanas no trabalho, tendo sido o primeiro a defender a participação dos trabalhadores nos resultados das empresas e o pagamento de bônus,[17] conforme descrito em sua obra *Work wages, and profits*. A primeira edição da obra foi publicada em 1913 pela Editora The Engineering Co., de Nova York (USA).

Henry Gantt era um humanista, sempre preocupado com o bem-estar dos trabalhadores, e era um defensor ardoroso da cooperação entre patrões e empregados, dando lugar ao autoritarismo. Gantt também foi um dos defensores do treinamento profissionalizante.

Coube, entretanto, a Frederick Taylor (1856-1915), no início do século XX, iniciar estudos de forma mais detalhada sobre o trabalho. Ele aplicou o raciocínio científico para demonstrar que o trabalho poderia ser analisado e

---

[14] Em 1917, quando se iniciou nos Estados Unidos a Primeira Guerra Mundial, Gantt trabalhou para o governo na coordenação da produção de munição e arsenais militares. Em 1918 demonstrou ter uma impressionante capacidade industrial no órgão em que trabalhava, pois coordenou a construção de 533 navios e, no final da guerra, os americanos tinham 341 estaleiros com 350 mil trabalhadores que haviam construído 1.300 navios em 18 meses. Disponível em: <www.spiner.com.br/modules.php? file=viewtopic&name=Forums&p=1132>. Acesso em: 13 ago. 2013.

[15] Nigel Slack e colaboradores, na obra *Administração da produção* (Slack et al., 2002), afirmam que, em sua origem, o Gráfico de Gantt era simplesmente um gráfico de barras horizontais, que posiciona a relação de atividades de um projeto numa base de tempo. A principal informação extraída eram as datas de início, de término e a duração de cada atividade.

[16] Disponível em: <http://office.microsoft.com/pt-br/project-help/um-historico-rapido-do-gerenciamento-de-projetos-HA010351563.aspx>. Acesso em: 8 mar. 2014.

[17] Disponível em: <https://archive.org/stream/workwagesprofits00gant#page/n3/mode/ 2up>. Acesso em: 8 mar. 2014.

melhorado, com foco em suas partes elementares. Ele aplicou sua teoria às atividades encontradas na indústria de aço (por exemplo: carregar areia, levantar areia). Taylor ocupa lugar importante na história da gerência de projetos e, como escrito em seu túmulo, ele é *o pai do gerenciamento científico*.

Num extenso artigo intitulado "Taylor superstar" e publicado no portal Exame.com em 24 de setembro de 1997,[18] o físico e autor do livro *Em busca de uma empresa quântica*, Clemente Nóbrega, comentou a obra biográfica *The one best way: Frederick Winslow Taylor and the enigma of efficiency*, de Robert Kanigel, que acabara de ser indicado para o Pulitzer.

Segundo a leitura que Nóbrega fez da obra de Kanigel, poder-se-ia ver um Taylor aquém de suas próprias ideias, pois, segundo o autor, "O taylorismo, ganhando vida própria, se revelou, de certa forma, uma ideia mais inteligente que o homem que a formulou".

Afirmou ainda Nóbrega: "A ideia taylorista acabou extrapolando o mundo das empresas e penetrando em todos os aspectos da vida do Século XX. Como um ácido que dissolve tudo, nada foi capaz de detê-la".

Com relação à dimensão tomada pelas ideias de Taylor, Nóbrega afirmou que os japoneses devoraram os escritos de Taylor na fase de reconstrução do Japão, finda a Segunda Grande Guerra. Além dos japoneses, os russos e os alemães também adotaram as ideias de Taylor. Segundo Nóbrega,

> tudo o que tem a ver com maximização de recursos no tempo, em qualquer domínio, tem algo a aprender com Taylor — da Federal Express (entregas overnight) aos robôs das linhas de montagem informatizadas de hoje. No momento econômico neoliberal-globalizado, em que vivemos, Frederick Taylor continua atual.

Apesar de todo o sucesso que o taylorismo adquiriu, dentro e fora dos Estados Unidos, ele sempre foi cercado de polêmica, pois "ele era visto também como desumano, pois tinha o trabalhador apenas como peça do sistema, onde não interferia", afirma Nóbrega.

De acordo com o artigo "Um histórico rápido do gerenciamento de projetos", publicado pela Microsoft,[19] foi durante a Segunda Guerra Mundial, diante de projetos militares e governamentais complexos e mão de obra reduzida pela guerra, que surgiu a necessidade de se buscar uma nova forma de organizar a produção. Foi quando surgiram os diagramas de rede complexos, denominados

[18] Disponível em: <http://exame.abril.com.br/revista-exame/edicoes/0645/noticias/taylor-superstar-m0049273>. Acesso em: 8 mar. 2014.

[19] Disponível em: <http://office.microsoft.com/pt-br/project-help/um-historico-rapido-do-gerenciamento-de-projetos-HA010351563.aspx>. Acesso em: 8 mar. 2014.

gráficos Pert, e o método do caminho crítico CPM (Critical Path Method), proporcionando aos gerentes mais controle sobre os projetos complexos.

A técnica CPM foi desenvolvida pela DuPont Corporation e pela Remington Rand Corporation para gerenciar projetos, pela qual seria possível identificar quais atividades críticas de um projeto poderiam atrasar sua conclusão.

Já a técnica do Program Evaluation and Review Technique (Pert) foi desenvolvida pelo Departamento de Defesa Americano (DoD), por meio do Escritório de Projetos Especiais da Marinha Americana, e com participação das empresas Lockheed e Booz, Allen & Hamilton para apoiar o desenvolvimento do míssil Polaris,[20] sob a responsabilidade da marinha norte-americana e da Lockheed Corporation.

O grupo de pesquisadores que desenvolveu a técnica, D. G. Malcolm, J. H. Roseboom, C. E. Clark (os três, da Booz, Allem & Hamilton) e W. Fazar (do Escritório de Projetos Especiais da Marinha Americana), teve publicado na edição de setembro/outubro de 1959, da revista *Operations Research*, o artigo "*Application of a technique for research and development program evaluation*",[21] descrevendo o sucesso da implantação do Pert.

No detalhado e bem ilustrado artigo,[22] com publicação autorizada pelo gerente de projetos do Sistema de Míssil Polaris John F. Mullen Jr., seus autores

---

[20] O projeto Polaris teve como objetivo principal melhorar o sistema de defesa americano, com um míssil nuclear que pudesse ser lançado de um submarino. Ele foi conduzido pela Marinha Americana durante o auge da Guerra Fria, e aplicou muitas das técnicas adotadas no projeto Manhattan (projeto de desenvolvimento de armas nucleares) desenvolvendo novas tecnologias tais como: diferenciação da equipe, cooperação, disciplina e foco no objetivo principal (resultado), e a inovação gerencial com a adoção de ferramentas como: Pert, Planos de Gestão e Técnicos, reuniões executivas semanais e centro de gerência (precursor do conceito de PMO — Project Management Office). Segundo publicado no *Times*, esse projeto demandou mais de 20 mil contratos de fornecimento e uma verba de 3,5 bilhões de dólares.

[21] O desenvolvimento do Pert teve início formalmente em janeiro de 1957, em paralelo ao CPM, mas sua origem foi o ambiente militar, pois era desenvolvido no Escritório de Projetos Especiais da Marinha dos Estados Unidos, ao receber o reconhecimento do almirante William F. Raborn de que seria preciso um planejamento integrado e um sistema de controle seguro para o Programa Polaris de Mísseis Balísticos Intercontinentais. Com o apoio do almirante William, o Pert foi desenvolvido por um time de pesquisadores da Divisão de Sistemas do Projeto Polaris integrado pela Lockheed e a Consultoria Booz, Allen & Hamilton, que pensavam que era um método novo que resolveria o problema do planejar, enquanto programando, e controlar o projeto de construção de submarinos atômicos, onde eles teriam que coordenar e controlar, durante uns cinco anos, cerca de 250 companhias, os trabalhos de 9 mil trabalhadores subcontratados e numerosas agências de governo. Em julho de 1958, o primeiro relatório do programa foi publicado, o *Program evaluation and review technique*, decidindo-se pela sua aplicação em outubro de 1958 e admitindo-se um avanço de dois anos dos cinco previstos. Disponível em: <http://victoryepes.blogs.upv.es/2013/12/13/los-origenes-del-pert-y-del-cpm/>.

[22] Ver reprodução completa do original deste artigo no endereço: <www.pmforum.org/library/second-edition/2009/PDFs/dec/Morin-Footnote1.pdf>.

discorrem longamente sobre como a metodologia foi desenvolvida; primeiramente, a forma conceitual e, depois, sua aplicação, no Programa de Mísseis Polaris. Isso foi feito em três fases:

a. Na fase de pesquisa e estudo de viabilidade do projeto;
b. Em algumas áreas selecionadas na fase de produção piloto; e
c. Na implantação do sistema em todas as etapas do programa de mísseis.

Na conclusão desse artigo, os autores relatam que, em meados de 1959, 17 meses depois de iniciada a pesquisa dessa ferramenta gerencial, a maioria das operações relacionadas com o Programa de Mísseis Polaris era coberta por meio de 23 redes Pert, contendo mais de 2 mil eventos conectados por cerca de 3 mil atividades.[23]

O Departamento de Defesa Americano (DoD), a Nasa e a indústria aeroespacial publicaram, em 1962, um guia intitulado *Pert Cost Systems Design*, o qual incluía uma descrição de uma estrutura que se aproximava muito do que viria a ser a WBS atual. Esse guia foi endossado pelo secretário de Defesa para utilização em todos os projetos.

Em agosto de 1964, o Grupo de Coordenação do Governo dos Estados Unidos publicou o *Pert implementation manual*, o qual incluía uma primeira discussão sobre a WBS, onde seus autores declararam que os planos e os cronogramas poderiam ser desenvolvidos sem a existência de uma WBS, mas que, dessa forma, tais ferramentas poderiam não estar conforme com os objetivos do projeto e com os produtos a serem entregues.

Em 1965 foi criado, em Viena, um fórum para que gerentes de projetos se reunissem e trocassem informações, vindo esse fórum a dar origem ao International Project Management Association (IPMA), a primeira associação de gerenciamento de projetos do mundo.

---

[23] No ano de 1956, 59 pessoas ligadas a gerenciamento de projetos e especialistas em planejamento e programação especialmente ligados à área de custos, durante reunião para organizar a Associação Americana de Custo, que ocorria na Universidade de New Hampshire em Durham, New Hampshire, fundaram a American Association of Cost Engineers (AACE), hoje denominada AACE International. Atualmente, a AACE tem cerca de 9 mil membros, presentes em 87 países, inclusive no Brasil, segundo publicado em seu sítio. A AACE contribui para a disseminação das melhores práticas em gerenciamento de custos e tem como missão, por meio de seus membros, "fazer com que organizações ao redor do mundo alcancem suas expectativas de investimento administrando e controlando projetos, programas e portfólios; criando valor mediante o conhecimento técnico e desenvolvimento profissional". Disponível em: <www.aacei.org/aboutUs/welcome.shtml>. Acesso em: 8 mar. 2014.

Hoje o IPMA tem presença física em 50 países, com mais de 40 mil associados em todo o mundo, tendo um programa de certificação de profissionais com base em suas competências e em quatro níveis de certificação.

Em 1º de novembro de 1968, o DoD, por meio da Diretoria de Análise de Custo do Comando da Força Aérea Americana, publicou a Norma Militar MIL-STD-881, *Work breakdown struture for defense material items*, e determinou que os próximos projetos de pesquisa, desenvolvimento, testes e engenharia, com valores superiores a 10 milhões de dólares, utilizassem tal metodologia, como um item contratual.

Somente em 2 de janeiro de 1998, o DoD editou a Norma MIL-HDBK-881, em substituição à Norma MIL-STD-881, e, devido à mudança de filosofia interna ao DoD, este deixou de exigir contratualmente a utilização da WBS, mesmo porque essa ferramenta de gestão já havia sido incorporada às práticas de gestão de projetos da indústria aeroespacial.

O Project Management Institute (PMI) teve origem a partir de intensos debates havidos entre James R. Snyder,[24] Eric Jenett, Gordon Davis, A. E. "Ned" Engman e Susan C. Gallagher, que se reuniam na casa de James Snyder para discutir o que seriam as melhores práticas de gerenciamento de projetos.

Essas discussões levaram à realização, no dia 9 de outubro de 1969, no *campus* do Instituto de Tecnologia da Geórgia, em Atlanta, Geórgia (USA), do Primeiro Seminário e Simpósio sobre Gerenciamento de Projetos. Dele participaram 83 pessoas e foram apresentados oito artigos.

Esse encontro daria origem ao PMI, fundado nessa data, na Pensilvânia (USA), e comunicado aos participantes do seminário, em um jantar de encerramento do evento, tendo a metade dos presentes imediatamente aderido à ideia.

Hoje, o PMI detém mais de 700 mil associados em 185 países, sendo a principal associação de profissionais em gerenciamento de projetos, de diferentes áreas de atuação.

Em 1983, na tentativa de documentar e padronizar as práticas que são normalmente aceitas na gerência de projetos, foi publicado o artigo "*Ethics, standards, and accreditation committee final report*", sendo a primeira edição do *A guide to the project management body of knowledge (PMBOK Guide)* publicada pelo Project Management Institute (PMI) em 1996, estando atualmente em sua sexta edição (2017).

---

[24] James R. Snyder formou-se em administração pelo Instituto de Tecnologia da Geórgia em 1960 e trabalhou por 36 anos e 11 meses em uma grande indústria farmacêutica, onde ocupou várias posições, como programador de computador, na área de pesquisas operacionais, como gerente de escritório de projetos e como diretor internacional de marketing, administração e finanças, até se aposentar em 1997 (perfil público em: <www.linkedin.com/pub/james-snyder/5/524/8a8>).

# CONTRIBUIÇÕES DO PROJETO APOLLO

> Quando uma criatura humana desperta para um grande sonho e sobre ele lança toda a força de sua alma, todo o universo conspira a seu favor.
>
> JOHANN GOETHE

O Projeto Apollo surgiu com a decisão do presidente John F. Kennedy, em 25 de maio de 1961, de que os Estados Unidos teriam que colocar, com segurança, um homem na Lua antes do final da década, em resposta à façanha do lançamento do Sputnik, que colocou a União Soviética à frente na corrida espacial, mantida entre ambos.

Em seu longo e firme pronunciamento anual ao Congresso, o presidente Kennedy, entre outros temas relevantes, abordou o tema espacial e, durante sua fala, conclamou o Congresso e o povo americano a pensarem muito sério sobre o assunto e afirmou decidido:[25]

> [...] Eu acredito que esta Nação deve se comprometer em alcançar a meta, antes que esta década termine, de pousar um homem na Lua e trazê-lo de volta em segurança para a Terra. Nenhum projeto espacial nestes tempos será tão impressionante para a humanidade ou mais importante para a exploração de longo prazo do espaço; e nenhum será tão difícil ou caro para se realizar.

A Nasa, relatando a história do Projeto Apollo em *Project Apollo: a retrospective analysis* (Projeto Apollo: uma análise retrospectiva),[26] afirmou que somente a construção do canal do Panamá poderia rivalizar com o Projeto Apollo, que foi o maior esforço tecnológico não militar dos Estados Unidos.

Segundo Charles Murray e Catherine Bly Cox, na obra *Apollo* (2004), o nome Apollo foi sugerido, em janeiro de 1960, por Abe Silverstein, então chefe do Office Of Space Flight Programs da Nasa, em homenagem ao deus grego[27]

---

25 O discurso de John F. Kennedy está disponível em: <http://millercenter.org/presidente/speeches/detail/ 3368>.

26 Disponível em: <http://history.NASA.gov/Apollomon/Apollo.html>. Acesso em: 20 jan. 2014.

27 Na mitologia grega, Apollo era o deus das artes, da música, da profecia, da verdade, da poesia, da harmonia, da perfeição e da cura. Considerado um dos mais importantes, versáteis e venerados deuses da Grécia Antiga, pois era um dos deuses olímpicos. Era também muito importante na mitologia romana. Era filho de Zeus (deus dos deuses) e Leto (deusa do anoitecer) e irmão de Ártemis (deusa da caça). Era pai de Asclépio (deus da medicina e da cura) e Aristeu (deus da agricultura e vegetação). Fonte: <www.suapesquisa.com/mitologiagrega/Apollo.htm>.

homônimo, para manter a tradição de nomeação de projetos com nomes mitológicos, já que o Projeto Apollo viria substituir o Projeto Mercury, denominação que homenageava aquele deus romano e que também foi sugerido pelo mesmo Silvertein no ano anterior.

Foi um projeto que, segundo a Nasa,[28] tinha uma previsão orçamentária, até o final da década, de 20 bilhões de dólares (cerca de 150 bilhões de dólares, em valores corrigidos de 1992). Contudo, os gastos da Nasa entre 1956 e 1973 foram de 23,6 bilhões de dólares — incluindo os 20 bilhões de dólares do Projeto Apollo, muito por conta da perspicácia e do traquejo político do então diretor da Nasa James Webb,[29] que dá nome hoje ao projeto do telescópio que substituirá o Hubble, que completou, em 2015, 25 anos no espaço.

Ainda segundo dados publicados pela Nasa, teriam sido alocados em 1965, no Projeto Apollo, entre trabalhadores diretos e indiretos, cerca de 376.700 pessoas, contra 10.000 em 1960, sendo a maioria ligada à indústria, a centros de pesquisa e a universidades.

A mobilização de todos esses recursos humanos não teria sido o único desafio para os responsáveis por fazer cumprir a meta do presidente Kennedy. A Nasa teve de lidar com culturas e abordagens institucionais diferentes, pois tanto a Nasa quanto as universidades, fornecedores e centros de pesquisa tinham diferentes perspectivas sobre como colocar em prática a tarefa de tornar realidade o Projeto Apollo.

Segundo relata o doutor Roger D. Lanius no artigo "*The legacy of the Apollo moon landings*",[30] o principal desafio não era o tecnológico:

---

[28] Disponível em: <http://history.NASA.gov/Apollomon/Apollo.html> (em inglês). Acesso em: 20 jan. 2014.

[29] James Edwin Webb, (1906-92), foi o administrador da Nasa durante o Programa Apollo (1961-68). Formado na Universidade de Carolina do Norte, em 1928, Webb se tornou um piloto da Marinha. Ele começou a carreira no meio governamental em 1932 como assessor congressional em Washington, DC, e de 1934 a 1936 ele estudou direito na George Washington University. Trabalhou para a Sperry Gyroscope Company de 1936 a 1944, quando foi readmitido no corpo de fuzileiros navais para o resto da Segunda Guerra Mundial. Durante a administração do presidente Harry Truman (1945-53), Webb foi indicado para o cargo de diretor da Agência do Orçamento e Subsecretário de Estado. Quando Truman deixou a Presidência, ele foi trabalhar para a Kerr-McGee Cia de Petróleo. Webb se tornou o administrador da Nasa em 1961, meses antes de o presidente John F. Kennedy anunciar o compromisso norte-americano de enviar um homem à Lua antes de 1970. Webb deu prioridade ao sucesso do Projeto Apollo. Usando de suas habilidades políticas, conseguiu reunir e manter apoio para o Programa, até mesmo depois que três astronautas morreram no acidente de 1967. Webb também era um estudante agudo de administração pública e a Nasa foi usada como laboratório para suas ideias de como organizar grandes projetos, o que aumentou as chances do sucesso do Programa Apollo. Webb aposentou-se em 1968, ao encerrar seu mandato à frente da Nasa.

[30] Disponível em: <www.e-ir.info/2012/10/26/the-legacy-of-the-apollo-moon-landings/>. Acesso em: 23 maio 2014.

James E. Webb, o Administrador da Nasa, no auge do Programa, entre 1961 e 1968, sempre sustentou que o Projeto Apollo era muito mais um exercício de gestão do que qualquer outra coisa, e que o desafio tecnológico, ao mesmo tempo sofisticado e impressionante, estava ao alcance. Mas difícil mesmo foi garantir que essas capacidades tecnológicas fossem conseguidas. Os líderes da Nasa tiveram que adquirir e organizar recursos sem precedentes para realizar a tarefa que tinham em mãos. Embora o Projeto tivesse desafios políticos e tecnológicos, a gestão era a parte crítica. Durante sete anos, após a decisão pela realização do Projeto Apollo pelo presidente Kennedy, até outubro de 1968, James Webb teve que se tornar político, persuadir, ser persuadido e manobrar em favor da Nasa em Washington. No processo, ele adquiriu para a agência recursos suficientes para atender suas necessidades para o Projeto Apollo.

Para promover ordem ao programa, a Nasa expandiu o conceito de "gerenciamento de programa" emprestado por T. Keith Glennan[31] no final de 1950 e levou gestores militares para supervisionar o Projeto Apollo.

FIGURA 1

Organização para o gerenciamento do Projeto Apollo

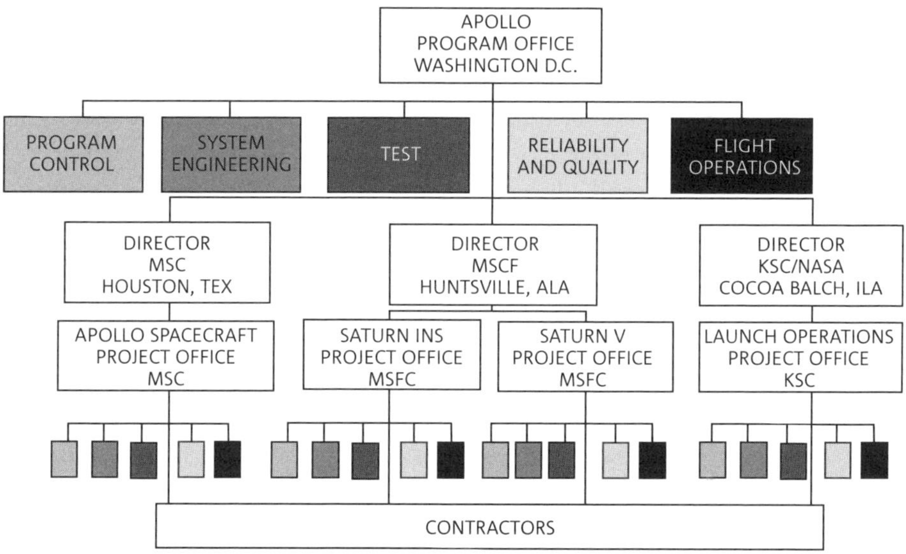


NOTE: FUNCTIONAL OFFICES AT CENTERS ARE SHOWN COOED CORRESPOND WITH FUNCTIONAL OFFICES IN WASHINGTON PROGRAM OFFICE

Fonte: MIT Libraries/Cambridge.[32]

[31] Segundo publicado no endereço <www.astronautix.com/astros/glennan.htm Glennan>, T. Keith (1905-95), engenheiro americano, foi administrador da Nasa entre 1958 e 1961. Sob seu comando a Nasa levou para seu time a equipe de von Braun e gestores militares do Projeto Saturn.

[32] Disponível em: <http://history.NASA.gov/monograph37.pdf>. Acesso em: 8 maio 2014.

A figura central neste processo foi a Força Aérea dos EUA, por meio do general Samuel C. Phillips,[33] que foi o arquiteto do Programa dos Mísseis Intercontinentais (Projeto Polaris).

Respondendo diretamente ao Gabinete do Manned Space Flight na sede da Nasa, o general Phillips criou um Escritório do Programa com autoridade centralizada sobre as áreas de projeto, engenharia, construção, fabricação, peças de reposição, logística, treinamento e operações, o que fez introduzir no projeto o conceito de gestão de programa.

Além de agregar as ferramentas de gestão, desenvolvidas para os Projetos Manhattan e Polaris, a adoção do conceito de gerenciamento do programa trazia também a definição de custo, cronograma e confiabilidade, que eram três fatores críticos para se alcançar o sucesso do projeto, razão pela qual eles estariam inter-relacionados e, portanto, teriam de ser geridos em conjunto.

A meta ditada pelo presidente Kennedy era clara. Desde que humanos estavam envolvidos nos voos, e desde que o presidente havia ordenado que o pouso lunar fosse realizado com segurança, os gestores do Programa deveriam colocar uma forte ênfase na confiabilidade.

Assim, o Projeto Apollo usava intensivamente sistemas redundantes, onde falhas fossem previsíveis, preservando o fator tempo. A importância desses dois fatores forçou o custo, que passou a ser muito maior do que poderia ter sido no caso de um programa lunar mais vagaroso, como tinha sido conceituado na última década de 1950.

Entretanto, o conceito de gerenciamento do programa foi reconhecido como um Fator Crítico de Sucesso do Projeto Apollo, em novembro de 1968, quando a revista *Science*, uma publicação da Associação Americana para o Avanço da Ciência, observou:

> Em termos de números de dólares ou de homens, a Nasa não tem sido a nossa maior empresa nacional, mas em termos de complexidade, taxa de crescimento e sofisticação tecnológica, tem sido a única. [...] Pode acontecer que [do programa espacial] a mais valiosa *spin-off* de todos será humana e não tecnológica: melhor conhecimento de como planejar, coordenar e monitorar as atividades múltiplas

[33] Samuel Cochran Phillips, um general da Força Aérea dos EUA, foi o último gerente do Programa Apollo e atuou durante a aterrissagem lunar em 1969, tendo morrido de câncer aos 68 anos. Phillips se aposentou da Força Aérea em 1975 assumindo o comando do Programa Apollo em 1964. Disponível em: <www.nytimes.com/1990/02/01/obituaries/samuel-c-phillips-who-directed-apollo-lunar-landing-dies-at-68.html>. Acesso em: 15 dez. 2013.

e variadas das organizações necessárias para realizar grandes empreendimentos sociais. [Wolfle, 1968]

Mas a coisa dentro dos muros da Nasa, segundo relatos da própria Agência, não era sempre assim tão fluida. Havia uma concorrência enorme entre grupos de trabalho, às vezes vista como benéfica, mas vezes outras a coisa beirava a conflitos generalizados. Dois grandes grupos se distinguiam nestas pelejas: o dos engenheiros e o dos cientistas.

Administrar esses conflitos e aparar tantas arestas então tornou-se uma tarefa hercúlea para os gestores, sem considerar que ainda tinham as indústrias, centros de pesquisa e universidades, cada qual com seus próprios problemas e que refletiam no bom andamento do Projeto, já que a maioria das atividades era realizada fora da Nasa.

Mas esses conflitos de ordem burocrática e cultural, em sua quase maioria, deram margem para que fossem introduzidas novas estruturas e novos processos de gestão que, ao cabo, vieram potencializar a organização e a gestão das pessoas.

Desde o início do Projeto Apollo, os requisitos de Gerenciamento da Configuração foram implantados, o que já era uma prática do Departamento de Defesa Americano (DoD) desenvolvida pela Força Aérea Americana (Usaf), tomada como referência na Nasa.

Assim, em 18 de maio de 1964 foi editada a recomendação NPC 500-1, que, em janeiro de 1970, seria substituída pelo *Apollo configuration management manual* (Manual de gerenciamento da configuração) do Programa Apollo, que recebeu o código NHB 8040.2.[34]

Esse manual de gerenciamento da configuração veio suplementar as práticas até então existentes na Nasa, sendo as principais: o estabelecimento de um sistema de auditoria da configuração, a definição de responsabilidades no gerenciamento da configuração na interface entre instituições e centros de pesquisa, a extensão dessa prática para os programas de computador e o reconhecimento de manuais, normas e especificações do Departamento de Defesa para o campo do Gerenciamento da Configuração.

Um fato lastimável do Projeto Apollo — o incêndio ocorrido no módulo de comando em fase de simulação da Apollo 1, em 27 de janeiro de 1967, e que mataria três astronautas — provocou um atraso de 21 meses no Projeto, tempo

[34] Disponível em: <https://ia600507.us.archive.org/21/items/NASA_techdoc_19800071127/1980007112.pdf>. Acesso em: 23 set. 2013.

no qual o projeto foi revisto com a introdução de 1.300 modificações, com um custo adicional de 472 milhões de dólares.[35]

Em seu site oficial, a Nasa relata[36] o acidente ocorrido com a Apollo 1:

> No dia 27 de janeiro de 1967, uma tragédia golpeou o Projeto Apollo quando ocorreu um incêndio no módulo 012 na cabine de mando, durante um teste de plataforma para o lançamento da Apollo/Saturn (1º voo tripulado) ao espaço, que estava previsto para preparar a missão AS-204. Três astronautas [...] que se preparavam para o primeiro voo espacial morreram neste acidente trágico.
> [...] O relatório apresentou os resultados da investigação e fez recomendações que conduziram a modificações no projeto e recomendações para a criação de revisões para o planejamento de testes, normas para testes, processos industriais e procedimentos de controle de qualidade. Com essas mudanças, foi aumentada a segurança da cabine de comando e dos módulos de serviço e lunar.

Entretanto, o Comitê de Investigação desse acidente isentou a Nasa de problema, no que se referia ao gerenciamento da configuração, conforme relata Eve Lichtgarn, em artigo publicado no site The Space Review, em 23 de outubro de 2006,[37] e intitulado: *Review: the secret of Apollo*, no qual avaliou a obra de Stephen B. Johnson: *The secret of Apollo: systems management in American and European space programs.*

## O PROJETO QUE DEU LARGADA À CORRIDA ESPACIAL

> O pensamento lógico pode levar você de A a B,
> mas a imaginação te leva a qualquer parte do Universo.
>
> ALBERT EINSTEIN

O tema "gerenciamento de projetos espaciais" nos remete, inevitavelmente, aos tempos da Guerra Fria[38] entre Estados Unidos e União Soviética, quando

---

[35] Disponível em: <http://history.NASA.gov/Apollo204/effects.html>. Acesso em: 19 jan. 2014.

[36] Disponível em: <http://history.NASA.gov/Apollo204/>. Acesso em: 19 jan. 2014.

[37] Disponível em: <www.thespacereview.com/article/727/1>. Acesso em: 13 dez. 2013. O site The Space Review é especializado em publicação de artigos sobre exploração espacial, ciência, tecnologia, negócios, política e outros, que objetiva criar um canal a mais para a divulgação desses artigos.

[38] A chamada Guerra Fria foi a época em que Estados Unidos e União Soviética, compreendendo o período entre o final da Segunda Guerra Mundial (1945) e a extinção da União Soviética

as duas grandes potências lutavam pela supremacia geopolítica, buscando demonstrar ao resto do mundo qual regime era mais eficiente e benéfico, com os Estados Unidos colocando sempre em confronto a questão da liberdade *versus* a tirania, retórica que o presidente John F. Kennedy usou em seu famoso discurso ao Congresso, quando lançou o desafio de levar e trazer com segurança um homem à Lua.

Mas foi justamente no campo espacial que os soviéticos levaram a vantagem inicial, ao inaugurarem a chamada Era Espacial, no dia 4 de outubro de 1957, quando teve êxito a colocação em órbita do Sputnik,[39] o primeiro satélite artificial da Terra.

Esse feito era esperado desde o dia 27 de maio de 1954, quando Sergei Korolev, engenheiro soviético de foguetes,[40] apresentou a Dmitry Ustinov, então ministro de Indústrias de Defesa, um plano para desenvolver um satélite artificial para orbitar a Terra.

À mesma época, um relatório apresentado pelo cientista russo de foguetes Mikhail Tikhonravov sugeria que projetos semelhantes estavam sendo desenvolvidos em outros países e ele defendia a necessidade de se desenvolverem os satélites artificiais, mas como uma estratégia para o desenvolvimento de foguetes, e justificava que isso, no futuro, possibilitaria a comunicação interplanetária.

Um ano e um meio depois, no dia 30 de janeiro de 1956, o Conselho de Ministros da União das Repúblicas Socialistas Soviéticas (URSS) aprovaria um projeto para se construir um satélite artificial que deveria orbitar a Terra, dando um prazo de, aproximadamente, dois anos para que fosse desenvolvido tal satélite, chamado, à época, de Objeto D. O peso projetado para esse primeiro satélite deveria ser entre 1.000 e 1.400 kg e deveria ter capacidade para transportar entre 200 a 300 kg de carga útil.

---

(1991), se polarizavam estrategicamente nos campos político, tecnológico, econômico, social e ideológico, sem, contudo, nunca terem estabelecido um embate militar direto, razão do porquê do nome atribuído.

[39] Embora, no meio espacial seja visto como sinônimo de satélite, Sputnik significa "companheiro de viagem".

[40] Sob o comando de Sergey Pavlovitch Korolev (desde 1953), um time de engenheiros russos desenvolveu projetos balísticos, progressivamente mais sofisticados, começando com o míssil R-1 (a cópia soviética do A4), o R-2, e então o R-5 e sua versão nuclear, o R-5M. O próximo passo seria o desenvolvimento de um míssil capaz de atingir distância intercontinental. Antes de 1953, o time de Korolev, em cooperação com várias outras organizações de P & D, idealizou dois mísseis intercontinentais, sendo um balístico e outro um projétil de cruzeiro. Em maio de 1954, o governo soviético oficialmente aprovaria a construção de pelo menos três mísseis intercontinentais, sendo um o R-7.

O primeiro lançamento para teste do Objeto D seria marcado para 1957. A execução desse projeto, além de contar com o trabalho das equipes de Korolev e de Tikhonravov, teve também de ser dividida entre diferentes organizações russas.

Quando as partes do satélite foram levadas para serem integradas, verificou-se que elas não se encaixavam como projetadas. Diante disso e com os cientistas constatando outros problemas do projeto,[41] chegou-se à conclusão de que o tal Objeto D não estaria pronto a tempo e, por conseguinte, a data do lançamento deveria ser remarcada.

O fracasso no lançamento do Objeto D era um alerta para cientistas e autoridades russas de que os Estados Unidos poderiam lançar um satélite antes deles. Assim, Korolev apresentou a ideia de se mandar ao espaço dois satélites menores (30 e 40 kg), o que foi aprovado pelo Conselho de Ministros da União Soviética.

Segundo a publicação digital do jornal *Pravda*,[42] de 4 de outubro de 2007, em comemoração aos 40 anos do lançamento do Sputnik I:[43] "O líder (Korolev) do projeto, cujos talentos como cientista e como administrador de vontade férrea se equivaliam, pressionou o Kremlin a permitir que ele tentasse lançar um satélite".

Assim, em 15 de fevereiro de 1957, foi determinado aos cientistas e engenheiros que começassem a trabalhar em um satélite mais simples, que foi chamado Objeto PS[44] (Prosteishiy Sputnik ou Satélite Simples), que pudesse ser lançado pelo foguete R-7.

---

41 Os testes de empuxo do foguete R-7 mostraram que ele não tinha capacidade para levar ao espaço o Objeto D, de 1,5 t.

42 Disponível em: <http://port.pravda.ru/science/04-10-2007/19546-sputnik-0/>. Acesso em: 18 mar. 2014.

43 A designação completa de Sputnik em russo era "Iskustvenyi Sputnik Zewli", ou companheiro artificial da Terra.

44 Para viabilizar a construção do primeiro satélite artificial, chamado originalmente de PS-1, houve muito debate sobre sua forma construtiva; a maioria dos cientistas preferia uma forma cônica, desde que possibilitasse o ajuste do mesmo ao nariz do foguete. Entretanto, o gerente do Projeto, o cientista chefe Sergey Korolev, em uma dessas reuniões, sugeriu que fosse uma esfera de metal, com pelo menos 1 metro de diâmetro. Foram ainda definidas seis premissas principais a serem seguidas na construção do satélite PS-1:

- O satélite teria de ser de máxima simplicidade e confiabilidade, lembrando-se que a metodologia a ser usada nesse projeto deveria ser replicada em projetos semelhantes no futuro;
- O corpo do satélite seria esférico para determinar a densidade atmosférica ao longo de sua trajetória;
- O satélite deveria ser equipado com equipamento de rádio que trabalhasse em dois comprimentos de onda, e que sua potência fosse suficiente para ser localizado por amadores e obter dados de propagação de ondas de rádio na atmosfera;
- Que a antena deveria ser projetada para não afetar a intensidade do sinal de rádio, se o satélite girasse;
- Que a fonte de energia deveria ser à base de baterias químicas, que assegurassem o funcionamento do satélite durante duas a três semanas; e
- Que o acoplamento do satélite ao corpo do foguete fosse projetado de tal modo que minimizasse a possibilidade de uma falha na separação ou uma falha no desdobramento das antenas.

Esse satélite,[45] quando estivesse em órbita, deveria ser localizado visualmente por observadores baseados na Terra, e transmitiria sinal de rádio a estações receptoras. No dia 22 de setembro de 1957 foi lançado, para testes, um foguete R-7 modificado,[46] chamado Foguete Sputnik, com resultados positivos, indicando aos cientistas que o lançamento do satélite poderia ser um sucesso.

FIGURA 2
O Sputnik

Fonte: Deposit Photos.

[45] Foram estabelecidos cinco objetivos científicos para o satélite, que eram:

- Testar o método de se colocar um satélite em órbita da Terra e verificar sua separação do foguete;
- Obter informações sobre a densidade da atmosfera, o que seria de grande utilidade para se calcular a vida útil em órbita de futuros satélites;
- Testar sistemas de rádio e métodos ópticos de localização orbital;
- Determinar os efeitos da propagação de ondas de rádio pela ionosfera; e
- Conferir os princípios da pressurização usada no satélite.

[46] O foguete R-7 utilizado para lançamento do Sputnik era modificado e tinha dois estágios e 19 metros de altura. O foguete era propulsado por LOX (oxigênio líquido) e querosene. Ele foi projetado a partir de modificação do foguete R-7 Semyorka, de dois estágios, originalmente projetado pelo ICBM (*Intercontinental Ballistic Missile*) e construído pela OKB-1 (S.P. Korolev Rocket and Space Corporation Energia), para lançar ogivas nucleares.

O foguete R-7 (ou foguete Sputnik), levando o primeiro satélite artificial, foi lançado durante o Ano Geofísico Internacional, no dia 4 de outubro de 1957. O satélite viajou a 29 mil km/h, levando 96,2 minutos para completar uma órbita, e emitiu o sinal de rádio que foi monitorado no mundo inteiro por operadores de radioamadores.

Os sinais continuaram durante 22 dias, até que acabou a carga das baterias do transmissor no dia 26 de outubro 1957. Na reentrada, no dia 4 de janeiro de 1958, o Sputnik queimou.

Com o lançamento do Sputnik,[47] a URSS (ex-União Soviética) se tornou a pioneira em tecnologia espacial. Depois do primeiro satélite, a URSS teve outros feitos de destaque, como o envio ao espaço do primeiro ser vivo (uma cadela chamada Laika) e depois o primeiro homem ao espaço exterior, que foi Yuri Gagarin.

FIGURA 3

O Sputnik em vista explodida

Fonte: Deposit Photos.

[47] O Sputnik era uma esfera bipartida com diâmetro interno de 58 centímetros e quatro antenas, com uma massa total de 83,6 kg, tendo um transmissor de rádio em seu interior. Levava três baterias de prata-zinco que forneceram energia para o transmissor de rádio e o sistema de regulagem de temperatura, que era feito por um ventilador e um termostato. O Sputnik estava cheio com nitrogênio seco que foi pressurizado a 1,3 atmosfera.

Interessante que, somente depois de 50 anos do lançamento do Sputnik, o mundo pôde saber a verdadeira história desse grande feito soviético. E isso foi possível pelas declarações[48] feitas pelo engenheiro de foguetes e cosmonauta Georgy Grechko, com 76 anos, em Moscou, no dia 2 de outubro de 2007, quando se comemoravam os 50 anos da inauguração da Corrida Espacial. Segundo Grechko, o foguete R-7 foi desenvolvido não para atender a um programa espacial, mas para transportar uma bomba de hidrogênio até os Estados Unidos. E somente foi utilizado para o lançamento do Sputnik porque o programa da bomba de hidrogênio estava com problemas, oportunidade aproveitada por Korolev para pressionar o Kremlin a permitir o lançamento de um satélite. Grechko disse também que, para os militares soviéticos, o tal satélite era um brinquedinho de Korolev e que eles preferiam preservar o foguete para lançar a bomba.

E a incredulidade quanto ao feito prosseguiu até dois dias depois do lançamento, quando as autoridades soviéticas, engenheiros e a imprensa entenderam, de fato, o significado daquela pequena esfera metálica que circundava a Terra.

## CONHEÇA UM POUCO DA PARTICIPAÇÃO BRASILEIRA

> A coisa mais indispensável a um homem é reconhecer
> o uso que deve fazer do seu próprio conhecimento.
> PLATÃO

Segundo o professor Aldo Weber Vieira da Rosa,[49]

> na percepção pública, a era espacial começou com o lançamento do satélite russo Sputnik embora, antes disso, já houvesse sociedades em muitos países reunindo entusiastas do assunto. No Brasil, a Sociedade Interplanetária Brasileira (SIB)[50] promovia reuniões regulares para debater tópicos de interesse.

---

48 Ver a íntegra em: <www.foxnews.com/story/2007/10/02/sputnik-secret-history-finally-revealed/>.

49 O professor Aldo Weber Vieira da Rosa é ilustre, mas, infelizmente, no Brasil, é quase um desconhecido pesquisador. Foi um pioneiro na pesquisa ionosférica, em Stanford University (USA), onde tirou o título de PhD e onde atua, desde 1966, como pesquisador nas áreas de processos ionosféricos e de energias alternativas.

50 Segundo o artigo "Partirão de Carapicuíba os projéteis para a Lua", publicado pelo jornal *Folha da Noite*, de 27 de abril de 1953, a SIB foi fundada em meados de fevereiro de 1953 em São Paulo; a associação tinha por finalidade reunir homens de ciência, escritores e pessoas direta ou

Em 1960, segundo fonte do Ministério da Ciência e Tecnologia,[51] "o presidente Jânio Quadros estabeleceu uma comissão que objetivava a elaboração de um programa nacional para a exploração espacial". Foi em decorrência desses primeiros trabalhos que, em agosto de 1961, foi formado o Grupo de Organização da Comissão Nacional de Atividades Espaciais (Gocnae), o que deu origem à Missão Espacial Brasileira (MEB). Os pesquisadores que compunham o Gocnae participaram de projetos internacionais nas áreas de astronomia, geodésica, geomagnetismo e meteorologia.

É possível constatar, nos termos do Decreto nº 51.133 (3/8/1961), assinado pelo presidente Jânio Quadros, que a SIB foi agraciada com uma vaga no Conselho do Grupo de Organização da Comissão Nacional de Estudos Espaciais (Gocnae). Isso se deveu a sua antiga militância na área (fundada em 1953) e pela iniciativa de alertar o presidente de que o Brasil não poderia ser omisso na questão da política espacial.

A Editora da USP, em belíssima publicação intitulada *Instituto Astronômico e Geofísico da USP: memória sobre a sua formação e evolução*, de autoria do professor doutor Paulo Marques dos Santos, traz alguns fragmentos sobre os primórdios do Programa Espacial Brasileiro, confirmando o crédito ao professor Aldo Vieira da Rosa quanto à afirmativa de que foram os dois diretores da SIB, Luiz Gonzaga Bevilacqua e Tomaz Pedro Brun, os autores da carta.[52]

Nessa publicação, segundo Aldo Weber Vieira da Rosa, eles instavam o governo do presidente Jânio Quadros "a não se omitir de participar do desen-

---

indiretamente interessadas nas futuras viagens para outros planetas, com o objetivo de "manter o mais a par de todo aquilo que seja feito, no mundo, no tocante às possibilidades de excursões pelo espaço sideral". A sede da entidade ficava na avenida Ipiranga 1.248, conjunto 1.602. E havia, também, uma sede de campo em Carapicuíba, com telescópio e tudo, onde os fundadores da novel associação se reuniam periodicamente, para debates de assuntos referentes ao futuro turismo interastros. Relata o artigo: "A Sociedade Interplanetária Brasileira já está entrosada com entidades congêneres de todo o mundo sendo, pois, no Brasil, a pioneira do 'interplanetarismo'. Seus fundadores acreditam que, se as viagens para a Lua, para Marte ou Saturno vierem a concretizar-se, nosso país também estará na vanguarda do movimento, ocasião em que também aqui poderemos vir a ter uma 'agência de passagens para os astros'. E, desde que a bucólica Carapicuíba foi escolhida para sede de campo da Sociedade Interplanetária Brasileira, nada mais lícito que supor-se que de lá sairão, de futuro, os transportes brasileiros para a lua". Disponível em: <http://almanaque.folha.uol.com.br/ciencia_27 abr1953.htm>. Acesso em: 24 mar. 2010.

[51] *Dossiê 2004*, publicado pelo MCT em fevereiro de 2005.

[52] Consta ainda nos primórdios do Programa Espacial Brasileiro que, no rastro da empolgação pelo lançamento do Sputnik, em 1968, teve lugar na Argentina, em 1960, a 1ª Reunião Interamericana de Pesquisas Espaciais, com a participação do presidente da SIB Luiz Gonzaga Bevilacqua, e que, entre as metas traçadas nesse encontro, ficou estabelecido que devesse haver um trabalho local para incentivar a formação de comissões nacionais para uma maior atividade em pesquisa espacial (citado no cap. 1 do Relatório de Investigação do Acidente com o VLS).

volvimento das atividades espaciais". Os autores alertavam o governo "para a necessidade da criação de um órgão oficial para competir com outras nações no desenvolvimento destas atividades".

Assim, o Gocnae seria constituído por dois civis e dois militares, presidido pelo coronel aviador Aldo Vieira e subordinado ao Conselho Nacional de Pesquisas (CNPq). Tinha a finalidade de elaborar, em 45 dias: o plano de criação da Comissão Nacional de Atividades Espaciais, Política Espacial Brasileira e legislação pertinente, projetos de pesquisa espacial, apoiar os trabalhos relacionados com as atividades espaciais e desenvolver intercâmbio e cooperação internacionais para capacitação técnica de especialistas brasileiros, além de coordenar as atividades espaciais com a indústria brasileira. Segundo respondeu o doutor Aldo Vieira à entrevista citada anteriormente:

> O grupo passou a se reunir no terceiro andar do Aeroporto de Congonhas, em São Paulo, local de fácil acesso para os membros que vinham de avião de Bauru, São José dos Campos e Rio de Janeiro. Muito deveu o grupo à colaboração de Paulo Tolle,[53] um advogado especializado em Direito Espacial. [Rosa, 2007]

Decorrido o prazo de 45 dias, o Gocnae tinha finalizado o trabalho e criado as bases para a oficialização da Comissão Nacional de Atividades Espaciais (CNAE). Entretanto, o Brasil passava por uma fase de turbulência, com a renúncia, em 25 de agosto de 1961, do presidente Jânio Quadros e a não aceitação, por parte dos ministros militares, da posse do vice-presidente João Goulart.

O problema só seria resolvido com a instituição do parlamentarismo no Brasil, tendo sido empossado João Goulart como presidente e Tancredo Neves como primeiro-ministro. Enquanto isto, a proposta de criação do CNAE

---

[53] Advogado de formação, com mestrado na Universidade McGill, Canadá, Paulo Tolle escreveu o primeiro texto legal para a fundação do Centro Técnico de Aeronáutica (CTA) e do Instituto Tecnológico de Aeronáutica (ITA), como assessor do então coronel Casimiro Montenegro Filho. Foi o autor do texto que permitiu a contratação de professores estrangeiros com remuneração em US dólares, como o professor do MIT Richard Harbert Smith, o primeiro reitor e autor do Relatório que inspirou a criação do ITA. Todo o arcabouço legal do Plano Smith é de sua autoria. Foi assessor jurídico do coronel Montenegro e foi do corpo docente do ITA, chefe do Departamento de Humanidades em Direito para Engenheiros e Direito Aeronáutico e foi chefe da Divisão de Alunos e da Divisão de Administração de Registros. Presidiu a Congregação do ITA. Atuou na Comissão Aeronáutica Brasileira entre 1946 e 1948, quando tomou conhecimento do projeto do CTA-ITA. Foi um emérito educador e conciliador, viabilizador de sonhos impossíveis em cada época. Hoje é nonagenário, está retirado da vida pública e é uma memória viva sobre o ITA. (Fonte: <www.aeitaonline.com.br /wiki/index.php?title=Paulo_Ernesto_Tolle>).

ficava à espera de oportunidade de aprovação pelo novo governo, o que veio a acontecer somente em 1963.

A CNAE, subordinada ao CNPq, passava a atuar nas instalações do CTA, em São José dos Campos, cuja origem data de 1946, quando foi instituída a Comissão de Organização do Centro Técnico de Aeronáutica (Cocta).

A construção do CTA, projetado por Oscar Niemeyer, começou efetivamente em 1948, em área doada pela Prefeitura de São José dos Campos. As primeiras construções foram as instalações para o ITA, tendo sido concluído em 1º de janeiro de 1954.

Em 10 de junho de 1964 foi criado, pelo Ministério da Aeronáutica, o Grupo de Trabalho de Estudos de Projetos Espaciais (Gtepe), subordinado ao Estado Maior da Aeronáutica, com o objetivo de definir onde construir uma base de lançamento de foguetes, além de definir programas de cooperação com instituições internacionais para sondagens meteorológicas e ionosféricas.

A primeira base de lançamentos construída foi a do Centro de Lançamentos da Barreira do Inferno (CLBI), que fica em Natal (RN) e foi inaugurado em 1965. Neste mesmo ano o Brasil (CLBI, Gocnae) e os Estados Unidos (Nasa) lançam o primeiro foguete do CLBI.

Em 2 de dezembro de 1966, por meio de Portaria Ministerial, o Gtepe foi transformado em Getepe. A razão dessa mudança foi a transformação de um grupo de trabalho em uma Unidade da Aeronáutica. Em 1969, o Getepe deu origem ao Instituto de Atividades Espaciais (IAE), que viria absorver as atividades do Grupo, quando, em 20 de agosto de 1971, uma reforma administrativa (Portaria 286) promoveu a extinção do Getepe.

Contou o doutor Aldo Vieira, na entrevista concedida ao SindCT, anteriormente citada, que a criação do CTA adveio não de uma lei específica, mas de uma brecha em lei orçamentária que destinava verba para cobrir despesas com a operação do Centro Técnico de Aeronáutica. Diz o doutor Aldo Vieira:

> É mais fácil convencer o Congresso Brasileiro a aprovar uma verba para uma organização não existente, do que obter a aprovação de uma lei criando uma organização nova (a qual, inevitavelmente, nasceria emperrada por regulamentos pormenorizados que nossos legisladores gostam de impor). Não houve uma lei que especificamente criasse o CTA. Ele nasceu simplesmente porque uma verba — "1.6.19.5 — Despesas de qualquer natureza com a operação do Centro Técnico de Aeronáutica" — foi aprovada. Uma lei orçamentária não deixa de ser lei, e isso sancionou a criação do Centro. A flexibilidade dessa alínea orçamentária, absolutamente excepcional no nosso país, foi essencial para dar partida a uma organiza-

> ção destinada a romper com a tradição reinante. A incrível habilidade do Casimiro Montenegro para contornar as complicações de uma burocracia entrincheirada foi uma das causas do sucesso do CTA. Tática semelhante ele usou para criar o ITA que, dentro da rotina normal, teria que ficar sob égide do Ministério da Educação, o que seria um golpe de morte para as ideias de criar uma escola moderna no Brasil. Quando o Ministro da Educação fez uma extensa viagem pela Europa, Montenegro aproveitou a oportunidade para obter a aprovação de um ITA dentro do muito mais arejado Ministério da Aeronáutica. [Rosa, 2007]

No dia 20 de janeiro de 1971 o presidente da República Emílio Garrastazu Médici assinou o Decreto nº 68.099, cujo artigo 1º determinava:

> Art.1º: Fica criada a Comissão Brasileira de Atividades Espaciais (Cobae), como órgão complementar do Conselho de Segurança Nacional, com a finalidade de assessorar diretamente o Presidente da República na consecução da Política Nacional de Desenvolvimento das Atividades Espaciais.

Com a criação da Cobae, ligada ao Estado-Maior das Forças Armadas (Emfa), ficaria definido o Sistema Nacional de Desenvolvimento das Atividades Espaciais, que passaria a formular a política espacial e coordenar as atividades de pesquisa e desenvolvimento.

A Cobae seria constituída com representantes de oito ministérios, do CNPq, do Conselho de Segurança Nacional e do Emfa, a quem cabia sua Presidência, com o prazo de 90 dias para elaborar o Projeto de Regulamento de funcionamento do órgão. Este, contudo, só foi aprovado em 14 de novembro de 1975, por meio do Decreto nº 76.596, pelo presidente da República Ernesto Geisel.

A Cobae[54] foi instituída com as seguintes competências:

> a) Submeter ao presidente da República propostas de diretrizes para a consecução e atualização da Política Nacional de Desenvolvimento das Atividades Espaciais;
> b) Emitir pareceres e sugestões, relativos ao assunto de atividades espaciais, a serem submetidos à apreciação do Conselho de Segurança Nacional, ou quando determinados pelo Presidente da República;
> c) Sugerir a destinação de recursos financeiros, para incrementar o desenvolvimento das atividades espaciais, por meio de dotações orçamentárias ou de outras fontes, internas ou externas;

[54] A Cobae foi regulamentada pelo Decreto nº 641, de 3 de setembro de 1992.

d) Apreciar e submeter à consideração do Presidente da República o planejamento e os programas plurianuais e anuais de atividades espaciais, propondo prioridades para os projetos que os integram;
e) Coordenar, em ligação com o Ministério do Planejamento e Coordenação Geral, os programas setoriais, civis e militares;
f) Realizar a coordenação superior dos programas de cooperação externa;
g) Acompanhar a execução da programação estabelecida;
h) Elaborar projetos de atualização da legislação em vigor, relativa aos assuntos das atividades espaciais, de modo a ajustá-la ao estabelecido nas Diretrizes Gerais para a "Política Nacional de Desenvolvimento das Atividades Espaciais". [Decreto nº 76.596]

Em 22 de abril de 1971, o presidente da República Emílio G. Médici, seguindo orientação da Cobae, assina o Decreto nº 68.532, que extingue o Gocnae, que fora criado em 1961, e cria o Instituto de Pesquisas Espaciais (Inpe), subordinado ao CNPq.

Conforme o artigo 2º desse Decreto, a Gocnae tinha a tarefa de ser "o principal órgão de execução para o desenvolvimento das pesquisas espaciais, no âmbito civil". O Inpe deveria desenvolver suas atividades "com orientação da Comissão Brasileira de Atividades Espaciais (Cobae)".

Então, a Cnae ou Gocnae, que em 1965 já tinha participação em lançamentos de foguete de sondagem,[55] a partir do Centro de Lançamentos da Barreira do Inferno (Natal-RN), com o fornecimento de sua carga útil, atuou até 1971, quando essa sigla foi substituída pelo Instituto de Pesquisas Espaciais (Inpe).

O doutor e pesquisador da UFRN Guilherme Reis Pereira, em tese intitulada *Política espacial brasileira e a trajetória do Inpe (1961-2007)*, apresentada, em 2008, na Unicamp, para obtenção do título de doutor em política científica e tecnológica, fala que o Inpe, com a criação da Cobae — presidida por representante do Estado Maior das Forças Armadas —, não teria as mesmas atribuições do Cnae e perdia autonomia para realizar cooperação com outros países.

Segundo o doutor Guilherme Reis Pereira, "Com a mudança no arranjo institucional, as atribuições de elaboração da política espacial, coordenação das atividades espaciais e a celebração de acordos de cooperação internacional passaram da Cnae para a Cobae".

[55] Até 1970 haviam sido lançados 128 foguetes estrangeiros do Centro de Lançamentos da Barreira do Inferno em programas de cooperação com a Cnae.

Dessa forma, a Cobae passou a ser a articuladora nacional e internacional, e também a coordenadora das atividades de pesquisa e desenvolvimento, que tinham sido desempenhadas pela Cnae na década de 1960.

Em comemoração aos seus 40 anos de atividades, completados em 12 de outubro de 2005, o CLBI publicou revista com diversos artigos em que faz uma retrospectiva do programa espacial brasileiro e das atividades do CLBI durante essas quatro décadas. Um desses artigos, intitulado "O desenvolvimento de foguetes de sondagem no Brasil" e assinado pelo pesquisador do IAE/CTA engenheiro Mauro Melo Dolinsky, traz uma retrospectiva da atuação do CLBI e do desenvolvimento e lançamento de foguetes de sondagem desde o CLBI. Afirma o engenheiro Dolinsky:

> Em 1966, visando atender a um programa internacional de sondagens meteorológicas (Exametnet), que vinha utilizando foguetes importados, a Aeronáutica especificou e encomendou a uma empresa nacional (Avibrás) um foguete de dois estágios e de pequenas dimensões [...]. Este foguete teve o nome de Sonda I, teve várias versões e, até sua retirada de operação, em 1978, foram realizados 223 voos (duzentos e vinte e três), todos eles no CLBI. [Dolinsky, 2005:19]

É bom esclarecer que foi o Getepe o responsável por especificar e projetar o foguete Sonda I, destinando à indústria nacional, neste caso a Avibrás, a sua fabricação e dando à indústria toda a assessoria técnica necessária. Fato também relevante foi que equipes de técnicos do Ministério da Aeronáutica receberam treinamento no exterior e ganharam experiência durante a montagem e lançamento de foguetes americanos e canadenses no CLBI e em campos de lançamento americanos.

Ainda em seu artigo, o engenheiro Dolinsky relata que, já em 1967, foram iniciados no CTA o desenvolvimento do foguete Sonda II e a montagem de instalações para produção interna de protótipos de foguetes de sondagem. Nessa nova versão, o foguete Sonda teve seu primeiro voo com êxito, em 1970, e o primeiro voo com carga útil instrumentada e recuperada posteriormente no mar, em 1974.

Esse foguete continua operacional, mas somente é lançado quando o CTA quer testar um novo material, como propelente ou equipamento para aplicação em outro tipo de foguete ou para alguma outra aplicação de interesse do CLBI.

Em paralelo ao desenvolvimento do foguete Sonda II, em 1969, o CTA deu início ao desenvolvimento de uma nova versão, que era o foguete Sonda III, uma evolução do foguete Sonda II. Segundo o engenheiro Dolinsky:

> O Sonda III, cujo projeto marcou o fim dessa fase pioneira, apresentava um diferencial que marcou fortemente o desenvolvimento de veículos espaciais no Brasil: o retorno ao País do Engenheiro Jayme Boscov que, praticamente desde a sua formatura no ITA, vinha trabalhando em empresas francesas voltadas para a área espacial. A presença do Engenheiro Boscov no programa espacial brasileiro, com a sua experiência e competência, supriu, em grande parte, a falta de documentação técnica, que era uma das características da época, introduziu técnicas de gestão de projetos espaciais utilizadas na França e abriu portas para a especialização de pessoal brasileiro, viabilizando cursos e estágios na Europa, e trazendo profissionais franceses para ministrar cursos no Brasil. [Dolinsky, 2005:19]

O foguete Sonda III foi lançado pela primeira vez em 1976. Até 2002 foram lançados 31 destes foguetes, tendo os pesquisadores brasileiros conseguido, entre 1974 e 1979, o desenvolvimento, de acordo com o artigo referido anteriormente, de "um sistema de controle de atitude[56] para cargas úteis capaz de mantê-las apontadas para o Sol, após sua separação do veículo". Daí o Brasil passaria a atuar como fornecedor de foguetes de sondagem para experimentos estrangeiros.

Os processos de fabricação e operação de foguetes e outros equipamentos de aplicação espacial são sempre um aprendizado, e a evolução em termos de escala e características construtivas é uma de suas marcas principais. Assim foi que, em 1974, ainda durante a fase de desenvolvimento do foguete Sonda III, o CTA deu início ao projeto do foguete Sonda IV.

Entretanto, a partir dessa versão do foguete Sonda, o CTA chegou à conclusão de que não deveria expandir seu parque fabril, mas sim contratar da indústria nacional o desenvolvimento de partes do projeto, o que poderia estimular o surgimento de novas empresas de base tecnológica, com a transferência de tecnologia do CTA para empresas nacionais. Também deveria haver o estímulo para que essas empresas viessem a trabalhar no desenvolvimento de novas tecnologias para aplicação espacial.

Em 1978, a Cobae deu início a estudos para elaboração da proposta da Missão Espacial Completa Brasileira (MECB), com o objetivo de expandir as atividades espaciais brasileiras, por meio de uma maior capacitação do pessoal envolvido e a consequente geração de novas tecnologias para aplicação espacial.

Em artigo escrito pela doutora Walkiria Shulz (Inpe), ela diz que:

---

[56] Controle de Atitude de um foguete é, de forma simplificada, um sistema passivo ou ativo para proporcionar ao foguete um voo estável e preciso de tal forma que o mesmo atinja seu objetivo de lançamento.

Entre os meses de agosto e novembro de 1979 foi elaborado um Estudo de Viabilidade do Satélite Brasileiro, que apresentava os aspectos relevantes para o desenvolvimento de um programa de satélites, incluindo-se soluções técnicas para o segmento de solo e as atividades industriais associadas. Durante a realização do 2º Seminário de Atividades Espaciais no Inpe, em novembro de 1979, foi aprovada a chamada Missão Espacial Completa Brasileira (MECB), estabelecendo as prioridades para o setor espacial nacional e determinando as especificações e finalidades dos satélites a serem desenvolvidos.

A Cobae aprovou a realização da Missão Espacial Completa, com recursos nacionais, em reunião realizada no dia 21 de novembro de 1979. A MECB[57] pode, segundo a doutora Walkiria, ser traduzida pelos seguintes projetos: Veículo Lançador de Satélites (VLS); Base de Lançamento, Pesquisa e desenvolvimento de foguetes de sondagem; Satélite: segmento espacial e segmento solo; Satélite: projetos complementares e Sistema de Plataformas de Coleta de Dados. Os dois primeiros ficariam sob a responsabilidade do Instituto de Atividades Espaciais (IAE) do Centro Técnico Aeroespacial (CTA) e os últimos a cargo do Instituto Nacional de Atividades Espaciais (Inpe).

Em e-book publicado pelo Inpe com o título *Esboço histórico da pesquisa espacial no Brasil*, o pesquisador Adalton Gouveia (2003) afirma sobe a MECB:

[57] O doutor em política científica e tecnológica Guilherme Reis Pereira, professor adjunto da Escola de Ciências e Tecnologia da Universidade Federal do Rio Grande do Norte (UFRN) e pesquisador do Grupo de Pesquisa em Gestão de C,T&I para o Desenvolvimento Sustentável, em brilhante artigo intitulado "Política e desenvolvimento tecnológico no setor espacial", disponível no endereço: <www.necso.ufrj.br/esocite2008 /trabalhos/36259.doc>, faz um relato minucioso da política espacial brasileira. Nesse trabalho ele aborda as discussões que levaram à formulação e aprovação do MECB com recursos 100% nacionais, informando que a decisão era entre o Brasil agir desta forma ou fazer um acordo com a França para desenvolver o Programa Espacial Brasileiro a partir de desenvolvimento do foguete B-2 francês, que utilizava combustível líquido. O Brasil, que já decidira utilizar propelente sólido, não tinha por parte dos militares o apoio para usar o combustível líquido, já que a tecnologia do propelente sólido era importante para aplicação em mísseis. A França teria aceitado que o lançador a ser desenvolvido em conjunto viesse a ter apenas um dos três estágios com combustível líquido, mas não foi o suficiente para convencer a comunidade envolvida nesse projeto e o motivo seriam os altos custos do empreendimento, já que à França interessa vender equipamentos para assegurar verba à manutenção do seu próprio Programa Espacial. Mas, além disso, havia a questão de que a maior parte do desenvolvimento seria feita por indústrias francesas. Assim, foi aprovado o MECB sem a participação francesa, o Brasil se viu pressionado pelos países que eram signatários do Regime de Controle de Tecnologia de Mísseis (MTCR) e foi boicotado por esses países em relação à venda de componentes para o Lançador. Com isso, uma proposta que era alicerçada em menores custos se viu atropelada pelo enorme custo de desenvolvimento de tecnologia.

A Missão Espacial Completa (MECB), sem dúvida, um marco importante para a realização de uma política de pesquisas espaciais no Brasil, contemplava:
— O planejamento e construção de um campo de lançamento de foguetes em área remota, de forma a tornar-se o local brasileiro para lançamento de satélites;
— O desenvolvimento e construção de um veículo capaz de orbitar satélites (VLS — Veículo Lançador de Satélites);
— O desenvolvimento e construção de dois satélites para coleta de dados ambientais (SCD) e dois para sensoriamento remoto.

Personagem que não poderia deixar de ser citado nessa fase é o major-brigadeiro do ar Hugo de Oliveira Piva, que trabalhou no projeto do VLS, de 1968 a 1984, foi diretor do CTA no período de 1984 a 1987 e responsável por relevantes contribuições ao desenvolvimento dos foguetes de sondagem, sendo considerado "o pai do programa espacial brasileiro" e o "von Braun brasileiro", como muitos o intitulavam.

O foguete Sonda IV teve apenas quatro lançamentos, sendo o primeiro em 1984 e o último em 1989, tendo sido descontinuado esse projeto. Entretanto, serviu como uma plataforma de demonstração de tecnologias espaciais, que viriam a ser utilizadas no projeto do Veículo Lançador de Satélites (VLS), que foi a técnica de tubeira móvel no segundo estágio.

O engenheiro Jayme Boscov, que foi gerente do Projeto VLS no período de 1980 a 1992 e se aposentou em 1995, em entrevista concedida ao *Jornal do Engenheiro*, edição online n. 219, de 16 a 30 de setembro de 2003, e divulgado pelo Sindicato dos Engenheiros do Estado de São Paulo, perguntado sobre o que houve com o programa espacial brasileiro, respondeu:

> O início, nos anos 70, foi muito favorável. Na primeira fase, desenvolveram-se os foguetes Sonda I, II e III. Na segunda, a proposta era fazer um foguete com sistema de controle que pudesse ser automaticamente pilotado, o Sonda IV. Procurou-se desenvolver todas as tecnologias básicas necessárias ao desenvolvimento do lançador de satélites. Começamos também um grande relacionamento internacional, especialmente com a Alemanha, o que nos permitiu construir um laboratório de propulsão. Em 1984, voou o primeiro Sonda IV. A partir daí, deveríamos ter um crescimento, mas ocorreu o contrário e até hoje vivemos essa trajetória descendente.

O ano de 1991 aparece na cronologia do Programa Espacial Brasileiro como o ano da criação do Instituto de Aeronáutica e Espaço (IAE), ligado ao

CTA, que tinha como missão realizar pesquisa e desenvolvimento no campo espacial. Na prática, foi a fusão do Instituto de Pesquisa de Desenvolvimento (IPD), criado no âmbito do CTA em 1º de janeiro de 1954, e do Instituto de Atividades Espaciais, idealizado em 1967 e criado oficialmente em 20 de agosto de 1971, constituído com o pessoal e instalações do Getepe, então extinto.

Como um dos atores-chave do MECB, o Inpe trabalhou forte na estruturação de suas instalações laboratoriais de Integração e Testes (LIT) e no desenvolvimento de pessoal técnico, para culminar com o projeto e desenvolvimento do primeiro satélite brasileiro de coleta de dados, o SCD-1,[58] de 115 kg, que foi lançado com sucesso pela Nasa, em 7 de fevereiro de 1993, por um foguete Pégasus, a partir de um avião B-52.

Nesse mesmo ano, em 2 de abril, foi realizado o primeiro voo do foguete de sondagem VS-40, numa operação batizada de Santa Maria. Na oportunidade, foi qualificado o quarto estágio do VLS-1, em ambiente de vácuo, em um tempo de microgravidade de 760 segundos e com uma carga útil de 500 kg.

Em 10 de fevereiro de 1994, por meio da Lei nº 8.854, foi criada a Agência Espacial Brasileira (AEB), com natureza civil que, segundo a referida Lei, seria uma "autarquia federal vinculada à Presidência da República, com a finalidade de promover o desenvolvimento das atividades espaciais de interesse nacional".

O artigo 3º dessa Lei define assim as competências da AEB:

I. Executar e fazer executar a Política Nacional de Desenvolvimento das Atividades Espaciais (PNDAE), bem como propor as diretrizes e a implementação das ações dela decorrentes;
II. Propor a atualização da Política Nacional de Desenvolvimento das Atividades Espaciais e as diretrizes para a sua consecução;
III. Elaborar e atualizar os Programas Nacionais de Atividades Espaciais (PNAE) e as respectivas propostas orçamentárias;
IV. Promover o relacionamento com instituições congêneres no País e no exterior;
V. Analisar propostas e firmar acordos e convênios internacionais, em articulação com o Min. das Relações Exteriores e o Min. da Ciência e Tecnologia, objetivando a cooperação no campo das atividades espaciais, e acompanhar a sua execução;
VI. Emitir pareceres relativos a questões ligadas às atividades espaciais que sejam objeto de análise e discussão nos foros internacionais e neles fazer-se

[58] Apesar de ter sido previsto para o SCD-1 uma vida útil de 1 ano, ele completou em 7 de fevereiro de 2010 a marca de 17 anos de operação.

representar, em articulação com o Min. das Relações Exteriores e o Min. da Ciência e Tecnologia;

VII. Incentivar a participação de universidades e outras instituições de ensino, pesquisa e desenvolvimento nas atividades de interesse da área espacial;

VIII. Estimular a participação da iniciativa privada nas atividades espaciais;

IX. Estimular a pesquisa científica e o desenvolvimento tecnológico nas atividades de interesse da área espacial;

X. Estimular o acesso das entidades nacionais aos conhecimentos obtidos no desenvolvimento das atividades espaciais, visando ao seu aprimoramento tecnológico;

XI. Articular a utilização conjunta de instalações técnicas espaciais, visando à integração dos meios disponíveis e à racionalização de recursos;

XII. Identificar as possibilidades comerciais de utilização das tecnologias e aplicações espaciais, visando a estimular iniciativas empresariais na prestação de serviços e produção de bens;

XIII. Estabelecer normas e expedir licenças e autorizações relativas às atividades espaciais;

XIV. Aplicar as normas de qualidade e produtividade nas atividades espaciais.

XV. Parágrafo único. Na execução de suas atividades, pode a AEB atuar direta ou indiretamente mediante contratos, convênios e ajustes no País e no exterior, observado o disposto no inciso V deste artigo e a competência da Procuradoria-Geral da Fazenda Nacional.

A Cobae foi extinta em 21 de outubro de 1994, por meio do Decreto nº 1.292 que, por seu artigo 3º, determinava que caberia ao Estado-Maior das Forças Armadas, em articulação com a AEB, gerir os recursos orçamentários e financeiros previstos no Orçamento-Geral da União para o exercício de 1994 e destinados às instituições executoras do projeto MECB, observados os mesmos subprojetos, subatividades e grupos de despesa. Seria uma fase de transição.

A Política Nacional de Desenvolvimento das Atividades Espaciais (PNDAE) teve sua atualização aprovada, pelo presidente Itamar Franco, por meio do Decreto nº 1.332, de 8 de dezembro de 1994. A PNDAE estabelecia os objetivos e as diretrizes para os programas e projetos nacionais, vinculados à área espacial, destacando-se o PNAE.

Em 10 de julho de 1996, por meio do Decreto nº 1.953, o presidente Fernando Henrique Cardoso instituiu o Sistema Nacional de Desenvolvimento das Atividades Espaciais (Sindae), "com a finalidade de organizar a execução das atividades destinadas ao desenvolvimento espacial de interesse nacional", conforme previsto em seu artigo primeiro.

Pelo referido Decreto, a AEB foi alçada ao posto de órgão central do Sindae e, como órgãos setoriais, o Departamento de Pesquisa e Desenvolvimento do Ministério da Aeronáutica (Deped)[59] e o Instituto Nacional de Pesquisas Espaciais (Inpe).

O Programa Nacional de Atividades Espaciais (PNAE), que veio substituir a MECB, de 1979, foi aprovado pela AEB em agosto de 1996, para vigorar até 2005.[60]

Como parte dos esforços brasileiros de ser autônomo em lançamento de satélites, o CTA vem trabalhando no projeto e desenvolvimento do VLS desde 1985. O Programa Veículos Lançadores de Satélites foi concebido, segundo o PNAE 1998-2007, para ser executado de forma autônoma, ou em parcerias internacionais com os seguintes objetivos:

a. Projetar, desenvolver e construir veículos lançadores capazes de atender aos demais programas estabelecidos neste PNAE.
b. Tornar o Brasil independente quanto à capacidade de lançar os satélites de órbita baixa previstos no PNAE, em condições de competir neste segmento do mercado internacional.
c. Dotar o País de uma família de foguetes de sondagem que possa ser competitiva no mercado internacional.
d. Capacitar a indústria nacional para o projeto e fabricação de sistemas de transporte espacial, particularmente foguetes de sondagem, incluindo componentes, equipamentos, subsistemas e sistemas completos.
e. Buscar a redução dos custos das operações de lançamento e dos sistemas envolvidos, visando incentivar a utilização maciça destes veículos por grupos universitários ou centros de pesquisa para a realização de experimentos suborbitais ou orbitais.
f. Capacitar o País na área de propulsão líquida, inicialmente para equipar os estágios destinados a garantir precisão de injeção em órbita dos satélites, sub-

[59] O Deped é o órgão responsável pela coordenação das atividades de pesquisa e desenvolvimento do setor aeroespacial, desde março de 1969, quando foi criado. Inicialmente o órgão tinha sede no Campo de Marte, em São Paulo. Depois foi transferido para Brasília e depois, em janeiro de 2006, se fundiu ao CTA, com seu efetivo transferido de Brasília para São José dos Campos. Dessa forma, o CTA ganhou *status* de Comando Militar passando a ser dirigido por um general.

[60] A AEB promoveu a revisão do PNAE em 1997, para vigorar de 1998 a 2007, e sua segunda revisão em setembro de 2005, com previsão de vigorar de 2005 a 2014. Em 2010 entrou em vigor o PNAE 2010-20, em sua terceira revisão.

sequentemente para os sistemas propulsores auxiliares e, finalmente, para os grandes propulsores, objetivando o crescimento da capacidade dos veículos lançadores para disputar o mercado potencial de transporte espacial.

g. Capacitar o País na produção de grandes propulsores a propelentes sólidos, hoje utilizados na totalidade dos lançadores em desenvolvimento no mundo ocidental. [AEB, 1998]

O PNAE 1998-2007 trazia a previsão de que o Programa VLS teria três estágios: os foguetes de sondagem, com o aperfeiçoamento do VS-40 e o estudo de viabilidade para a construção do VS-43, Lançadores para micro e pequenos satélites, denominados VLS-1, e os Veículos Lançadores de satélites de médio porte (VLS-2).

No dia 2 de novembro de 1997, o primeiro protótipo do Veículo Lançador, o VLS-1 V01, estava preparado no Centro de Lançamento de Alcântara para seu voo inaugural, e que levaria ao espaço o Satélite SCD-2A, construído pelo Inpe. Entretanto, um dos foguetes não teve sua ignição completada e o foguete teve de ser destruído ainda em solo.

Em 22 de outubro de 1998 o Brasil lançou, com a utilização de um foguete Pégasus da Nasa, o Satélite SCD-2, construído pelo Inpe, que se mantém operacional até os dias atuais, trabalhando em conjunto com o SCD-1 na coleta de dados.

Dentro de seu escopo de trabalho previsto no PNAE, o Inpe, por meio do Programa Satélite Sino-Brasileiro de Recursos Terrestres e para atendimento ao Sistema Brasileiro de Coleta de Dados Ambientais, construiu mediante um Acordo de Cooperação com a China o Satélite CBERS-1. Esse satélite foi lançado, junto com o Satélite Saci-1 (Satélite Científico construído pelo Inpe), no dia 14 de outubro de 1999, utilizando-se um foguete chinês Longa Marcha 4B.

O Satélite CBERS-1, com uma vida útil prevista de um ano, operou até agosto de 2003. Entretanto, o Satélite Saci-1, apesar de lançado na órbita prevista, não conseguiu comunicação com as estações de rastreio e foi dado como perdido.

A segunda versão do foguete VLS-1, em operação denominada Almenara, foi lançada do Centro de Lançamento de Alcântara no dia 11 de dezembro de 1999, levando como carga útil o Satélite Científico Saci-2, também construído pelo Inpe. Mais uma vez teve de ser interrompido o lançamento do VLS, dessa vez por controle remoto e decidido porque houve falha de ignição de um dos foguetes do segundo estágio.

Outro marco da pesquisa espacial brasileira foi a Operação São Marcos, realizada no Centro de Lançamento de Alcântara (CLA), em 15 de março de 1999, quando foi lançada pelo CTA a versão 4 do foguete de sondagem VS-30, constituindo no centésimo lançamento pelo IAE de um foguete de sondagem dessa base da Aeronáutica.

O foguete transportou uma carga útil com experimentos de universidades brasileiras (USP, UVP e FEI), experimentos do CTA e, com destaque, experimentos do Instituto de Pesquisa Alemão DLR que, com o sucesso da missão, comunicou ao CTA que o foguete estaria qualificado para operações do Instituto, em Kiruna, norte da Suécia, onde a Agência Espacial Europeia (ESA) tem uma base de lançamentos.

Em 21 de agosto de 2000 foi lançado, com sucesso, o foguete VS-30/Orion XV01, do Centro de Lançamentos de Alcântara, na chamada Operação Baronesa I. O lançamento havia sido suspenso por duas vezes, por problemas detectados no sistema de telemetria.[61] Este foguete tinha dois estágios: o VS-30 fabricado pelo IAE e o Orion fabricado pelo DLR.

No ano de 2002 o IAE voltaria a realizar mais duas operações importantes para a área de foguetes de sondagem:[62] a Pirapema e a Cumã, com o lançamento respectivo de um foguete VS-30 e um foguete VS-30/Orion, ambos com absoluto sucesso. Na primeira, em 23 de novembro de 2002, foi lançado o foguete de sondagem VS-30/Orion — XV02 e, na segunda, em 1º de dezembro de 2002, foi lançado o foguete VS-30 — V06. Definitivamente, o Brasil se afirmava na área de foguetes de sondagem.

Mas a operação mais esperada estava por vir: o lançamento da versão 3 do VLS-1, na denominada Operação São Luiz, iniciada em 1º de julho de 2003, com duração prevista de 60 dias e envolvendo mais de 150 pessoas. O VLS-1 V03 iria ao ar levando uma carga útil constituída do Satélite Tecnológico Satec-1, do Inpe, e o (nano) Satélite Universitário Brasileiro batizado de Unosat-1 (Undergraduate Orbital Student Satellite), um satélite didático construído por

---

[61] Fonte: <http://md-m09.sid.inpe.br/col/sid.inpe.br/md-m09%4080/2007/09.17.19.14/doc/clipping1.html>.

[62] A área de foguetes de sondagem é bastante promissora para a área de pesquisa de baixa gravidade e o Instituto de Aeronáutica e Espaço (IAE) investe nesse campo com o desenvolvimento de uma cápsula espacial projetada para operar em órbita baixa a 300 km de altitude, por um período de até 10 dias, chamada de Satélite de Reentrada Atmosférica (Sara). Segundo o gerente do projeto Luiz Loures, do IAE, o Sara surge como uma alternativa barata e eficiente em relação aos meios já disponíveis, como as torres de queda livre, voo parabólico, foguete de sondagem, ônibus espacial e estações espaciais como a ISS. Fonte: *Valor Econômico*, p. B3, 5 jan. 2010.

13 estudantes da Universidade Norte do Paraná (Unopar) e dois estudantes da Universidade Estadual de Londrina (UEL), num projeto iniciado no ano 2000.

Porém, às 13h30 do dia 22 de agosto de 2003, uma enorme "explosão" poria fim a esse sonho, tendo sido destruído o foguete VLS-1 V03,[63] em sua plataforma de lançamento, matando 21 técnicos civis que trabalhavam nos preparativos finais para o lançamento.

O Programa Espacial Brasileiro seria violentamente afetado por esse acidente, especialmente o moral de centenas de competentes cientistas e técnicos que lutam há décadas para desenvolver as tecnologias que permitam ao Brasil ter sua soberania no setor espacial. As investigações empreendidas por brasileiros e russos concluíram que a explosão, que consumiu cerca de 40 toneladas de combustível do foguete, teve como causa a ignição prematura de um dos motores.

Mas a causa do problema é muito mais complexa do que esse mero indicativo de falha, extrapola os limites dos laboratórios de pesquisa e foi, em grande parte, fruto da falta de apoio dos governos que se sucederam, que não conseguiram ver a importância do Programa Espacial Brasileiro e, por isso mesmo, o deixaram sem as verbas e pessoal necessários para seu desenvolvimento com segurança e eficácia.

Passados pouco mais de seis anos do fatídico acidente, eis que surge um polêmico, mas talvez salvador, Decreto Presidencial, o de nº 6.703, assinado pelo presidente Lula em 18 de dezembro de 2008, que redireciona o Programa Espacial Brasileiro para o campo militar e declara sua intenção, dentro da Estratégia Nacional de Defesa, aprovada por meio desse Decreto, de dar dimensão vultosa ao Programa Espacial, com investimentos de bilhões de dólares até o ano de 2025.

Talvez o Decreto nº 6.703, de 18 de dezembro de 2008, tenha sido o mais arrojado Decreto assinado pelo presidente da República do Brasil nos oito anos de mandato, pois, apesar de pouco alardeado e ainda não regulamentado na íntegra, seria a base de uma reviravolta na política de defesa do Brasil a partir de 2011.

E a importância desse Decreto no contexto deste trabalho se dá com a indicação do Setor Espacial como um dos três setores apontados como estra-

[63] O CTA está em fase de revisão de todo o projeto do VLS-1 e desenvolvimento de sua versão 4 do VLS-1, que deveria ser lançado em 2011, depois de dois lançamentos preliminares com partes do foguete, para testes de desempenho e segurança. Este projeto, no entanto, foi abandonado pelo governo brasileiro.

tégicos e decisivos para a defesa nacional, sendo os demais o Setor Nuclear e o Setor Cibernético.

Antecedendo a essa Estratégia Nacional de Defesa, em 30 de junho de 2005 houve a assinatura, pelo presidente da República, do Decreto nº 5.484, que criou a Política de Defesa Nacional. Nessa Política já se destacava, entre suas Diretrizes, a alínea XVII do artigo 7.1, que previa "estimular a pesquisa científica, o desenvolvimento tecnológico e a capacidade de produção de materiais e serviços de interesse para a defesa", sinalizando que o Brasil pretendia investir em tecnologias sensíveis, independentemente do que os Estados Unidos pensam e de seu reiterado embargo tecnológico.

Isso foi reforçado pelas diretrizes da nova Política de Ciência, Tecnologia e Inovação, que recebeu o seguinte comentário[64] da Secretaria de Assuntos Estratégicos da Presidência da República, publicado em 5 de agosto de 2009:

> [...] Entre os resultados já alcançados, estão a redefinição das condições de funcionamento do programa nuclear brasileiro, a identificação de possíveis parcerias estratégicas a serem firmadas com várias nações amigas e a convergência de investimentos na produção de um veículo aéreo não tripulado.

O Decreto nº 6.703 tenta acabar de vez com a eterna discussão sobre se o Brasil deve ter um Programa Espacial civil ou militar, ao afirmar que três diretrizes estratégicas nortearão a evolução da Força Aérea, dando prioridade para o desenvolvimento de tecnologias em campos onde o país ainda é deficitário, além de deixar claro que o desenvolvimento de um veículo lançador servirá também para a produção de mísseis.

Especificamente na terceira diretriz estabelece o Decreto quais serão as prioridades do Setor Espacial, indo muito além do que se poderia esperar, ao colocar entre essas prioridades o desenvolvimento de um sistema próprio de geoposicionamento por satélites:

a. Projetar e fabricar veículos lançadores de satélites e desenvolver tecnologias de guiamento remoto, sobretudo sistemas inerciais e tecnologias de propulsão líquida.
b. Projetar e fabricar satélites, sobretudo os geoestacionários, para telecomunicações e os destinados ao sensoriamento remoto de alta resolução, multiespectral e desenvolver tecnologias de controle de atitude dos satélites.

---

[64] Ver a íntegra no endereço: <www.sae.gov.br/site/?p=969>.

c. Desenvolver tecnologias de comunicações, comando e controle a partir de satélites, com as forças terrestres, aéreas e marítimas, inclusive submarinas, para que elas se capacitem a operar em rede e a se orientar por informações deles recebidas;
d. Desenvolver tecnologia de determinação de coordenadas geográficas a partir de satélites.

No mesmo Decreto, quando fala de monitoramento e controle das forças armadas, lê-se:

5. O monitoramento/controle, como componente do imperativo de flexibilidade, exigirá que entre os recursos espaciais haja um vetor sob integral domínio nacional, ainda que parceiros estrangeiros participem do seu projeto e da sua implementação, incluindo:
   a. A fabricação de veículos lançadores de satélites;
   b. A fabricação de satélites de baixa e de alta altitude, sobretudo de satélites geoestacionários, de múltiplos usos;
   c. O desenvolvimento de alternativas nacionais aos sistemas de localização e de posicionamento dos quais o Brasil depende, passando pelas necessárias etapas internas de evolução dessas tecnologias;
   d. Os meios aéreos e terrestres para monitoramento focado, de alta resolução;
   e. As capacitações e os instrumentos cibernéticos necessários para assegurar comunicações entre os monitores espaciais e aéreos e a força terrestre.

Com relação aos problemas diversos remanescentes, como recursos financeiros regulares e na medida, pessoal qualificado e outros, há de acreditar que, se implementadas as ações previstas no Decreto nº 6.703, que aprova a Estratégia Nacional de Defesa, o Brasil terá toda a condição de superar, em médio prazo, o seu déficit tecnológico na área espacial e aglutinar os esforços de pesquisa e desenvolvimento, sem as arestas hoje existentes.

O grande mérito desse Decreto é dar ao Programa Espacial Brasileiro a oportunidade de se consolidar como uma política de Estado,[65] já que vem se debatendo há anos em meio a ações de governos que ora apoiam, ora recuam,

[65] Segundo o professor Clério Campolina, reitor da UFMG, em matéria publicada no caderno Pensar Brasil, publicado pelo jornal *Estado de Minas* no dia 10 de julho de 2010 e intitulada "Absolutismo, não!", "As Políticas de Estado são aquelas decisões de longo prazo, para as quais se busca algum consenso social. São, portanto, políticas de implementação relativamente longa e permanente, com metas de longo prazo, utopias, que sinalizem de certa forma, para onde se quer caminhar com a sociedade, com o País, com as diferentes dimensões das políticas setoriais".

deixando a comunidade científica em constante incerteza sobre o futuro dos projetos, sem as verbas e sem os recursos humanos necessários.

O próprio Decreto Presidencial já se antecipa a isto ao afirmar: "Como decorrência de sua própria natureza, esses setores transcendem a divisão entre desenvolvimento e defesa, entre o civil e o militar".

E essa certeza se dá por um único motivo: a alocação de recursos financeiros terá de ser feita em soma suficiente para contemplar todos os interesses e vertentes do Programa Espacial Brasileiro, seja na área de satélites para uso civil e militar, de lançadores de satélites e de bombas ou de centros de lançamento de foguetes e outros veículos.

O Decreto nº 6.703 é claro ao pontuar: "O desenvolvimento da tecnologia de veículos lançadores servirá como instrumento amplo, não só para apoiar os programas espaciais, mas também para desenvolver tecnologia nacional de projeto e de fabricação de mísseis".

Embora o caráter positivo visto nesse Decreto Presidencial, sua completa regulamentação, especialmente no que concerne ao setor espacial, certamente trará muito debate entre os públicos envolvidos e se espera, na sociedade como um todo, pelas inúmeras mudanças que introduz no cenário político nacional, com fortes reflexos no campo internacional, afetando especialmente os países detentores de poderio bélico e que utilizam esse potencial como força imperialista, como é o caso dos EUA.

Esta, contudo, será a grande oportunidade de se deixar de lado o ilusório e, por vezes, simplório pensamento de que o Programa Espacial Brasileiro é de caráter eminentemente civil, quando no mesmo ambiente de desenvolvimento do Veículo Lançador de Satélites se desenvolvem mísseis e com altíssima competência. Além disso, esse viés civil do nosso Programa Espacial nada rendeu ao Brasil em relação ao fim dos embargos de importação por parte dos Estados Unidos, que continuaram a nos impedir o acesso a componentes e equipamentos considerados sensíveis e de aplicação dual.

## REAÇÃO AO SPUTNIK: POLÍTICA E PROJETOS

> Às vezes é preciso parar e olhar para longe,
> para podermos enxergar o que está diante de nós.
> JOHN KENNEDY

No dia seguinte à entrada em órbita do primeiro satélite artificial da Terra, o Sputnik, os jornais do mundo inteiro estampavam, em primeira página, a façanha soviética, e as estações de rádio reproduziam o *bip bip* emitido pelo transmissor a bordo do satélite que, durante 22 dias, orbitou nosso Planeta, até que suas baterias se esgotaram.

Embora o Sputnik fosse apenas uma esfera metálica, pouco maior do que uma bola de basquete, representava 40 anos de pesquisa espacial soviética e teve repercussão em todo o mundo, com a população seguindo atentamente as notícias e análises veiculadas pela imprensa, o que fizeram os americanos temer por uma eventual guerra com a União Soviética.

Os Estados Unidos, diante da inusitada situação, mergulharam no que ficou conhecido como "Crise Sputnik" e que levou, em última instância, a uma aposta definitiva no seu programa espacial e à criação da Nasa.

É fato que o satélite soviético abalou o mundo. As pessoas olhavam para o céu na esperança de o ver, apesar do seu reduzido tamanho e de orbitar a cerca de 250 km de altitude. Então, o único processo de acompanhar seu percurso era utilizando telescópios ou ouvindo o sinal contínuo produzido pelo seu emissor de rádio, o característico *bip*, sintonizado por radioamadores. Se, porém, o sinal se calava durante algum tempo, como aconteceu em 9 de outubro de 1957, o mundo ficava em suspense e só serenava quando voltava a ouvir o *bip*.

Imediatamente, depois do lançamento do Sputnik, o Departamento de Defesa norte-americano, respondendo ao furor político desencadeado pelo fato de os soviéticos terem saído à frente dos Estados Unidos, aprovou recursos para o projeto de satélite norte-americano.

Já no dia seguinte ao lançamento do Sputnik 1, Wernher von Braun (que trabalhava na América desde 1945) era levado a prometer o lançamento do primeiro satélite artificial norte-americano, o Explorer 1, dentro de 90 dias. O foguete utilizado seria o Juno I, cujo projeto era coordenado pelo próprio von Braun.

No dia 9 de outubro de 1957, foi recebido pelo presidente Eisenhower memorando encaminhado pelo diretor do Bureau of the Budget (Escritório Executivo da Presidência) com relato sobre o desempenho orçamentário do programa de satélites científicos dos Estados Unidos. Por esse relato, o presidente Eisenhower foi informado de que o projeto, patrocinado pelo Conselho de Segurança Nacional e aprovado em 27 de maio de 1955, com um custo orçado à época de 15 a 20 milhões de dólares, teria sofrido várias reavaliações de custo ao longo dos anos e que para o ano fiscal de 1957 o custo suplementar aprovado pelo Congresso era de 110 milhões de dólares, além dos 57 milhões de dólares já gastos do Fundo de Emergência do Departamento de Defesa.

O memorando ainda posicionava o presidente de que, em 31 de agosto de 1957, o Departamento de Defesa havia informado que, do orçamento previsto para aquele ano, 67,9 milhões de dólares haviam sido empenhados e que 50,7 milhões de dólares haviam sido gastos.

Outro memorando, ainda com data de 9 de outubro de 1957, assinado pelo general de brigada Andrew J. Goodpaster, relata uma conferência havida no dia anterior com o presidente Eisenhower e com a participação do doutor Martin Bronk, diretor do Conselho de Pesquisa Nacional, do governador Sherman Adams, do estado de New Hampshire, e o secretário de imprensa James Hagerty. O memorando afirmava que o presidente Eisenhower havia pedido ao doutor Bronk para ler a declaração que estava sendo preparada para distribuição em sua entrevista coletiva daquele dia. Disse que sua intenção não era depreciar a realização russa, mas gostaria de acalmar a histeria e o estado de alarme geral entre o povo americano. Diria ao povo que apenas teria sido demonstrado pela ação russa que eles tinham um foguete mais potente e nada mais.

Ainda segundo o referido memorando, o doutor Bronk teria lido a nota, feito uma ou duas revisões no texto e sugerido que fosse dito ao povo americano que os russos mereciam crédito pela realização do lançamento do Sputnik, mas que o programa americano de satélites também traria uma grande contribuição científica. Sobre a entrevista coletiva, teria sugerido ao presidente Eisenhower que, se perguntado se os cientistas tinham sido determinados e se tiveram a oportunidade para desenvolver o satélite americano, ele deveria afirmar que sim.

Um relatório confidencial,[66] intitulado *Reação ao Satélite Soviético: uma avaliação preliminar*, datado de 16 de outubro de 1957, fazia um balanço do sucesso do lançamento do Sputnik, das reações mundo afora e, especialmente, junto ao povo americano, demonstrando excessiva preocupação com a façanha, que daria vantagem aos soviéticos junto à opinião pública reforçando a posição da União Soviética na chamada Guerra Fria.[67]

Em tom otimista, o relatório chama à responsabilidade os líderes e os especialistas americanos para que recuperassem o tempo perdido e, assim, fizessem

---

[66] Disponível em: <http://eisenhower.archives.gov/Research/Digital_Documents/Sputnik/Reaction.pdf>.

[67] Entre 1945 e 1989, Estados Unidos e União Soviética travaram intenso confronto nos campos político, militar e econômico, sem que tivessem ido de fato às armas, o que ficou conhecido como Guerra Fria.

os Estados Unidos ultrapassarem, novamente, a União Soviética no campo espacial. Porém, alertava o relatório, qualquer reação norte-americana ao lançamento do Sputnik deveria ser "serena e equilibrada", pois era incontestável que o sistema soviético tinha alcançado, em primeiro lugar, impressionante e difícil superioridade científica.

No relatório de quatro páginas, seu(s) autor(es)[68] avalia(m) ao final que os ganhos psicológicos com o lançamento do Sputnik seriam limitados, embora a inteligência tenha tido pouco acesso aos dados dos soviéticos. Aproveitou ainda o Relatório para tentar desqualificar o feito dos soviéticos, apontando que esses estariam mais preocupados em estabelecer um maior nível tecnológico do que assegurar a viabilidade econômica e o progresso nacional.

E finalizou o Relatório com as seguintes considerações:

1. O satélite soviético oferece uma oportunidade para a URSS alegar que abriu uma nova era, marcada por uma ultrapassagem espetacular dos EUA em um campo vital, onde nós estávamos acostumados a contar com superioridade, e agora estamos competindo com eles de igual para igual;
2. A opinião pública americana vai, por um período que ainda não se pode precisar, estar avaliando de perto as posições militares relativas dos EUA e da URSS;
3. A URSS, neste mesmo período, terá uma vantagem clara na Guerra Fria e que poderá explorar com gestos de paz ou aventurar-se com aumento de pressão — ou ambos simultaneamente;
4. O satélite foi uma demonstração de que o sistema soviético ganhou superioridade científica e técnica, sendo um motivo a mais para que invistam rapidamente em áreas com problemas de conhecimento e de um nível tecnológico mais alto;
5. A credibilidade soviética geral foi aumentada nitidamente.

Mas o lançamento do Sputnik 2, no dia 3 de novembro de 1957, ou seja, apenas um mês depois de grande feito do Sputnik 1,[69] colocou ainda mais

[68] Documento classificado como confidencial e, sem qualquer identificação de sua autoria, denotando ser um relato do serviço de inteligência americano.

[69] Apenas 10 dias após o lançamento do Sputnik 1, o secretário-geral do Partido Comunista da União Soviética, Nikita Krutschev, ordenou que se lançasse um novo satélite, dessa vez com um ser vivo a bordo, a fim de celebrar o quadragésimo aniversário da revolução comunista, que teria lugar em 7 de novembro. Serguei Korolev, o diretor do Programa Espacial Soviético, disse que seria impossível antes de dezembro. Diante da determinação de Krutschev, o Sputnik 2 foi

combustível nas discussões. Dessa feita, os soviéticos mandaram ao espaço o primeiro ser vivo — uma cadela chamada Laika, que morreu em voo.

Esse fato foi omitido do público durante 45 anos e somente durante o Congresso Espacial de 2002 é que o cientista russo Dimitri Malashenkov, um dos membros da equipe à época do Sputnik, revelou que Laika,[70] de fato, morrera devido a um problema técnico que fez interromper o sistema de controle térmico elevando a temperatura interna do Sputnik 2 para cerca de 40ºC. O Sputnik 2, ao entrar na atmosfera terrestre, em 14 de abril 1958, se desintegrou com os restos mortais de Laika, depois de 163 dias e 570 órbitas em volta da Terra.

Embora a morte da cadela Laika tenha criado calorosos debates, o lançamento do Sputnik 2 causou ainda maiores pressões da opinião pública americana sobre o governo e sobre o Congresso, o que obrigou o então secretário da defesa Neil Hosler McElroy a acelerar os esforços americanos para o desenvolvimento do programa de mísseis de médio e longo alcances (Programa de mísseis Polaris). No dia 27 de abril de 1958 a União Soviética lançou o Satélite Sputnik 3, com 1.327 kg, que era, de fato, um verdadeiro laboratório científico e que ficou no espaço até o dia 5 de abril de 1960, quando caiu na Terra.

---

preparado sem desenhos preliminares e sem testes de confiabilidade, uma preocupação que, normalmente, por si, seria fatal para o projeto, mas foi lançado no dia 3 de novembro de 1957.

[70] Laika, uma cadela vira-lata de aproximadamente dois anos de idade, cerca de 6 kg e sem dono, encontrada nas ruas de Moscou, passou a fazer parte de um grupo de 10 cães treinados por Oleg Gazenko, no Instituto de Medicina da Força Aérea, para voos espaciais. Somente três cadelas, Albina, Laika e Mukha, foram escolhidas para passar por treinamentos intensos e estressantes de resistência a vibrações (simulador de voo), acelerações, cargas G em máquinas centrífugas, altos ruídos e permanência em compartimentos cada vez menores, por até 20 dias. A escolha de fêmeas se deu pelo fato de que, ao contrário dos machos, elas não têm a necessidade de ficar em pé e erguer uma perna para urinar, o que era impossível de ser realizado na pequena cabine pressurizada destinada ao cão dentro da nave. Entre as três, Laika foi escolhida por ser tranquila e paciente. No dia 3 de novembro de 1957 (2 de novembro, no Brasil) é lançado então o Sputnik 2, com a cadela Laika a bordo. Fixada ao chão da nave com uma espécie de cadeira que a impedia de se movimentar e equipada com um recipiente para armazenar seus excrementos, Laika começa a uivar apavoradamente devido ao barulho ensurdecedor e às vibrações do lançamento. Seu ritmo cardíaco dispara e chega a três vezes acima do normal. Moscou afirmava ao mundo que em poucos dias Laika retornaria numa cápsula espacial ou em um paraquedas. Mas, apesar do que era divulgado, sabia-se desde o início que Laika não retornaria com vida de sua missão, pois o Sputnik 2 não possuía tecnologia para regressar à Terra. Era uma viagem só de ida. (Fonte: <http://dogdicas.com.br/1532/a-historia-de-laika-progresso-ou-crueldade>).

FIGURA 4
Selo em homenagem à cadela Laika, considerada a primeira astronauta

Fonte: Wikimedia Commons.

Como prometido, o doutor Wernher von Braun e as equipes envolvidas na construção do satélite americano Explorer 1 conseguiram colocar no espaço, em 31 de janeiro de 1958, o primeiro satélite científico americano, que pesava somente 14 kg.

Embora o Explorer 1 fosse um satélite pequeno frente ao Sputnik 2, que pesava cerca de 543 kg, era equipado com um detector de raios cósmicos e foi responsável pela descoberta do Cinturão de Van Allen,[71] considerada uma das mais excepcionais descobertas na comemoração do Ano Geofísico Internacional.

Mas isto não bastava para a opinião pública e para os políticos, que cobravam um posicionamento mais firme do governo Eisenhower. No dia 14 de fevereiro de 1958, o assistente especial do secretário de Defesa americano Neil Hosler McElroy, Oliver M. Gale,[72] relatou em memorando dirigido ao secretário de Defesa o resultado de uma pesquisa de opinião pública (votação),

[71] O Cinturão de Van Allen é uma região onde ocorrem vários fenômenos atmosféricos devido a concentrações de partículas no campo magnético terrestre, descobertas em 1958 por James Van Allen. As radiações de Van Allen não ocorrem, salvo em raras exceções, nos polos, e sim na região equatorial. (Fonte: <http://pt.wikipedia.org/wiki/Cintur%C3%A3o_de_Van_Allen>).

[72] Oliver M. Gale foi um pioneiro no campo das relações públicas, tendo trabalhado na Procter & Gamble nessa área e servido no Escritório do secretário de Defesa Neil Hosler McElroy (ex-presidente da Procter & Gamble) entre os anos de 1957 e 1960. Depois foi dirigir a sua própria empresa de relações públicas.

conduzida por Claude Robinson, relativa aos impactos do Sputnik, problemas percebidos pelo público e como o problema deveria ser solucionado.

FIGURA 5
Réplica do Sputnik 3

Fonte: Deposit Photos.

Segundo o memorando, a popularidade do presidente Eisenhower, que já havia caído em função do aumento de preços e de impostos, teria tido uma queda maior com o lançamento do Sputnik. Os resultados dessa pesquisa foram resumidos em: impactos pelo lançamento do Sputnik, causas do atraso americano em relação aos soviéticos e soluções para o problema.

Com relação à percepção do público quanto ao atraso dos Estados Unidos no desenvolvimento de mísseis:

- 69% dos votantes apontaram ser culpa das escolas que não investiram o suficiente no ensino de ciências;
- 67% atribuíram culpa aos próprios americanos que foram muito complacentes e não exerceram pressão sobre o governo;
- 63% culparam a rivalidade existente entre as três forças armadas;
- 61% opinaram que a falha estaria nos baixos salários dos cientistas e no não reconhecimento de sua importância;
- 41% dos entrevistados culparam o Congresso por não liberar verbas pedidas;
- 39% da culpa seria por falta de liderança da administração Eisenhower.

Como possíveis soluções para ampliar o investimento no programa espacial, os pesquisados indicaram que estariam dispostos a aceitar o corte do programa de rodovias, o corte da assistência aos estrangeiros e a elevação de impostos para as empresas. A maioria dos votantes indicou que era contra o aumento adicional de salários e contra o corte de subsídios para os produtores rurais e para as pequenas empresas.

Concluindo, o documento Gale afirma que os votantes consideraram a defesa nacional altamente importante e um imperativo sobre questões políticas, que parecia ser improvável que os críticos da administração Eisenhower conseguissem sustentar esse assunto (Sputnik) até as próximas eleições, e que, "de acordo com mais recente relatório, os líderes Democratas no Congresso estão reconhecendo este fato e trocando de estratégia para o problema da segurança nacional e para a queda do emprego".

Segundo os doutores Othon Cabo Winter e Cristiano Fiorilo de Melo, que assinam o capítulo I, intitulado "O Sputnik", da publicação digital Espaço: do Sputnik à Missão Centenário do site da Unesp,[73] a grande reação americana com o lançamento desse satélite artificial foi quanto aos rumos da educação norte-americana. Isso porque, segundo afirmam: A crise gerada pelo Sputnik nos EUA tinha a peculiaridade de questionar a supremacia norte-americana no campo científico-tecnológico. Então, naturalmente, o sistema educacional foi apontado como responsável.

E o trabalho dos doutores Othon e Cristiano conclui sobre o tema:

---

[73] Disponível em: <www.feg.unesp.br/~orbital/sputnik/sputnik.html>. Acesso em: 18 mar. 2014.

> Em meados da década de 50 várias organizações norte-americanas, como o Conselho Nacional de Pesquisa (National Research Council — NRC), a Fundação Nacional de Ciência (National Science Foundation — NSF) e outras organizações profissionais de Ciências e Matemática patrocinaram encontros e conferências para discutir maneiras de revisar os currículos dessas matérias. Uma das principais críticas era que os conteúdos de Ciências e Matemática eram fragmentados e apresentados como pedaços de informação a serem memoriados ou ainda habilidades computacionais a serem dominadas, sem desenvolver qualquer senso de relacionamento entre ideias mais amplas. Não era dada a devida atenção ao desenvolvimento histórico do assunto. Outra questão considerada problemática era que as conexões feitas entre os princípios científicos e as aplicações tecnológicas e sociais eram tidas como triviais e vistas como algo que diminuía a qualidade intelectual dos cursos.
>
> Em 1957, na época em que o Sputnik foi lançado, os EUA estariam preparados para o tipo de reforma educacional que muitos cientistas e matemáticos haviam recomendado. A crise iniciada pelo Sputnik foi a grande motivação para as reformas que vieram, e mesmo para aqueles que já haviam se iniciado antes de 1957. No caso das Ciências, a reforma havia se iniciado em 1956 com o Programa de Física conhecido como PSSC — Physical Science Study Commitee. Analogamente, vieram os programas de Química, Chemical Education Materials Study — Chem Study, de Biologia, Biological Sciences Curriculum Study — BSCS, de ciências da Terra, Sciences Curriculum Project — ESCP. Também havia programas de Ciência para a escola elementar (ensino fundamental). Concomitantemente, foram desenvolvidos programas voltados para a Educação matemática, como, por exemplo, o University of Illinois Commitee on School Mathematics — UICSM e o Greater Cleveland Mathematics — GCM.
>
> Uma característica geral nesses programas foi o uso da abordagem de atividade-orientada na Educação Científica. A ênfase em Ciência e Matemática aplicadas ao dia a dia ou a problemas tecnológicos foi considerada a maior mudança na abordagem das disciplinas ocorrida no movimento de reforma educacional da era Sputnik.

Em agosto de 1958, o Congresso Americano aprovou o chamado Ato Nacional de Defesa da Educação, pelo qual foi possível investir grande soma de dinheiro público na educação, com ênfase para as áreas de ciência, matemática e idiomas estrangeiros, tendo sido um dos desdobramentos da "Crise do Sputnik".

Além disso, foram feitas reformas em escolas primárias e secundárias de todos os EUA, melhorando as condições de ensino para essas disciplinas, e feito grande investimento no ensino superior, com linhas de crédito público para os estudantes e para as faculdades, e melhor preparação de professores.

Mas o grande lance decorrente do lançamento do Sputnik foi a criação da National Aeronautics and Space Admnistration (Nasa), em 1º de outubro de 1958, tendo origem na decisão do Congresso Americano, em julho de 1958, com a aprovação do National Aeronautics and Space Act, mais conhecido como Space Act.

Os projetos e programas espaciais dos Estados Unidos até então eram conduzidos pelas Forças Armadas (Exército e Força Aérea) e pela National Advisory Committee for Aeronautics (Naca).[74] Em 1958, várias agências estavam na corrida para administrar esse programa, entre elas a Naca, serviços militares e a Comissão de Energia Atômica.

O Exército e a Força Aérea estavam se preparando para tomar a iniciativa: o Exército porque seu programa Júpiter estava sendo desenvolvido de forma não oficial, como um auxílio para o Vanguard; a Força Aérea porque o desenvolvimento e o lançamento de veículos espaciais seria uma extensão lógica de sua missão.

O Programa Espacial dos Estados Unidos, contrariando profundamente as forças armadas, viria a tomar um caráter civil e pacífico, com a criação da Nasa e a transferência para ela do pessoal civil do Naval Research Laboratory's Vanguard, o pessoal da Naca e esta como núcleo central da nova organização (extinta no dia anterior por determinação do presidente Eisenhower), os serviços do Jet Propulsion Laboratory (JPL) e outras unidades e serviços ligados diretamente ao programa espacial americano.

## DEPARTAMENTO DE DEFESA AMERICANO (DOD)[75]

Com organização e tempo, acha-se
o segredo de fazer tudo e bem feito.

PITÁGORAS

---

[74] A Naca foi criada pelo Congresso Americano em 1915 com a missão de "supervisionar e dirigir estudos científicos para solução de problemas da aviação, com a visão para uma solução prática, [...] para determinar os problemas, os quais deveriam ser, experimentalmente, atacados, e discutir soluções e aplicações para questões práticas" (Levine, 1982).

[75] O Exército, a Marinha e o Corpo de Fuzileiros Navais foram criados em 1775, de acordo com a Revolução Americana. O departamento de guerra foi criado em 1789 e foi o precursor do que hoje é o Departamento de Defesa. Um ano depois, em 1790, a Guarda Costeira (parte da Segurança Interna em tempo de paz) foi estabelecida. Seguiu-se a fundação do Departamento da Marinha em 1798. A decisão de unificar os diferentes serviços sob o mesmo Departamento levou à criação do Estabelecimento Militar Nacional em 1947. Esse estabelecimento substituiria o Departamento de Guerra, que foi convertido para o Ministério do Exército. Nesse mesmo ano, a Força Aérea dos Estados Unidos foi estabelecida, seguida pela fundação do Departamento da Força Aérea. Finalmente, os três ramos militares, do Exército, da Marinha e da Força Aérea, foram colocados sob o controle direto do novo secretário de Defesa, confirmada pelo Senado. Em 1949, uma emenda à Lei de Segurança Nacional consolidou ainda mais a estrutura de defesa nacional pela retirada do estatuto em nível de gabinete a partir dos três secretários de Serviços. O Estabelecimento Militar Nacional foi então renomeado o Departamento de Defesa.

Por volta de 1930, a Força Aérea dos EUA já utilizava uma espécie de Escritório de Projeto para monitorar o desenvolvimento de aeronaves e de companhias de engenharia, tal como a Exxon tinha começado a desenvolver o seu projeto Engenharia de Projetos, também para acompanhar o andamento de seus projetos funcionais.

Esses sistemas foram precursores da mudança nas organizações da estrutura funcional, até então utilizada, para uma estrutura matricial, e estavam muito próximos do atual modelo de gerenciamento de projetos, mas faltavam a ênfase em implantação e os processos de gerenciamento de projetos hoje definidos.

Um pequeno salto na história nos remete ao ano de 1941, quando é dada a largada pelo Departamento da Guerra (atual Departamento da Defesa), para o Projeto Manhattan,[76] que marcou, definitivamente, o uso de técnicas de gerenciamento de projetos. Esse gigantesco projeto contou com a participação de milhares de trabalhadores, cientistas e pessoal do Exército, tendo sido um grandioso esforço dos Estados Unidos para desenvolver as primeiras armas nucleares, contando com apoio do Reino Unido e do Canadá.

Para suplantar as dificuldades de se estar lidando com o desconhecido, com a grandiosidade da empreitada e com a deficiência logística — embora os mais geniais cérebros da época estivessem envolvidos no desenvolvimento dos trabalhos —, foi necessário que os líderes do projeto buscassem novas formas para planejar, executar e controlar as atividades, sem o que o Projeto Manhattan talvez não tivesse sucesso. Muitas dessas práticas fazem parte do atual Sistema de Gerenciamento de Projetos.

Se Gerenciamento de Projetos antes da Crise do Sputnik era um conceito ainda um tanto isolado, depois da crise, o DoD teve a necessidade de acelerar o processo de desenvolvimento dos projetos militares. Novas ferramentas foram criadas, como a Técnica de Revisão e Avaliação de Programa (Program Evaluation and Review Technique — Pert), desenvolvida para o Programa do Míssil Polaris.

Em outra ponta, a DuPont desenvolvia um modelo similar chamado Critical Path Method (COM) (Método do Caminho Crítico). Posteriormente, o Pert foi ampliado com a Work Breakdown Structure (WBS) (Estrutura Analítica de Projeto).

---

[76] O Projeto Manhattan foi um esforço magnífico do Exército Americano para construir a bomba atômica e, com isso, estar equipado para ganhar a Segunda Guerra Mundial. O Projeto foi dirigido pelo doutor J. Robert Oppenheimer e o comando militar ficou a cargo do general Leslie Groves. Foram gastos, em valores corrigidos, cerca de 30 bilhões de dólares e utilizada a mão de obra de mais de 130 mil trabalhadores.

Em termos de Normalização de Sistemas da Qualidade, até o lançamento da Norma BS 5750,[77] em 1979, imperavam as normas militares produzidas pelo Departamento de Defesa dos Estados Unidos, como a norma de especificação MIL-Q-9858, emitida em 9 de abril de 1959 pelo DoD, sendo essa a primeira Norma Contratual, que requeria o estabelecimento de um Programa da Qualidade pelos Fornecedores, de forma a assegurar confiança quanto ao cumprimento dos requisitos do contrato.

O Programa da Qualidade e os procedimentos usados para implantar tal Norma deveriam ser desenvolvidos por cada fornecedor. Em 1995 essa norma foi cancelada para a adoção da ISO 9001, criada justamente para padronizar os Sistemas de Gestão da Qualidade, objetivando sua universalização.

Outras normas militares de grande relevância na área da qualidade, emitidas pelo Departamento de Defesa, foram a MIL-Q-5923 (General Quality Control Requirements), que tratava de controlar materiais não conformes, e a MIL-STD-105[78] (Sampling Procedures and Tables for Inspection by Attributes), emitida em 29 de abril de 1963.

A Norma MIL-STD-105 era o padrão que apresentava procedimentos e tabelas para amostragem por atributos, com base nas teorias e fórmulas de inspeção por amostragem de Shewhart, Harry Romig, e Harold French Dodge.[79]

Em 1967, o Departamento de Defesa dos Estados Unidos publicou e impôs aos seus fornecedores o Cost/Schedule Control System Criteria (C/SCSC). Esse padrão teve origem na experiência havida nos anos 1950 e início dos anos 1960 com relação ao não cumprimento dos orçamentos, demonstrando a necessidade de se ter um sistema integrado de inspeção e avaliação de requisitos de engenharia, custo e desempenho de prazo, de forma a prover maior visibilidade ao gerente de projeto e permitir a ele tomar as ações corretivas

---

77 A Norma BS 5750 foi publicada pelo British Standards Institution (BSI), sendo considerada a primeira norma mundial para Sistema da Qualidade. Somente em 1987 é que a ISO viria a publicar a família ISO 9000, com base nessa norma inglesa.

78 A Norma MIL-STD-105 foi amplamente adotada fora das aplicações de aquisições militares e a última revisão era a MIL-STD-105E. Foi cancelada em fevereiro de 1995 por uma Notificação de Cancelamento. Essa Notificação foi atualizada em março de 2001 e novamente em fevereiro de 2008. A Notificação atual de Cancelamento recomenda que aquisições futuras se baseiem na Norma MIL-STD-1916.

79 Harold French Dodge foi um dos principais arquitetos da ciência do controle estatístico da qualidade. De 1917 a 1958 trabalhou no departamento de garantia de qualidade dos Laboratórios Bell's, com Walter Shewhart (considerado o pai das cartas de controle), George Edwards, Harry Romig, R. L. Jones, Paul Olmstead, E. G. D. Paterson e Mary N. Torrey. Durante a Segunda Guerra Mundial, Dodge trabalhou como consultor para o secretário da Guerra (atualmente, da Defesa), e foi diretor da American Standards Association (atual American National Standards Institute — Ansi) quando preparou diversos padrões de controle da qualidade.

necessárias para realinhar o projeto ao custo previsto e ao prazo contratual. Esse sistema veio influenciar sobremaneira a formulação de boas práticas de Gerenciamento de Projetos.

Em junho de 2003 foi emitida[80] a primeira versão da Extensão DoD do PMBOK, com base na edição de 2000, que é um complemento do PMBOK original e não um documento novo emitido pelo PMI.

Um capítulo inteiro e muitos parágrafos dessa Extensão DoD se referem integralmente ao PMBOK original, com inclusões de parágrafos adicionais e a inclusão de uma nova seção (seção III — Áreas de Conhecimento de Aquisição para Defesa) e cinco capítulos após o capítulo 12 do original (capítulo 13 até o capítulo 17), que são, respectivamente: Gerenciamento da Engenharia de Sistemas do Projeto, Gerenciamento da Aquisição de Software do Projeto, Gerenciamento da Logística do Projeto, Gerenciamento de Testes e Avaliação do Projeto e Gerenciamento da Produção do Projeto.

Segue uma listagem parcial[81] de padrões do Departamento de Defesa Americano (DoD):

TABELA 1

Padrões do Departamento de Defesa Americano (DoD)

| **Padrão nº** | **Descrição** |
|---|---|
| - | Cataloging Handbook H2, definitions for Nato Stock Number Federal Supply Groups and Federal Supply Classes |
| - | Systems Engineering Fundamentals |
| - | Cataloging Handbook H4, a handbook containing vendor Cage code details |
| - | Cataloging Handbook H6, Item Name Directory for the Nato Codification System |
| - | Cataloging Handbook H8, another handbook containing vendor Cage code details |
| MIL-E-7016F | Pertains to the analysis of AC and DC loads on an aircraft |
| MIL-STD-105 | Sampling Procedures and Tables for Inspection by Attributes |
| MIL-STD-188 | A series related to telecommunications |

(continua)

80 Essa Extensão DoD do PMBOK foi emitida pela Defense Acquisition University Press.

81 Na página do Departamento de Defesa dos Estados Unidos, Defense Standardization Program (<www.dsp.dla.mil/APP_UIL/SpecsAndStandards.aspx?action=content&accounttype=-displaySpecs&contentid=40>), poderá ser encontrada uma infinidade de normas e procedimentos que lhe serão úteis.

| Padrão nº | Descrição |
|---|---|
| MIL-STD-196 | A specification of the Joint Electronics Type Designation System (JETDS) |
| MIL-STD-202 | Test methods for electronic and electrical parts |
| MIL-STD 461 | Requirements for the control of electromagnetic interference characteristics of subsystems and equipment |
| MIL-STD-498 | On software development and documentation |
| MIL-STD-499 | On Engineering Management (System Engineering) |
| MIL-STD-806 | Graphical Symbols for Logic Diagrams, originally a Usaf standard |
| MIL-STD-810 | Test methods for determining the environmental effects on equipment |
| MIL-HDBK-881 | Work Breakdown Structures for Defense Materiel Items (WBS) |
| MIL-STD-882 | Standard practice for system safety |
| MIL- STD-883 | Test method standard for microcircuits |
| MIL-STD-1234 | Sampling, inspection, and testing of pyrotechnics |
| MIL-STD-1246C | Particle and molecular contamination levels for space hardware |
| MIL-HDBK-502 | Acquisition Logistics |
| MIL-PRF-49506 | Logistics Management Information |
| MIL-STD-1394 | This is concerned with the construction quality of hats and is often confused with IEEE 1394. |
| MIL-STD-1397 | Input/Output Interfaces, Standard Digital Data, Navy Systems |
| MIL-STD-1472F | Human Engineering |
| MIL-STD-1474 | A sound measurement for small arms standard |
| MIL-STD-1553 | A digital communications bus |
| MIL-STD -1589 | Jovial programming language |
| MIL-STD-1750A | na instruction set architecture (ISA) for airborne computers |
| MIL-STD-1760 | Smart-weapons interface derived from MIL-STD-1553 |
| MIL-STD-1815 | Ada programming language |
| MIL-STD-1913 | Picatinny rail, a mounting bracket on firearms |
| MIL-STD-2045-47001 | Connectionless Data Transfer Application Layer |
| MIL-STD-2196 | Pertains to optical fiber communications |
| MIL-STD-2361 | Pertains to digital development, acquisition, and delivery of Army administrative, training and doctrine, and technical equipment publications in SGML (continua) |
| MIL-STD-2525 | Common Warfighting Symbology (APP-6A) |
| MIL-STD-3011 | Joint Range Extension Application Protocol (JREAP) |
| MIL-STD-6011 | Tactical Data Link (TDL) 11/11B Message Standard (Link-11) |
| MIL-STD-6013 | Army Tactical Data Link-1 (ATDL-1) |
| MIL-STD-6016 | Tactical Data Link (TDL) 16 Message Standard (Link-16) |

# BRITISH STANDARDS INSTITUTION (BSI)

Tudo o que um sonho precisa para ser realizado é alguém que acredite que ele possa ser realizado.

ROBERTO SHINYASHIKI

A história da BSI remonta a 1901, quando Sir John Wolfe-Barry — o homem que projetou a Tower Bridge[82] — instigou o Conselho da Instituição de Engenheiros Civis, em 22 de janeiro de 1901, a formar um comitê para a padronização do ferro e seções de aço. Já no dia 26 de abril de 1901, a primeira reunião do Comitê de Padrões de Engenharia seria realizada.

Durante a Primeira Guerra Mundial os padrões britânicos eram usados pelo Almirantado, o Escritório de Guerra, o Escritório de Comércio, o Escritório de Habitação e muitos outros. Durante os anos 1920, houve a expansão da padronização para Canadá, Austrália, África do Sul e Nova Zelândia, tendo havido também interesse dos EUA e da Alemanha.

Durante o começo da Segunda Guerra Mundial, a elaboração de normas gerais foi suspensa e os esforços foram concentrados na produção de normas emergenciais para a guerra, com o governo britânico reconhecendo a BSI como uma organização exclusiva para elaboração de normas nacionais. Entre 1939 e 1945 foram produzidas mais de 400 normas para a guerra.

Em 1946 foi realizada a primeira Conferência sobre Padronização, organizada pelo BSI e acontecida em Londres, ocasião em que ocorreu a "criação" da Organização Internacional para Padronização (ISO).

Entretanto, o primeiro sistema para gerenciamento da qualidade, a norma BS 5750, foi publicado pelo BSI em 1979, e somente foi substituído em 1987, pelo lançamento da família ISO 9000, publicada pela ISO, a qual foi inspirada na BS 5750.

Na área de gerenciamento de projetos espaciais, o BSI publicou diversas normas, sendo estas as principais em vigência:

[82] A Tower Bridge (em português: Ponte da Torre) é uma ponte-báscula construída sobre o rio Tâmisa, na cidade de Londres, capital do Reino Unido. Foi inaugurada em 1894 e atualmente é um dos pontos turísticos mais visitados da cidade, além de ser conhecida como uma das pontes mais famosas do mundo.

TABELA 2
Principais normas BSI para gerenciamento de projetos espaciais

| Norma nº | Descrição |
|---|---|
| BS EN 14724:2003 | Space project management. Tailoring of space Standards |
| BS EN 13290-3:2001 | Space project management. General requirements Project organization |
| BS EN 13290-7:2001 | Space project management. General requirements Cost and schedule management |
| BS EN 13290-4:2001 | Space project management. General requirements Project phasing and planning |
| BS EN 13290-5:2001 | Space project management. General requirements Configuration management |
| BS EN 13290-2:2001 | Space project management. General requirements Project breakdown structure |
| BS EN 13290-1:1999 | Space project management. General requirements. Policy and principles |
| BS ISO 14300-1 | Space systems. Programme management. Part 1. Structuring of a Project |
| BS ISO 11893 | Space systems. Programme management. Project organization |
| BS ISO 27026 | Space systems. Programme management. Breakdown of project management structures |
| BS ISO 16192:2010 | Space systems. Experience gained in space projects (Lessons learned). |
| BS ISO 23461:2010 | Space systems. Programme management Non-conformance control system |
| BS ISO 27025:2010 | Space systems. Programme management. Quality assurance requirements |

## INTERNATIONAL ORGANIZATION FOR STANDARDIZATION (ISO)

Viva o hoje, pois o ontem já se foi
e o amanhã talvez não venha.

ANTOINE DE SAINT-EXUPÉRY

A organização que hoje é conhecida como ISO,[83] na realidade, é sucessora da Federação Internacional de Associações Nacionais de Normalização (ISA),

[83] Até mesmo o nome da organização é normatizado, pois "ISO", embora a maioria considere, não é um acrônimo, mas é derivado da palavra "isos", do grego, que significa "igual". A relação para normas é de que, se dois objetos satisfazem à mesma norma, eles deveriam ser iguais. Esse

criada em 1926. Essa organização focava apenas a área de engenharia mecânica e foi licenciada em 1942 durante a Segunda Guerra Mundial. Em 1946 teve a proposta de sua reorganização aprovada durante a Primeira Conferência sobre Padronização, patrocinada pelo BSI, sob o nome atual de ISO.

O maior objetivo da criação da ISO foi evitar a proliferação de normas de Sistemas de Gestão da Qualidade, como estava ocorrendo. Por exemplo, nos EUA, os fornecedores do DoD eram obrigados a registrar seus SGQs de acordo com as normas MIL-Q9858A e MIL-145208A. No Reino Unido foi criada a Norma BS-5750, também para SGQ, além de outras para setores mais específicos como NQA-1 — Quality Assourance for Nuclear Power Plants; a GMP — Good Manufacturing Pratices — no setor de produtos médicos, remédios e alimentos; a (API)Q1 na Association for Petroleum Industry's; a CSA Z299 — canadense; e as AQAP1 e 13 — Allied Quality Assourance Publications — da Organização do Tratado do Atlântico Norte (Otan). Assim, a ISO estabeleceu um comitê técnico com o objetivo de avaliar as normas já criadas e, em 1987, lançou a família de normas para Sistema de Qualidade ISO 9000, que foi dividida nessa primeira edição em cinco normas; ISO 9000, ISO 9001, ISO 9002, ISO 9003 e ISO 9004, tendo essas normas em sua essência grande parte dos elementos da Norma BS-5750, publicada pelo BSI. Ainda em 1987, a Comunidade Europeia passou a utilizar a Norma ISO 9000 chamando-a de Série EN-29000. A padronização mundial da ISO na área de aeronáutica e espaço se deu por meio do seu Comitê Técnico 20, em Veículos Aéreos e Espaciais, ou o chamado Comitê ISO/TC20 (Aircraft and space vehicles), que já publicou 593 padrões. Por sua vez, são o Subcomitê ISO/TC20/SC13, em Sistemas Espaciais de Transferência de Dados e de Informação, e o Subcomitê ISO TC20/SC14, em Sistemas e Operações Espaciais, que, em conjunto, tratam da normalização de sistemas espaciais, no domínio da ISO.

A Associação Brasileira de Normas Técnicas (ABNT) é membro Permanente (P) do Subcomitê ISO/TC20/SC13, desde 2003, após ter sido seu Mem-

nome também eliminaria qualquer confusão que poderia haver com a tradução de International Organization For Standardization em idiomas diferentes, que conduziriam a acrônimos diferentes. A ISO, sediada em Genebra (Suíça), é uma organização voluntária, cujos membros são reconhecidos como autoridade em normatização, cada um representando seu país. A ISO, atualmente, possui 2.700 comitês técnicos, subcomitês e grupos de funcionamento, sendo cada comitê e subcomitê encabeçado por uma Secretaria de um dos mais de 150 países filiados. Já são mais de 16 mil normas aprovadas e a cada ano 1.100 novas normas são incorporadas ao acervo de normas da ISO. O Subcomitê ISO/TC20/SC13, que está inserido na estrutura de diversos Comitês Técnicos da ISO, foi criado em 1991 e se dedica ao tema "Sistemas Espaciais de Transferência de Dados e Informação".

bro Observador (O), desde a sua criação. As normas de gerenciamento de projetos espaciais da ISO são as da tabela 3:

TABELA 3
Normas ISO para gerenciamento de projetos espaciais

| | |
|---|---|
| ISO 10784-1 | Space systems — Early operations — Part 1: spacecraft initialization and commissioning |
| ISO 10784-2 | Space systems — Early operations — Part 2: initialization plan |
| ISO 10784-3 | Space systems — Early operations — Part 3: commissioning report |
| ISO 10786 | Space systems — Structural components and assemblies. |
| ISO 10788 | Space systems — Lunar simulants |
| ISO 10789 | Space systems — Programme management — information and documentation management |
| ISO 10794 | Space systems — Programme management — Material, mechanical parts and processes |
| ISO 10795 | Space systems — Programme management and Quality — Vocabulary |
| ISO 10830 | Space systems — Non-destructive testing — Automatic ultrasonic inspection method of graphite ingot for solid rocket motors |
| ISO 11221 | Space systems — Space solar panels — Spacecraft charging induced electrostatic discharge test methods |
| ISO/TR 11225 | Space environment (natural and artificial) — Guide to reference and standard atmosphere models |
| ISO 11227 | Space systems — Test procedure to evaluate spacecraft material ejected upon hypervelocity impact |
| ISO 11231 | Space systems — Probabilistic Risk Assessment (PRA) |
| ISO/TR 11233 | Space systems — Orbit determination and estimation — Processes for describing techniques |
| ISO 11892 | Space systems — Subsystems/units to spacecraft interface control document |
| ISO 11893 | Space systems — Programme management — Project organization |
| ISO 12208 | Space systems — Space environment (natural and artificial) — Observed proton fluencies over long duration at GEO and guideline for selection of confidence level in statistical model of solar proton fluencies |
| ISO 13537 | Space data and information transfer systems — Reference architecture for space data systems |
| ISO 14200 | Space environment (natural and artificial) — guide to process-based implementation of meteoroid and debris environment models (orbital altitudes below GEO + 2.000 km |

(continua)

| | |
|---|---|
| ISO 14222 | Space environment (natural and artificial) Earth upper atmosphere. |
| ISO 14300-1 | Space systems — Space management — Part 1: Structuring of a project |
| ISO 14300-2 | Space systems — Space management — Part 2: Product assurance |
| ISO 14302 | Space systems — Electromagnetic compatibility requirements |
| ISO 14303 | Space systems — Launch-vehicle-to-spacecraft interfaces |
| ISO 14619 | Space systems — Space experiments — General requirements |
| ISO 14620-1 | Space systems — Safety Requirements — Part 1: System safety |
| ISO 14620-2 | Space systems — Safety Requirements — Part 2: Launch sites operations |
| ISO 14620-3 | Space systems — Safety Requirements — Part 3: Flight safety sys |
| ISO 14621-1 | Space systems — Electrical, electronic and electromechanical (EEE) parts — Part 1: Parts management |
| ISO 14621-2 | Space systems — Electrical, electronic and electromechanical (EEE) parts — Part 2: Control programme requirements |
| ISO 14623 | Space systems — Pressure vessels and pressurized structures — Design and operation |
| ISO 14624-1 | Space systems — Safety and compatibility of materials — Part 1: Determination of upward flammability of materials |
| ISO 14624-2 | Space systems — Safety and compatibility of materials — Part 2: Determination of flammability of electrical-wire insulation and accessory materials |
| ISO 14624-3 | Space systems — Safety and compatibility of materials — Part 3: Determination of offgassed products from materials and assembled articles |
| ISO 14624-4 | Space systems — Safety and compatibility of materials — Part 4: Determination of upward flammability of materials pressurized gaseous oxygen or oxygen-enriched environments |
| ISO 14624-5 | Space systems — Safety and compatibility of materials — Part 5: Determination of reactivity of system/component materials with aerospace propellants |
| ISO 14624-6 | Space systems – Safety and compatibility of materials – Part 6: Determination of reactivity of processing materials with space f. |
| ISO 14624-7 | Space systems — Safety and compatibility of materials — Part 7: Determination of permeability and penetration of materials to aerospace fluids |
| ISO 14625 | Space systems — Ground support equipment for use at launch, landing or retrieval sites — General requirements |
| ISO 14711 | Space systems — Unmanned mission operations concepts — Guidelines for defining and assessing concept products |
| ISO 14950 | Space systems — Unmanned spacecraft operability |
| ISO 14952-1 | Space systems — Surface cleanliness of fluids systems — Part 1: Vocabulary |

(continua)

| | |
|---|---|
| ISO 14952-2 | Space systems — Surface cleanliness of fluids systems — Part 2: Cleanliness levels |
| ISO 14952-3 | Space systems — Surface cleanliness of fluids systems — Part 3: Analytical procedures for the determination of nonvolatile residues and particulate contamination |
| ISO 14952-4 | Space systems — Surface cleanliness of fluids systems — Part 4: Rough-cleaning processes |
| ISO 14952-5 | Space systems — Surface cleanliness of fluids systems — Part 5: Drying processes |
| ISO 14952-6 | Space systems — Surface cleanliness of fluids systems — Part 6: Precision-cleaning processes |
| ISO 14953 | Space systems — Structural design — Determination of loading levels for static Qualification testing of launch vehicles |
| ISO 14954 | Space systems — Dynamic and static analysis — Exchange of mathematical models |
| ISO/IEC/ IEEE 15288 | System Life Cycle Processes |
| ISO 15387 | Space systems — Single-junction solar cells — Measurements and calibration procedures |
| ISO 15388 | Space systems — Contamination and cleanliness control |
| ISO 15389 | Space systems — Flight-to-ground umbilical's |
| ISO 15856 | Space systems — Space environment — Simulation guideline for radiation exposure of non-metallic materials |
| ISO 15859-1 | Space systems — Fluid characteristics, sample and test methods — Part 1: Oxygen |
| ISO 15859-2 | Space systems — Fluid characteristics, sample and test methods — Part 2: Hydrogen |
| ISO 15859-3 | Space systems — Fluid characteristics, sample and test methods — Part 3: Nitrogen |
| ISO 15859-4 | Space systems — Fluid characteristics, sample and test methods — Part 4: Helium |
| ISO 15859-5 | Space systems — Fluid characteristics, sample and test methods — Part 5: Nitrogen Tetroxide propellants |
| ISO 15859-6 | Space systems — Fluid characteristics, sample and test methods — Part 6: Monomethylhydrazine propellant |
| ISO 15859-7 | Space systems — Fluid characteristics, sample and test methods — Part 7: Hydrazine propellant |
| ISO 15859-8 | Space systems — Fluid characteristics, sample and test methods — Part 8: kerosene propellant |
| ISO 15859-9 | Space systems — Fluid characteristics, sample and test methods — Part 9: Argon |
| ISO 15859-10 | Space systems — Fluid characteristics, sample and test methods — Part 10: Water |

(continua)

| | |
|---|---|
| ISO 15859-11 | Space systems — Fluid characteristics, sample and test methods — Part 11: Ammonia |
| ISO 15859-12 | Space systems — Fluid characteristics, sample and test methods — Part 12: Carbon dioxide |
| ISO 15859-13 | Space systems — Fluid characteristics, sample and test methods — Part 13: Breathing air |
| ISO 15860 | Space systems — Gas contamination — Measurement methods of field tests |
| ISO 15862 | Space systems — Launch-vehicle-to-spacecraft flight environments telemetry data processing |
| ISO 15863 | Space systems — Spacecraft-to-launch-vehicle interface control doc |
| ISO 15864 | Space systems — General test methods for space craft, subsystems |
| ISO 15865 | Space systems — Qualification assessment |
| ISO 16091 | Space systems — Integrated logistical support |
| ISO 16126 | Space systems — Assessment of survivability of unmanned spacecraft against space debris and meteoroid impacts to ensure successful post-mission disposal |
| ISO 16127 | Space systems — Prevention of break-up of unmanned spacecraft |
| ISO 16157 | Human-Life Activity Support Systems and Equipment Integration in Space Flight — Techno-Medical Requirements for Space Vehicle Human Habitation Environments |
| ISO/TR 16158 | Space systems — Avoiding collisions with orbiting objects |
| ISO 16159 | Space systems — Launch pad and integration site — Facility, system and equipment failure analysis |
| ISO/ DIS 16164 | Space Systems — Disposal of satellites operating in or crossing Low Earth Orbit |
| ISO 16192 | Space systems — Experience gained in space projects (Learned Lessons) — Principles and guidelines |
| ISO 16290 | Space Systems — Definition of the Technology Readiness Levels (TRLs) and their criteria of assessment |
| ISO 16378 | Space systems — Measurements of thermo-optical properties of thermal control materials |
| ISO 16404 | Space systems — Programme management - Requirements management. |
| ISO 16454 | Space systems — Structural design — Stress analysis requirements |
| ISO 16457 | Space systems — Space environment (natural or artificial) — The Earth's ionosphere model international reference ionosphere (IRI) model and extensions to the plasmasphere |
| ISO 16458 | Space systems — Unmanned spacecraft transportation — General requirements |
| ISO/ DIS 16679 | Space systems — Relative motions analyses elements after LV/SC Separation |

(continua)

| | |
|---|---|
| ISO 16691 | Space systems — Thermal control coatings for spacecraft — General requirements |
| ISO/FDIS 16694 | Space systems — The measured parameters at firing bench and flight tests of liquid rocket engines |
| ISO 16695 | Space environment (natural and artificial) — Geomagnetic reference models |
| ISO/TS 16697 | Space systems — Safety and compatibility of materials — Method to determine the flammability thresholds of materials |
| ISO 16698 | Space environment (natural and artificial) — Methods for estimation of future geomagnetic activity |
| ISO/ DIS 16699 | Space systems — Disposal of orbital stages |
| ISO/CD 16709 | Realtime solar activity and space environment information for spacecraft operation |
| ISO/NP 16726 | Human-Life Activity Support Systems and Equipment Integration in Space Flight — Techno-Medical Requirements for Space Vehicle Human Habitation Environments — Requirements for the air quality affected by harmful chemical contaminants |
| ISO 16781 | Space systems — Simulation requirements for control system |
| ISO 17255 | Space systems — Programme management — Statement of work |
| ISO 17399 | Space systems — Man-systems integration |
| ISO 17400 | Space systems — Space launch complexes, integration sites and other facilities — General testing guidelines |
| ISO 17401 | Space systems — Spacecraft interface requirements document for launch vehicle services |
| ISO 17520 | Space systems — Space environment — Cosmic ray and solar energetic particle penetration inside the magnetosphere: Method of the effective vertical cut-off determination |
| ISO 17566 | Space systems — General test documentation |
| ISO 17666 | Space systems — Risk Management |
| ISO 17689 | Space systems — Interface Control Documents between ground systems, ground support equipment and launch vehicle with payload |
| ISO 17761 | Space environment (natural or artificial) Model of high energy radiation at low altitudes (300-600 km) |
| ISO/NP 17762 | Space systems — Force limited vibration testing |
| ISO/NP 17763 | Space systems — Human-life activity support systems and equipment integration in space flight |
| ISO/NP 17770 | Space systems — Cube satellites (CubeSats) |
| ISO/ AWI 17851 | Space environment (natural or artificial) — Space environment simulation of material tests — General principles and criteria |
| ISO/ NP TR 18146 | Space systems — Design and operation manual for spacecraft operated in the debris environment |

(continua)

| | |
|---|---|
| ISO/TR 18147 | Space environment (natural or artificial) — method of the solar energetic protons fluences and peak fluxes determination |
| ISO/ DIS 18197 | Space systems — Space based services requirements for centimeter class positioning |
| ISO/NP 18238 | Space systems — Closed loop problem solving management |
| ISO 18257 | Space systems — Semiconductor integrated circuits for space applications — Design requirements |
| ISO/ CD 18322-2 | Space systems — Accreditation of space test centers and laboratories — Part 2: General quality and safety requirements |
| ISO/ AWI 18667 | Space Systems — Requirements for the management of capability-based Safety, Dependability, and Quality Assurance (SD&QA) programme |
| ISO/ AWI 18676 | Space systems — Guidelines for the management of systems engineering processes. |
| ISO/ NP TS 18751 | Space Systems — Safety and compatibility of materials — Method to determine the ignition susceptibility of materials and components to particle impact |
| ISO/ AWI 19683 | Space systems — Design qualification and acceptance tests of small scale satellite and units seeking low-cost and fast-delivery |
| ISO 19953 | Space systems — Format for spacecraft launch environment test report |
| ISO 21347 | Space systems — Fracture and damage control |
| ISO 21348 | Space environment (natural and artificial) — Process for determining solar irradiances |
| ISO 21349 | Space systems — Project Reviews |
| ISO 21350 | Space systems — Off-the-shelf item utilization |
| ISO 21351 | Space systems — Functional and Technical specifications |
| ISO/NP 21648 | Space systems — Flywheel module design and testing |
| ISO 22009 | Space systems — Space environment (natural and artificial) — Model of the earth's magnetospheric magnetic field |
| ISO 22010 | Space systems — Mass properties control |
| ISO 22108 | Space systems — Non-flight items in flight hardware — identification and control |
| ISO 22538-1 | Space systems — Oxygen safety - Part 1: Design of oxygen systems and components |
| ISO 22538-2 | Space systems — Oxygen safety — Part 2: Selection of metallic materials for oxygen systems and components |
| ISO 22538-3 | Space systems — Oxygen safety — Part 3: Selection of non-metallic materials for oxygen systems and components |
| ISO 22538-4 | Space systems — Oxygen safety — Part 4: Hazards analyses for oxygen systems and components. |

(continua)

| ISO 22538-5 | Space systems — Oxygen safety — Part 5: Operational and emergency procedures |
|---|---|
| ISO 22538-6 | Space systems — Oxygen safety — Part 6: Facility planning and implementation |
| ISO 23038 | Space systems — Space solar cells — Electron and proton irradiation test methods |
| ISO 23041 | Space systems — Unmanned spacecraft operational procedures — Documentation |
| ISO 23339 | Space systems — Unmanned spacecraft — Estimating the mass of remaining usable propellant |
| ISO 23460 | Space projects — Programme management — Dependability assurance requirements |
| ISO 23461 | Space systems — Programme management — Non-conformance control system |
| ISO/TR 23462 | Space systems — Guidelines to define the management framework for a space project |
| ISO 24113 | Space systems — Space debris mitigation requirements |
| ISO 24637 | Space systems — Electromagnetic interference (EMI) test report requirements |
| ISO 24638 | Space systems — Pressure components and pressure system integration |
| ISO 24917 | Space systems — General tests requirements for launch vehicles. |
| ISO 26869 | Space systems — Small-auxiliary-spacecraft (SASC)-to-launch-vehicle interface control document |
| ISO 26870 | Space systems — Launch pad and integration site operational documents |
| ISO 26871 | Space systems — Explosive systems and devices |
| ISO 26872 | Space systems — Disposal of satellites operating at geosynchronous altitude |
| ISO 26900 | Space data and information transfer systems —- Orbit data messages |
| ISO 27025 | Space systems — Programme Management — Quality assurance requirements |
| ISO 27026 | Space systems — Programme management — Breakdown of project management structures |
| ISO 27852 | Space systems — Estimation of orbit lifetime |
| ISO 27875 | Space systems — Re-entry risk management for unmanned spacecraft and launch vehicle orbital stages[84] |

[84] Disponível em: <iso/iec15286>. Acesso em: 9 maio 2014. Algumas das normas citadas nesta data se encontram em elaboração.

# SOCIETY OF AUTOMOTIVE ENGINEERS (SAE)

...O mundo está nas mãos daqueles
que têm a coragem de sonhar e
correr o risco de viver seus sonhos...

PAULO COELHO

A Society Automotive Engineers (SAE) iniciou, efetivamente, seus trabalhos em 1905, quando Andrew Riker[85] serviu como presidente e Henry Ford serviu como o primeiro vice-presidente dessa sociedade que contava inicialmente com 30 engenheiros associados. Após os primeiros 10 anos de existência, a sociedade já contava com cerca de 1.800 associados.

Em 1916, durante sua reunião anual, representantes da Sociedade Americana de Engenheiros Aeronáuticos, da Sociedade de Engenheiros de Tratores e também representantes da indústria de esporte de velejar fizeram um pedido para que a SAE emitisse normas técnicas também para esses segmentos industriais.

A indústria aeronáutica era uma indústria emergente naquele momento, e poucos esperavam o papel essencial que ocuparia na história mundial em um tempo muito curto. Pouco tempo depois, os engenheiros aeronáuticos Thomas Alva Edison (inventor e empresário americano), Glenn Curtiss (um dos pioneiros da aviação americana), Glenn Martin (outro pioneiro da aviação americana) e Orville Wright (coinventor do primeiro aeroplano) seriam os representantes da categoria junto à SAE.

O documento intitulado "Normas Básicas da Qualidade do Sistema Aeroespacial — AS 9000" foi emitido no dia 1º de maio de 1997 pela Sociedade de Engenheiros Automotivos (SAE) e foi uma iniciativa da indústria aeroespacial norte-americana para reduzir custos por meio da padronização dos requisitos do Sistema da Qualidade dos fornecedores da indústria aeroespacial, usando como base a ISO 9000. O documento, anteriormente chamado de ARD 9000, foi desenvolvido pelo Grupo Americano da Qualidade Aeroespacial (AAQG), um consórcio industrial com base nos EUA, de importantes fornecedores e distribuidores que acompanham o *upgrade* das Normas Militares MIL-Q-9858

[85] Andrew L. Riker era um projetista de automóveis e serviu como presidente da SAE durante três anos, de 1905 a 1907. Nascido em 1868, ele produziu seu primeiro carro elétrico em 1894, usando um par de bicicletas de Remington como base. A Companhia de Veículos Elétricos de Riker, baseado em Elizabethport, Nova Jersey, se tornou a número 1 do país na fabricação de veículos elétricos, incluindo carros, caminhões, furgões e bondes.

e MIL-I-45208. A Norma AS 9000, baseada na Norma ISO 9000,[86] contava adicionalmente com 36 itens de esclarecimento de requisitos da Norma ISO 9000, solicitados pelas empresas aeroespaciais. Também junto à SA 9000 há um documento de 73 páginas intitulado *Resumo da auditoria e instruções de perfil do fornecedor AS 9000*, que serve como *check-list* de auditoria e sugestão de relatório para auditorias de terceira parte. As normas da Qualidade Aeroespacial da SAE são as seguintes:[87]

TABELA 4
Normas da Qualidade Aeroespacial da SAE

| | |
|---|---|
| AIR 5359C | Requirements for Certification/Registration of Aerospace Quality Management Systems |
| AIR5493B | Requirements for Development, Implementation and Control of Aerospace Auditor Training |
| ARP9005 | Aerospace Guidance for Non-Deliverable Software |
| ARP9009 | Aerospace Contract Clauses |
| ARP9013 | Statistical Product Acceptance Requirements |
| ARP9013/1 | Statistical Product Acceptance Requirements Using Isolated Lot Sampling Methods |
| ARP9013/2 | Statistical Product Acceptance Requirements Using Attribute Or Variable Lot Acceptance Sampling Plans |
| ARP9013/3 | Statistical Product Acceptance Requirements Using Process Control Methods |
| ARP9013/4 | Statistical Product Acceptance Requirements Using Continuous Sampline, Skip-Lot Sampling, Or Methods for Special Cases |
| ARP9034 | A Process Standard for the Storage, Retrieval and Use of Three-Dimensional Type Design Data |
| ARP9062A | Aerospace Operator Self-Verification Programs |
| ARP9090 | Requirements for Industry Standard E-Tool to Collaborate Quality Assurance Activities Among Customers and Suppliers |
| ARP9090A | Requirements for Industry Standard e-Tool to Collaborate Quality Assurance Activities Among Customers and Suppliers |
| ARP9107 | Direct Delivery Authorization Guidance for Aerospace Companies |

(continua)

[86] A Norma AS 9100 é um padrão baseado na ISO 9001. A diferença fundamental entre a ISO 9001 e a Norma AS 9100 é que a AS 9100 contém suplementos à ISO 9001 para satisfazer a indústria aeroespacial americana, o governo e exigências reguladoras. A AS 9100 foi desenvolvida por representantes da indústria aeroespacial da América, da Europa e da Ásia.
[87] Disponível em: <http://store.sae.org/aeroqa/contents/>. Acesso em: 10 maio 2014.

| | |
|---|---|
| ARP9113A | Supply Chain Risk Management Guideline |
| ARP9114 | Direct Ship Guidance for Aerospace Companies |
| ARP9114A | Direct Ship Guidance for Aerospace Companies |
| ARP9134 | Supply Chain Risk Management Guidelines |
| ARP9134A | Supply Chain Risk Management Guideline |
| ARP9137 | Guidance for the Application of AQAP 2110 within a 9100 Quality Management System |
| ARP9162 | Aerospace Operator Self-Verification Programs |
| AS9000 APPNXD1A | AS9000 Audit Summary and Supplier Profile Instructions |
| AS9000A | Aerospace Basic Quality System Standard |
| AS9003A | Inspection and Test Quality Systems, Requirements for Aviation, Space, and Defense Organizations |
| AS9006 | Deliverable Aerospace Software Supplement for AS9100A |
| AS9006A | Deliverable Aerospace Software Supplement for AS9100A, Quality Management Systems — Aerospace — Requirements for Software (based on AS9100A) |
| AS9015 | Supplier Self Verification Process — Delegation Programs |
| AS9016 | Aerospace Series — Notice of Change (NOC) Requirements |
| AS9100 | Quality Systems — Aerospace — Model for Quality Assurance in Design, Development, Production, Installation and Servicing |
| AS9100A | Quality Systems — Aerospace — Model for Quality Assurance in Design, Development, Production, Installation and Servicing |
| AS9100B | Quality Management Systems — Aerospace — Requirements |
| AS9100C | Quality Management Systems — Requirements for Aviation, Space and Defense Organizations |
| AS9101 | Quality System Assessment |
| AS9101A | Quality System Assessment |
| AS9101C | Quality Management Systems Assessment |
| AS9101E | Quality Management Systems Audit Requirements for Aviation, Space, and Defense Organizations |
| AS9102A | Aerospace First Article Inspection Requirement |
| AS9103A | Aerospace Series — Quality Management Systems — Variation Management of Key Characteristics |
| AS9104 | Requirements for Aerospace Quality Management System Certification/ Registrations Program |
| AS9104/1 | Requirements for Aviation, Space, and Defense Quality Management System Certification Programs |
| AS9104/2 | Requirements for Oversight of Aerospace Quality Management System Registration/Certification Programs |

(continua)

| | |
|---|---|
| AS9104/3 | Requirements for Aerospace Auditor Competency and Training Courses |
| AS9104A | Requirements for Aerospace Quality Management System Certification/ Registrations Programs |
| AS9110B | Quality Management Systems — Requirements for Aviation Maintenance Organizations |
| AS9111 | Quality Management System Assessment for Maintenance Organizations (Based on ISO 9001:2000) |
| AS9111A | Quality Management System Assessment for Maintenance Organizations (Based on ISO 9001:2000) |
| AS9115 | Quality Management Systems — Requirements for Aviation, Space and Defense Organizations — Deliverable Software |
| AS9120A | Quality Management Systems — Requirements for Aviation, Space and Defense Distributors |
| AS9121A | Stockist Distributors Quality System Questionnaire Associated with AS9120 |
| AS9121B | Stockist Distributors Quality System Questionnaire Associated with AS9120 |
| AS9131C | Aerospace Series — Quality Management Systems — Nonconformance Data Definition and Documentation |
| AS9132A | Data Matrix Quality Requirements for Parts Marking |
| AS9133 | Qualification Procedure for Aerospace Standard Parts |

## ASSOCIAÇÃO BRASILEIRA DE NORMAS TÉCNICAS (ABNT)

> A vida é breve, mas cabe nela muito mais
> do que somos capazes de viver.
>
> JOSÉ SARAMAGO

A ABNT atua na normalização espacial, através do Subcomitê 08:001 (Atividade Espacial), que tem a participação de especialistas do Departamento de Ciência e Tecnologia Aeroespacial (DCTA/IAE), Instituto Nacional de Pesquisas Espaciais (Inpe) e empresas aeroespaciais.

A Agência Espacial Brasileira (AEB), por meio de um convênio com o DCTA e o Inpe, previsto no Programa Nacional de Atividades Espaciais (PNAE), proporciona recursos para o desenvolvimento dessa atividade, cujo resultado tem sido um incremento nas normas técnicas espaciais homologadas pela ABNT. O Subcomitê Espacial SC 08:001 tem sete Comissões de Estudo, que elaboram as normas técnicas afetas ao seu escopo, com um total de 36 normas já emitidas pela comissão de Estudo CE 08:010:50 (Gerenciamento de Programas Espaciais e Qualidade). Essas normas de Gerenciamento de Projetos Espaciais podem ser vistas na tabela 5.

A Norma de maior utilização, especialmente no DCTA, é a Norma ABNT NBR 15100 (Sistemas da qualidade — Modelo para Garantia da Qualidade em projeto, desenvolvimento, produção, instalação e serviços associados), a qual é tecnicamente equivalente à Norma AS 9101B, com publicação autorizada pela SAE alinhada com a norma ISO 14001, embora não contenha requisitos específicos para gestão ambiental, ou de outra área como segurança e saúde ocupacional, gestão financeira ou gestão de risco, que têm normas dedicadas.

Quem cuida da normalização espacial no âmbito da ABNT é o Comitê Brasileiro de Aeronáutica e Espaço, o CB-08, criado em 1968. O CB-08 é, segundo afirmado no artigo "A normalização no setor espacial", integrante da revista *Qualidade*, n. 4, do IAE,[88] responsável pela coordenação aeroespacial da normalização de materiais, componentes e equipamentos, com o objetivo de atender às atividades de projeto, fabricação, ensaios, avaliações, manutenção de subsistemas de aeronaves e veículos espaciais. Atende também à normalização de materiais e equipamentos e a correspondente manutenção na área de infraestrutura aeroespacial.

TABELA 5

Normas ABNT de gerenciamento de projetos espaciais

| | |
|---|---|
| NBR 7392 | Equipamento de apoio no solo — Símbolos pictográficos para identificação dos controles do equipamento |
| NBR 8167 | Parâmetros de desempenho propulsivo de motor foguete a propelente sólido — Curvas típicas de leitura e interpretação |
| NBR 9084 | Sistemas espaciais — Perclorato de amônio técnico |
| NBR 10603 | Revestimentos resistentes à erosão, com características antiestáticas ou não, para uso em partes plásticas externas de aeronaves e mísseis — Especificação |
| NBR 10680 | Qualificação de soldadores e operadores de soldagem em nível aeroespacial — Procedimento |
| NBR ISO 11231 | Sistemas espaciais — Avaliação probabilística de risco (PRA) |
| NBR 13479 | Materiais compostos de uso aeroespacial |

(continua)

88 Disponível em: <www.iae.cta.br/Arquivos/revista4.pdf>. Acesso em: 7 maio 2014.

| | |
|---|---|
| NBR ISO 14303 | Sistemas espaciais — interfaces entre o veículo lançador e a espaçonave |
| NBR ISO 14619 | Sistemas espaciais — Experimentos espaciais — Requisitos gerais |
| NBR ISO 14620-1 | Sistemas espaciais — Requisitos de Segurança — Parte 1: Segurança de Sistema |
| NBR ISO 14620-2 | Sistemas espaciais — Requisitos de Segurança — Parte 2: Operações de Centro de Lançamento |
| NBR ISO 14620-3 | Sistemas espaciais — Requisitos de Segurança — Parte 3: Sistema de segurança de voo |
| NBR ISO 14621-1 | Sistemas espaciais — Componentes elétricos, eletrônicos e eletromecânicos — Parte 1 — Gerenciamento de Componentes |
| NBR ISO 14621-2 | Sistemas espaciais — Componentes elétricos, eletrônicos e eletromecânicos — Parte 2 — Requisitos do programa de controle |
| NBR ISO 14622 | Sistemas espaciais — Projeto estrutural — Cargas e ambiente induzido |
| NBR ISO 14623 | Sistemas espaciais — Projeto estrutural — Vasos de pressão e estruturas pressurizadas — Projeto e operação |
| NBR ISO 14624-1 | Sistemas espaciais — Segurança e compatibilidade dos materiais — Parte 1: Determinação da flamabilidade ascendente dos materiais |
| NBR ISO 14624-2 | Sistemas espaciais — Segurança e Compatibilidade de Materiais — Parte 2: Determinação da inflamabilidade de materiais isolantes de fio elétrico e acessórios |
| NBR ISO 14624-5 | Sistemas Espaciais — Segurança e compatibilidade de materiais — Parte 5: Determinação da reatividade de materiais de sistemas/componentes com propelentes aeroespaciais |
| NBR 14857-1 | Sistemas espaciais — Gerenciamento do Programa — Parte 1: Estruturação de um Programa |
| NBR 14857-2 | Sistemas espaciais — Gerenciamento do Programa — Parte 2: Garantia do Produto |
| NBR 14881 | Sistemas espaciais — Equipamentos de apoio no solo para uso em lançamento, aterrissagem ou locais de resgate — Requisitos gerais |
| NBR ISO 14952-2 | Sistemas espaciais — Limpeza de superfície de sistemas de fluido — Parte 2: Níveis de limpeza |
| NBR ISO 14952-3 | Sistemas espaciais — Limpeza de superfície de sistemas de fluido — Parte 3: Procedimentos analíticos para a determinação de resíduos não voláteis e contaminação de partículas |
| NBR ISO 14952-4 | Sistemas espaciais — Limpeza de superfície de sistemas de fluido — Parte 4: Processos de limpeza bruta |

(continua)

| | |
|---|---|
| NBR ISO 14952-5 | Sistemas espaciais — Limpeza de superfície de sistemas de fluido — Parte 5: Processos de secagem |
| NBR ISO 14952-6 | Sistemas espaciais — Limpeza de superfície de sistemas de fluido — Parte 6: Processos de limpeza de precisão |
| NBR 14959 | Sistemas espaciais — Gerenciamento de Risco |
| NBR 14989 | Sistemas espaciais — Ambiente espacial — Modelo raios cósmicos galácticos |
| NBR 15062 | Sistemas espaciais de dados e informações — Campo global CCSDS para identificação de espaçonaves — Procedimentos de controle para designação de códigos |
| NBR 15063 | Sistemas espaciais de dados e informação — Compressão de dados livre de perdas |
| NBR 15100[89] | Sistemas da qualidade — Modelo para Garantia da Qualidade em projeto, desenvolvimento, produção, instalação e serviços associados |
| NBR 15101 | Sistemas de Gestão da Qualidade — Requisitos para auditoria de organizações de aeronáutica, espaço e defesa |
| NBR 15137 | Sistemas espaciais — Controle de limpeza e de contaminação |
| NBR 15294 | Sistemas espaciais — umbilicais voo-solo |
| NBR 15104 | Sistemas espaciais — Avaliação da Qualificação |
| NBR ISO 15288 | Engenharia de Sistemas e Software — Processos de ciclo de vida de sistema |
| NBR 15295 | Sistemas espaciais — Especificações funcionais e técnicas |
| NBR ISO 15472 | Sistemas espaciais de dados e informações — Modelo de referência para um sistema aberto de arquivamento de informações (Saai) |
| NBR 15624 | Inglês codificado em ASCII |
| NBR 15625 | Sistemas espaciais de dados e informação — Protocolo de enlace espacial com proximidade — 1 — camada física |
| NBR ISO 15862 | Sistemas espaciais — Processamento de dados de telemetria ambiental de voo entre o veículo lançador e veículo espacial |
| NBR ISO 15859-1 | Sistemas espaciais — Características do fluido, métodos de ensaio e de amostragem — Parte 1 — Oxigênio |
| NBR ISO 15859-5 | Sistemas espaciais — Características, amostragem e métodos de ensaio de fluidos — Parte 5: Propelentes de tetróxido de nitrogênio |

(continua)

[89] Segundo o Prefácio Nacional da Norma ABNT NBR 15100:2004, que traça um histórico da norma no Brasil "em dezembro de 1998, a indústria aeronáutica estabeleceu o Grupo de Qualidade Aeroespacial Internacional (AQG) com a finalidade de atingir melhorias significativas na qualidade e na redução de custos em todo o fluxo de valores. Esta organização, com representantes de empresas aeroespaciais nas Américas, na Ásia e na Europa, sob o patrocínio da SAE,

| | |
|---|---|
| NBR ISO 15859-6 | Sistemas espaciais — Características, amostragem e métodos de análise de fluidos — Parte 6: Propelente monometil hidrazina |
| NBR ISO 15859-7 | Sistemas espaciais — Características, amostragem e métodos de análise de fluidos — Parte 7: Propelente hidrazina |
| NBR ISO 15859-8 | Sistemas espaciais — Características, amostragem e método de ensaio de fluidos — Parte 8 — Propelente querosene |
| NBR ISO 15862 | Sistemas espaciais de transferência de dados e informação — interface Produtor-Arquivo — Padrão de metodologia abstrata |
| NBR ISO 15863 | Sistemas espaciais — Documento de controle de interface do veículo lançador para o veículo espacial |
| NBR ISO 15864 | Sistemas espaciais — Métodos gerais de ensaio para veículos espaciais, subsistemas e componentes |
| NBR ISO 15865 | Sistemas espaciais — Avaliação da qualificação |
| NBR 15971-1 | Aeronáutica — Vocabulário — Parte 1: Aeronaves |
| NBR 15971-4 | Aeronáutica — Vocabulário — Parte 4: Propulsão aeronáutica |
| NBR ISO 15982 | Sistemas espaciais de transferência de dados e de informação — Compressão de dados de imagens |
| NBR 16066 | Sistema para geração de identificador com base na internet (IBI) |
| NBR 16102 | Modelo de referência para apoio cruzado — Serviços de extensão para o enlace espacial |
| NBR 16105 | Sistemas espaciais de transferência de dados e de informação — Protocolo de enlace espacial de dados de telecomando |
| NBR 16189 | Diretrizes para a implantação de um sistema de gestão integrado em organizações do setor aeroespacial |
| NBR ISO 16192 | Sistemas espaciais — Experiência adquirida em projetos espaciais (Lições aprendidas) — Princípios e diretrizes |
| NBR ISO 16458 | Sistemas espaciais — Transporte de veículo espacial não tripulado — Requisitos gerais |
| ISO/TR 17400 | Sistemas espaciais — complexos de lançamento espacial, sítios de integração e outras instalações — Diretrizes gerais de ensaios |
| NBR ISO 17401 | Sistemas espaciais — Documento de requisitos de interface do veículo espacial para os serviços do veículo lançador |
| NBR ISO 17666 | Sistemas espaciais — Gerenciamento de risco |

(continua)

da SJAC e da Aecma, concordou em assumir a responsabilidade pelo conteúdo técnico desta norma".

| | |
|---|---|
| NBR ISO 19933 | Sistemas espaciais — Formato padrão de relatório de ensaio de ambiente de lançamento para veículos espaciais |
| NBR ISO 21349 | Sistemas espaciais — Revisões de projetos |
| NBR ISO 21350 | Sistemas espaciais — Utilização de itens de prateleira |
| NBR ISO 21351 | Sistemas espaciais — Especificações funcionais e técnicas |
| NBR ISO 22010 | Sistemas espaciais — Controle das propriedades de massa |
| NBR ISO 23461 | Sistemas espaciais — Gerenciamento de programa — Sistema de controle de não conformidade |
| NBR ISO 27025 | Sistemas Espaciais — Gerenciamento de Programa — Requisitos da Garantia da Qualidade |

## A IMPLANTAÇÃO DO SISTEMA DA QUALIDADE NO IAE

Que ninguém se engane: só se consegue
a simplicidade através de muito trabalho.
CLARICE LISPECTOR

Desde 1997, a Divisão de Química (AQI) do Instituto de Aeronáutica e Espaço (IAE) adota um Sistema de Gestão da Qualidade para seus Laboratórios, nesse caso, com a adoção da ABNT ISO/IEC Guia 25:1993, hoje denominada de ABNT ISO/IEC 17025. A Divisão de Química do IAE possui 10 laboratórios de ensaios, nos quais a Norma 17025 está implantada e, entre muitos, dois dos ensaios realizados são acreditados pelo Instituto Nacional de Metrologia, Normalização e Qualidade Industrial (Inmetro) desde 2001.

Além dos Laboratórios da divisão Química, outros laboratórios de ensaios (18) também implementaram a Norma 17025 e são auditados pelo Instituto de Fomento e Coordenação Industrial (IFI) do DCTA, responsável também por fomentar a implementação da referida norma da qualidade em indústrias aeroespaciais, já tendo certificado cerca de 50 dessas empresas.

Segundo relação de laboratórios acreditados e membros da Rede Brasileira de Calibração (RBC/Inmetro) ao todo, o DCTA tem três de seus Laboratórios de Ensaios Acreditados, quais sejam: Laboratório Dimensional, desde 26 de novembro de 2001, Laboratórios de Massa, desde 29 de dezembro de 2005, e Laboratório de Pressão, também desde 29 de dezembro de 2005.

O pesquisador doutor Olympio Achilles de Faria Mello, assinando a coluna Opinião da revista *Qualidade*, n. 1, de 2007/2008, afirma que os princípios da excelência e do rigor científico, já consagrados no ambiente laboratorial do IAE, criaram uma cultura de respeito às normas, aos procedimentos e à rastreabilidade das medidas, especialmente por causa da Norma NBR ISO/IEC 17.025, ali implantadas. E conclui: "É gratificante verificar como esta cultura vem se disseminando em nosso Instituto. Para o IAE, além da indispensável qualidade laboratorial, a excelência e o rigor científico na condução dos projetos exigem semelhantes cuidados em relação aos processos".

Embora a Norma NBR 15100 (Sistema da Qualidade — Aeroespacial — Modelo para garantia da qualidade em projeto, desenvolvimento, produção, instalação e serviços associados) tenha tido sua primeira edição em 2002, somente depois de sua segunda edição (2004) é que foi iniciada, de fato, sua implantação no Instituto de Aeronáutica e Espaço (IAE) e, precisamente, em 2005, quando foi estabelecida a Política da Qualidade do IAE e feito um cronograma de implantação para os anos de 2005 e 2006.

Essas ações vieram após recomendações feitas no Relatório Final do Acidente com o VLS-1 V03, quando foram verificadas falhas no sistema de gestão da qualidade, embora alguns laboratórios já tivessem um sistema de gestão baseado na atual Norma NBR ISO/IEC 17.025, mas também foi, segundo a coordenadora da Qualidade e Confiabilidade Delma Felício, quando ocorreu um aumento de efetivo, dando condições para o início efetivo do trabalho de disseminação da referida norma da qualidade.

Como meta, foi definido que até novembro de 2006 deveria ser implantada a Norma NBR 15100 nas Divisões do IAE e que a Norma NBR ISO/IEC 17.025 deveria estar implantada nos laboratórios de ensaios e testes do IAE até junho de 2006.

De acordo com Delma Felício, "A estrutura inicial de implantação era composta pelo chefe da DQ (indicado como RD: Representante da Direção) e um servidor de cada uma das Divisões, denominados Elos da Qualidade".

Os pesquisadores Diná T. Inagaki e José Bezerra Pessoa Filho, em artigo publicado na revista *Qualidade*, n. 1, de 2007/2008, afirmam:

> Talvez, por termos subestimado o tempo necessário para formalizar os procedimentos requeridos pela NBR 15100, essas metas ainda não foram atingidas. Se por um lado contamos com o apoio de uma consultoria especializada e com a orientação da AD-Q, de outro o trabalho propriamente dito vem sendo realizado por servidores que não têm a Qualidade como atividade principal, ou seja, as atividades estão a cargo de voluntários, e não profissionais especializados [...]. Há um descompasso temporal na implantação da NBR 15100 nos diferentes setores do IAE [...] A decisão de segmentar a implantação da NBR 15100 nas Divisões é discutível. Além do descompasso acima mencionado ela pode acarretar na falta de

> coerência. Do modo atual, os chefes das Divisões têm influência decisiva sobre o processo (para o bem e para o mal). O modelo que nos parece mais adequado é aquele em que a AD-Q possuísse servidores dos seus quadros integralmente alocados às Divisões. Dessa forma, evitar-se-ia a dependência hierárquica local. [Inagaki e Pessoa Filho, 2007/2008:10]

No trecho transcrito do artigo "A NBR 15100 na ASE" ficam evidentes algumas contradições e problemas que vivia o IAE na condução de suas atividades em face do Programa Espacial Brasileiro, quais sejam: o pouco entendimento do papel da equipe de pesquisadores em relação ao Sistema de Gestão da Qualidade, como se isso fosse algo distante do seu dia a dia e que demandaria um especialista para cuidar do assunto, ficando com os técnicos apenas as questões técnicas, não cabendo a eles qualquer vínculo ou decisão com relação a questões gerenciais ou administrativas. Outro problema apontado foi a percepção de Servidores do IAE de que não havia participação e apoio dos chefes de Divisão na implantação da NBR 15100.

Interessante é que, em 2010, havia a mesma perspectiva em relação ao comprometimento da alta administração com relação a assuntos da Qualidade, como relata o artigo "Certificação do IAE na NBR 15100:2004", parte da revista *Qualidade*, n. 3: "Uma das maiores dificuldades encontradas na ASD é a mudança de cultura, situação comum à grande parte do IAE. Porém, este problema vem sendo reduzido na divisão, com o comprometimento nítido da Alta-Direção da ASD e consequentemente, dos seus servidores".

Nesse ano (2010) foram certificadas, segundo a Norma NBR 15100:2004, as seguintes Divisões do IAE: AQI — Divisão de Química, ASD — Divisão de Sistemas de Defesa, AME — Divisão de Mecânica, e a Coordenadoria de Garantia da Qualidade e Confiabilidade Espacial — SESP-GQ.

Anteriormente à implantação da Norma ABNT NBR 15100 e, segundo exposto no artigo "Qualidade na visão humana", relato do elo da qualidade da AVD (Vice-Diretoria Administrativa), publicado na revista *Qualidade*, n. 1, 2007/2008: "Embora fosse comum registrar as atividades realizadas, estas nem sempre continham dados que possibilitassem a rastreabilidade total do produto", sugerindo que a subdivisão de fabricação deveria "controlar partes dos veículos espaciais já integradas, pela rastreabilidade de seus componentes".

Diante de um quadro não conhecido, a primeira etapa para a implementação da Norma ABNT NBR 15100, segundo a coordenadora Delma Felício, foi a realização de uma pesquisa com o pessoal sobre o estágio em que se encontrava, de fato, o IAE em termos de sistematização de seus processos.

Foi verificado, conforme sua pesquisa realizada em 2004, que:

> As demais áreas (administrativas e demais laboratórios de P&D que não possuíam atividades de rotinas de ensaio) tinham a percepção de que a ABNT NBR 15100 exigiria a elaboração de documentos que burocratizaria as atividades realizadas de modo a inviabilizar o trabalho com o número de servidores considerado insuficiente. Assim, haveria necessidade de maior controle, necessitando aumentar o número de colaboradores. [...] Essa falha no controle de documentação e de registros refletia na Organização de tal forma que grande parte do conhecimento obtido da pesquisa dos servidores era tácita: os resultados intermediários das pesquisas não eram registrados. Assim, se a pesquisa tivesse necessidade técnica de ser alterada, o insucesso não seria conhecido pela Organização; o registro era realizado somente com a sequência final com os resultados esperados pelo pesquisador. O trabalho resultante era "propriedade" do pesquisador e não da Organização, sem a devida disseminação do conhecimento. [Felício, 2008]

Diante desse quadro, a coordenadora Delma Felício afirma em sua dissertação de mestrado que "a implantação da ABNT NBR 15100 iniciou com resistência pela descrença de que algo fosse mudado, uma vez que já haviam ocorrido, pelo menos, quatro tentativas sem sucesso de implantar um sistema de qualidade".

Quando se lê o artigo "A NBR 15100 na ASE" (Inagaki e Pessoa Filho, 2007/2008), (Divisão de Sistemas Espaciais), publicado na revista *Qualidade*, n. 1, 2007/2008, é possível verificar que qualidade ainda estava distante de ser algo amigável para os tecnólogos, mestres, doutores e pós-doutores do referido Instituto.

Pode-se ver que, quando o(s) autor(es) apresenta(m) o "Histórico da NBR 15100 na ASE", afirma sem qualquer cerimônia:

> Se por um lado contamos com o apoio de uma coordenadora especializada e com as orientações da AD-Q, de outro lado o trabalho propriamente dito vem sendo realizado por servidores que não têm a Qualidade como atividade principal, ou seja, as atividades estão a cargo de *voluntários*, e não profissionais especializados. [Inagaki e Pessoa Filho, 2007/2008; grifo nosso]

Chega-se a ponto de os autores relacionarem entre as dificuldades apontadas para a implantação da NBR 15100 que para "incorporar os novos processos e procedimentos no dia a dia da Divisão (neste caso, a Divisão de Sistemas Espaciais) requererá mais que o trabalho voluntário dos seus servidores" (Inagaki e Pessoa Filho, 2007/2008:11).

Essa percepção dos servidores não estaria diferente ao final de 2005, quando, com o apoio de uma consultoria externa (a Empresa Key Consultoria), foi elaborado o planejamento para 2006 e feita auditoria interna em seis divisões do IAE.

O doutor Edson Aparecida de Araújo Querido Oliveira, já em 1998, em sua tese intitulada *Proposta de modelo organizacional de gestão de tecnologia para o setor espacial brasileiro: estudo do caso VLS*, defendida e aprovada junto ao Instituto Tecnológico de Aeronáutica (ITA), já identificava problemas relativos ao comportamento do pessoal do IAE em face de mudanças organizacionais. Afirma o doutor Cesar Aparecido:

> Na pesquisa, ficou evidenciado que no IAE existem resistências às mudanças que são intencionais, porque as pessoas não querem ser realocadas, não querem mudar as suas atividades e até mesmo se prendem a ligações informais para justificarem suas posições, simplesmente, porque as pessoas não estão atualizadas com as mudanças externas que terão impacto direto sobre o Instituto. [Oliveira, 1998:229]

O que era percebido por todos está inserido na dissertação de mestrado de Delma Felício:

> Atingir a Alta Direção com eficiência: a percepção dos servidores repassada em reuniões dos Elos da Qualidade era que a Alta Direção estava distante do processo de implantação. Em um trabalho realizado para analisar um sistema de gestão, houve recomendação da implantação da norma ABNT NBR 15100. Apesar de apoiar sempre que solicitada, havia a dúvida se a Alta Direção estava comprometida ou simplesmente atendendo a essa recomendação. Os servidores julgavam que respostas às solicitações representavam "obrigações do cargo". Como a rotatividade do cargo de diretor é, em média, dois anos, os servidores acreditavam ser um prazo pequeno para dar continuidade. Além disso, consideravam ser necessário, a cada troca de diretor, haver um evento com a Alta Direção (diretor e vice-diretores) reafirmando a importância em se ter qualidade. No entanto, havia grande dificuldade de coincidir a agenda de todos para realização desse evento. Mesmo ocorrendo o evento, a ausência de qualquer um dos 92 deles era interpretada como falta de importância para a qualidade. A Alta Direção não tinha conhecimento técnico da norma; também havia dificuldade de disponibilidade de tempo para treinamentos sobre as exigências da norma. [Felício, 2008:91]

Salienta-se que a verificação inicial para a implantação da Norma foi feita no ano de 2004, depois da ocorrência da explosão do VLS-1 V03, com a trágica morte de 21 técnicos do CTA e que, segundo a coordenadora, imperava grande dificuldade em mobilizar a Alta Direção do CTA que, segundo ela, estava envolvida e apoiando materialmente a implantação, "porém, não apresentava o comprometimento adequado exigido pela norma, dificultado, principalmente por desconhecimento desta: os conceitos e suas exigências" (Felício, 2008:77).

Segundo a coordenadora da Qualidade e Confiabilidade Delma Felício, os principais fatores que dificultavam a implantação de um Sistema da Qualidade, além do acima, eram:

- infraestrutura inadequada: havia dificuldades de toda natureza: falta de servidores na área administrativa (inclusive para realizar a limpeza), falta de materiais de higiene (detergentes, desinfetantes), alguns prédios apresentavam rachaduras e necessitavam de pintura. Como os servidores não tinham o básico para trabalhar, eles não aceitavam falar em qualidade;
- falta de recursos humanos: os servidores consideravam que o número de recurso humano para cada atividade era insuficiente, necessitando de novas contratações;
- falta de um programa motivacional: maioria dos servidores trabalha na Organização, no mínimo, há dez anos, sendo que muitos estão em condições de aposentadoria. Acrescenta-se que esses servidores encontram-se no ápice da tabela de carreira e, consequentemente, salarial. Além da situação exposta, a maioria dos servidores recordava das quatro tentativas de se implantar um sistema de qualidade, em que houve muito trabalho e nenhum resultado foi apresentado, tendo os projetos iniciados e terminados de forma não participativa. Assim, alterar uma cultura que acrescente e/ou altere atividades exercidas há anos (maioria com mais de dez anos na Organização) não motiva os que não têm expectativa em permanecer na Organização. Essa atitude de descontentamento e indiferença influenciava os demais servidores que desejavam uma melhor organização do sistema; não havia motivação para efetuar a mudança quando todos são tratados como iguais: os que trabalham e por vezes acumulam atividades para realizar a mudança e os que nada fazem para mudar. Por essa razão, os que trabalhariam por mudança tinham a expectativa de visualizar uma ferramenta que auxiliasse a criar uma cultura propícia para trabalhar em um ambiente mais produtivo e harmonioso que pudesse, inclusive, auxiliar a melhorar a autoestima (individual e organizacional). [Felício, 2008:80]

Entre as sugestões para melhoria desse ambiente, foi aceito pelos servidores do CTA que deveria haver a implantação de um Sistema de Gestão pela Qualidade, trabalhar para a melhoria do relacionamento entre os setores e pela melhoria da qualidade dos gestores:

> Os servidores acreditavam que a Organização não possuía uma boa gestão porque os cargos de decisão eram preenchidos por técnicos da área de exatas. Dessa forma, havia uma grande deficiência na forma de gerenciar: falta de planejamento, falha no acompanhamento, na priorização das atividades, na organização dos registros. Por vezes, na falta de recurso humano e, principalmente, por falta de qualificação, um ótimo pesquisador era transformado em um péssimo administrador de pessoas. [Felício, 2008:82]

Segundo os pesquisadores Miguel Enrique Tejos-Saldivia e Sérgio Luiz Graciano Petroni (Divisão de Materiais do DCTA), que assinam o artigo "A NBR 15100 em um ambiente de laboratório de pesquisa", publicado pela revista *Qualidade*, n. 1, 2007/2008: "para auxiliar a implantação do sistema o Instituto contratou uma consultoria na área da qualidade, que atuou diretamente nas Divisões, em reuniões para esclarecimentos de dúvidas, elaboração de manuais e procedimentos, realização de palestras [...]" (Tejos-Saldivia e Petroni, 2007/2008:9).

Inicialmente previsto para 2006, o término da implementação da Norma 15100 nas Divisões do IAE somente deverá ser concluído em 2010, quando está prevista a Auditoria de Certificação, pelo Instituto de Fomento e Coordenação Industrial (IFI), desses laboratórios. Isso a despeito do árduo trabalho de convencimento das pessoas para a adoção dos princípios normativos preconizados por essa norma de gestão da qualidade, o que, de certa forma, é até compreensível, pelo fato de se estar implantando uma Norma de Gestão da Qualidade em um ambiente de P & D e em instituição governamental, com pessoas de alta competência técnica, mas não afeitas a formalismos.

Outra área do DCTA, com um Sistema de Gestão pela Qualidade, é o Centro de Lançamento da Barreira do Inferno (CLBI), que recebeu, em abril de 2010, a Certificação de conformidade em atendimento aos requisitos da Norma ISO 9001:2008. A Qualidade do CLBI foi atestada pela Divisão de Certificação de Sistemas de Gestão (CSG) do IFI. Esse processo de Certificação do DCTA pela ISO 9001 começou em agosto de 2006, em face das recomendações do DCTA.

O CLBI está em fase de implantação da Norma ABNT NBR 15100:2010, tendo já capacitado sua equipe de auditores internos para os "requisitos básicos para a manutenção da excelência das organizações aeronáuticas, espaciais e de defesa", conforme notícia postada no sítio do CLBI, em 31 de maio de 2010.

Não se pode falar em qualidade no âmbito do DCTA sem dar destaque ao trabalho empreendido pelo IFI, criado pelo Decreto nº 60.521, de 31 de maio de 1967, e subordinado, à época, ao Comando Geral de Pesquisa e Desenvolvimento, nascendo como um elo entre a produção (indústria) e a academia (ITA)/pesquisa (IPD), com a previsão legal de cinco anos para estar efetivado. Entretanto, o anseio da comunidade científica por dar orientação à questão da normalização no campo espacial levou o IFI a atuar de imediato.

Segundo divulgado em seu site, o IFI,

> [e]m 1968, sediou em suas instalações, nos dias 18 a 20 de Novembro, o 1º Congresso Nacional de Normalização, onde difundiu esta cultura específica e foram aprovadas Recomendações à comunidade aeronáutica. A partir de 1978 o DCTA decidiu então gerenciar as atividades para a ativação do Cobata, sendo então composta uma Comissão de Coordenação, que realmente analisou e estabeleceu a 1ª configuração do CB-08. Em 28 Mar 79, esta Comissão apresentou o seu primeiro Relatório e neste estágio ficou definido que o DCTA iria sediar o Secretariado do Comitê, localizando estas atividades no âmbito do então IFI/Vice Direção de Homologação e Padrões.
>
> Desde então, o Departamento de Ciência e Tecnologia Aeroespacial — DCTA, tem se dedicado à atividade de Normalização, e através do Instituto de Fomento e Coordenação Industrial — IFI, tem atuado no processo normativo na esfera nacional com as atividades do Comitê Brasileiro de Aeronáutica e Espaço — ABNT/CB-08, com o apoio ao Secretariado do CB-08 desde a sua ativação, procurando desenvolver, o mais eficientemente possível, os objetivos gerais da Normalização, ou seja:
>
> - Estabelecimento de regras, diretrizes ou características para atividades ou seus resultados, visando à obtenção de um grau ótimo de ordenação;
> - Satisfação dos clientes e produtores;
> - Atendimento às exigências dos regulamentos;
> - Melhoria nos processos de comunicação e de trocas.
>
> Hoje, as atividades do ABNT/CB-08 Comitê Brasileiro de Aeronáutica e Espaço, em conjunto com as atividades paralelas de Normalização Técnica no âmbito interno do Instituto e da organização, balizam os servidores e outros segmentos do

Comando da Aeronáutica bem como da indústria aeroespacial, com os documentos necessários para a consecução das atividades.

## SISTEMA DE GERENCIAMENTO DE PROJETOS NO IAE

As nações são todas mistérios.
Cada uma é todo o mundo a sós.
FERNANDO PESSOA

A jornalista Fabíola de Oliveira, prefaciando a obra *Política espacial brasileira*, do pesquisador Edmilson Costa Filho, escreve que "as raízes da Missão Espacial Completa Brasileira (MECB), na verdade, ganham forças bem antes a partir do início da década de 60, quando a Aeronáutica começou a desenvolver pequenos foguetes de sondagem".

Esses foguetes, conhecidos como Sonda, eram lançados da Base de Lançamentos da Barreira do Inferno e eram o prenúncio de que a decisão dos militares seria a de buscar o desenvolvimento dessa tecnologia com recursos próprios.

Foi nesta época que retorna ao Brasil o doutor Jayme Boscov que, de forma muito atenciosa, deu o seguinte depoimento, via e-mail, para este trabalho de pesquisa:

> Atendendo à sua solicitação, envio-lhe uma síntese da minha chegada ao CTA em 28 de julho de 1969, com minha experiência de 9 anos adquiridos nos programas de desenvolvimento dos mísseis balísticos S.S.B.S (Solo-Solo Balístico Estratégico) e M.S.B.S (Mar-Solo Balístico Estratégico), assim como no desenvolvimento do avião supersônico Concorde. A primeira grande contribuição para o nascente Programa Espacial Brasileiro foi a introdução do diagrama Pert implantado para a realização dos Estudos Preliminares do Projeto do foguete de sondagem Sonda III. Estes estudos foram realizados por mim e dois engenheiros franceses, um especialista em Sistemas Espaciais, o outro em Eletrônica e eu em Estruturas durante o mês de Agosto de 1969 no CTA-IAE.

Ainda segundo o relato do doutor Jayme Boscov:

> Para o Programa Especial Brasileiro, que estava dando os primeiros passos objetivando o futuro VLS, esta contribuição foi fundamental para o estabelecimento de uma metodologia rigorosa para o tratamento sistêmico de um Grande Projeto Espacial. O que mais pesou na minha formação profissional na França, foi o rigor

científico do como são tratados os desenvolvimentos de componentes e sistemas aeroespaciais. Não há lugar para "achismos e jeitinhos", típicos da nossa cultura. A mudança exigida foi inicialmente árdua.

Dada a boa receptividade dos 25 jovens pesquisadores que constituíam o núcleo do IAE, foi introduzida a metodologia de gerenciamento do Programa de Desenvolvimento do Lançador Ariane, com uma contribuição sólida do CNES (Centre National des Etudes Spaciales da França).

Apesar do início de implantação do que seria o embrião da Gestão de Projetos no IAE, até agora este não tem uma metodologia completa implantada de Gerenciamento de Projetos, mas, conforme informado em reunião realizada no DCTA, pelo gerente do Projeto VSB-30, engenheiro Eduardo Dore Roda, o IAE adota os padrões do European Cooperation for Space Standardization (ECSS) como referência para elaboração dos planejamentos e acompanhamento de seus projetos.

E o foguete VSB-30 é um exemplo do que o IAE vem fazendo em termos de melhoria de seu processo de Gerenciamento de Projetos. Em artigo intitulado "Certificação do VSB-30" publicado na revista *Espaço Brasileiro*, ano 2, n. 6, 3. trim. 2009, da Agência Espacial Brasileira, o coronel engenheiro Carlos Antônio de Magalhães Kasemodel discorre sobre o processo de Certificação do foguete de sondagem VSB-30:

> Até 2003, ano da ocorrência do trágico acidente com o terceiro protótipo do VLS-1, em Alcântara (MA), as atividades de certificação a cargo do IFI abrangiam basicamente as áreas aeronáutica e bélica. No campo espacial, estavam limitadas a poucos materiais de emprego militar como, por exemplo, componentes pirotécnicos. Com base nas recomendações do Relatório de Investigação do citado acidente, a Agência Espacial Brasileira (AEB) orientou que todos os projetos de veículos espaciais desenvolvidos a partir de então, fossem certificados pelo IFI. [...] O foguete suborbital VSB-30 — cujo desenvolvimento foi iniciado em 2001 — em função da não existência, à época, de normas e procedimentos nacionais específicos para a certificação de veículos espaciais, necessitou para sua certificação que fossem adaptados métodos utilizados na área aeronáutica, acrescidos da experiência internacional divulgadas sobre o assunto. O Instituto de Aeronáutica e Espaço (IAE), em parceria com a Agência Espacial Alemã (DLR), foi o primeiro projeto de veículo lançador a ser submetido a este tipo de procedimento. [...] A Certificação teve por base Normas Técnicas e documentos de especificação técnica do Sistema Veículo e seus subsistemas, excluindo-se o subsistema Propulsor S30 do 2.º estágio e o Módulo de Carga Útil. [...] O conjunto de informações apresentadas ao OC [Órgão Certificador] tam-

> bém incluiu outros documentos, tais como o Plano de Gerenciamento do Projeto, o Plano de Garantia do Produto, o Plano de Gestão da Configuração, o Plano de Desenvolvimento e Testes e a Matriz de Verificação do Produto. [...] A certificação realizada no VSB-30 revelou-se suficientemente adequada para garantir o cumprimento dos requisitos previstos para o veículo. Sua aplicação em outros projetos permitirá uma maior garantia da qualidade, bem como o desenvolvimento e a melhoria dos processos da própria atividade de certificação. Convém ressaltar que um importante benefício obtido ao se implantar o processo de certificação no VSB-30 foi uma melhor estruturação da documentação de projeto, seguindo normas internacionais aceitas. [Kasemodel, 2009:30]

Ainda segundo o artigo, o coronel Kasemodel reconhece que quantificar os benefícios da certificação de foguetes é ainda difícil, mas que, sem dúvida, "uma redução significativa dos insucessos tem sido observada em todos os projetos que adotaram este procedimento" (Kasemodel, 2009:30).

No caso do Gerenciamento de Riscos, "após estes oito anos de experiência na aplicação da metodologia de análise de riscos, baseada em normas internacionais e nacionais, o IAE estruturou uma metodologia própria", afirmam os pesquisadores do IAE André Luiz Correia e Silvio Fazolli (2009).

O DCTA não exige que seus gerentes de projetos busquem qualquer tipo de certificação, mas todos têm especialização na área de Gerenciamento de Projetos, o mesmo ocorrendo com a maioria dos engenheiros que ali trabalham.

As Divisões Funcionais do IAE operam em estrutura organizacional por projetos, algumas quase que exclusivamente assim, mas compartilham seus esforços na forma de estrutura matricial, em desenvolvimentos que necessitam de uma equipe multidisciplinar.

Ligado diretamente ao diretor do IAE há um Project Management Office (PMO), criado em 2008, que, no caso específico, tem a função de padronizar o planejamento e acompanhamento dos diversos projetos, colher dados e informações de todos os projetos em andamento e apresentá-los à direção do Instituto, e de fazer o gerenciamento do conhecimento gerado no âmbito do DCTA.

## O SISTEMA DA QUALIDADE DO INPE

> A vida é como um quebra-cabeça.
> O importante não é ter todas as peças;
> é colocá-las no lugar certo.
>
> JÔ SOARES

O Inpe implementou e mantém um Sistema de Gestão da Qualidade, com base na atual Norma NBR ISO/IEC 17.025, nos laboratórios de Integração e Testes (LIT), que entrou em operação em 1987.

O LIT, com uma área total de 20 mil m$^2$, fornece os seguintes serviços:

- Gerenciamento de programas espaciais;
- Engenharia de sistemas espaciais;
- Verificação de sistemas espaciais;
- Montagem, integração e testes de sistemas e subsistemas espaciais;
- Ensaios de vibração e choque;
- Ensaios de separação;
- Montagem e testes de geradores solares;
- Ensaios acústicos;
- Ensaios climáticos;
- Ensaios térmicos em vácuo;
- Ensaios de interferência e de compatibilidade eletromagnética;
- Medidas de antenas;
- Medidas de propriedades de massa;
- Especificação, suprimento e testes de componentes eletrônicos;
- Análise de falhas em componentes eletrônicos;
- Calibração de instrumentos eletrônicos;
- Calibração de sensores;
- Metrologia dimensional e de força;
- Controle de contaminação molecular e por partículas;
- Medidas de *out-gassing*;
- Pinturas com qualificação espacial;
- Fabricação de "MLIs" (Multi-Layer Isolators);
- Solda de tubulações de Ti e aço inoxidável para sistemas de propulsão de sistemas espaciais;
- Projeto, fabricação, testes e integração de cablagens com qualificação espacial;
- Desenvolvimento de processos para montagem de sistemas espaciais;
- Manutenção de instrumentos eletrônicos e computadores;
- Desenvolvimento de bancos de testes de sistemas espaciais, hardware e software;
- Desenvolvimento de sistemas eletrônicos e *setups* para testes;
- Manutenção de sistemas eletrônicos;
- Desenvolvimento de contêineres, adaptadores e equipamentos mecânicos de suporte;
- Treinamento em tecnologia espacial.

O LIT tem a seguinte estrutura organizacional:

FIGURA 6
Organograma do LIT

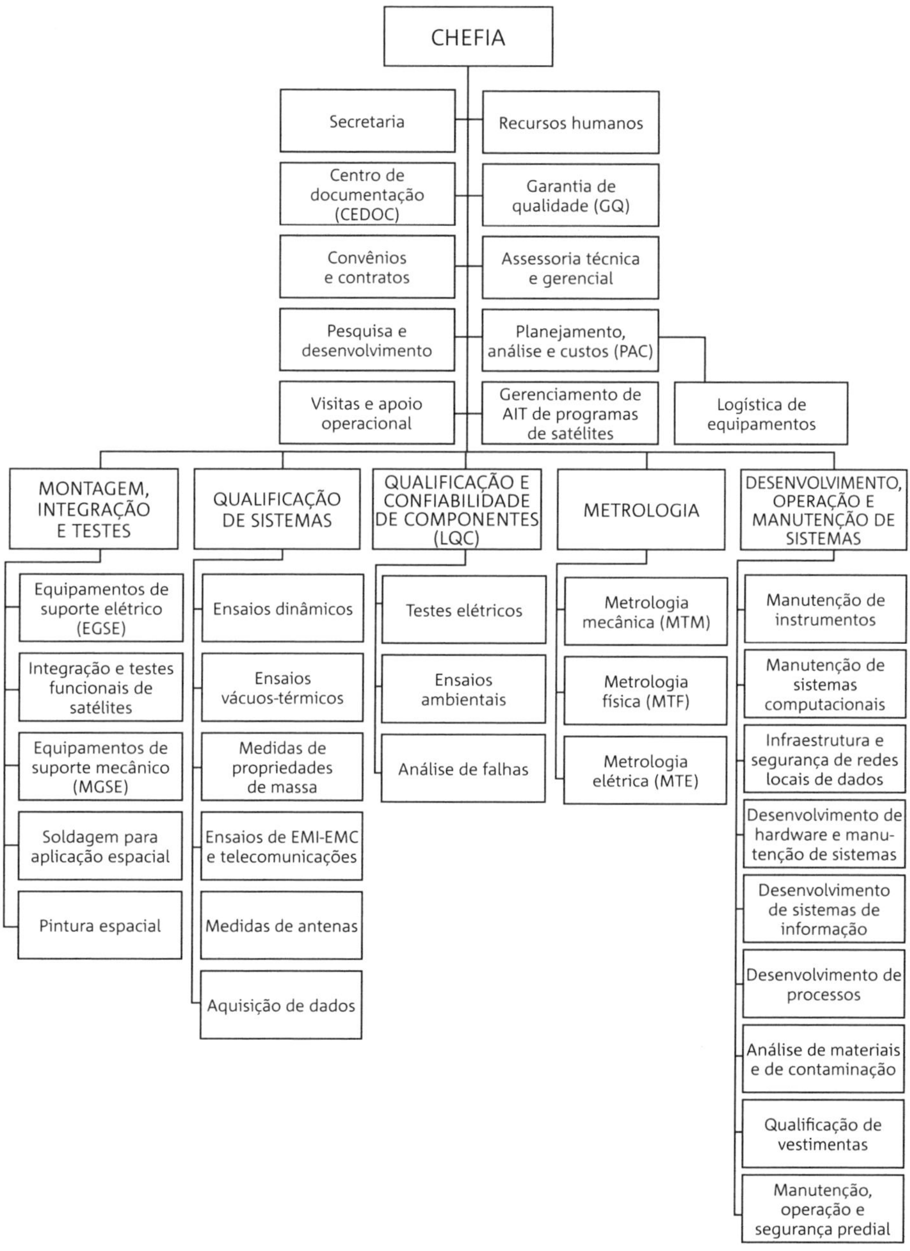


Fonte: Inpe/LIT.

Os laboratórios do LIT têm suas atividades documentadas na forma de procedimentos escritos e alguns serviços de calibração são acreditados pelo Inmetro, como é o caso das áreas de Acústica e Vibração (desde 1991), Eletricidade (desde 1991), Pressão (desde 2004), Temperatura e Umidade (desde 1991) e Tempo e Frequência (desde 1991), fazendo todas elas parte da Rede Brasileira de Calibração (RBC).

O LIT presta diversos serviços Acreditados de Calibração também a clientes externos (indústrias) dentro das seguintes áreas: Eletricidade, Temperatura, Umidade, Vibração, Vácuo, EMI/EMC, Testes termoclimáticos.

Os demais laboratórios, embora ainda não acreditados pelo Inmetro, são altamente capacitados e prestam relevantes serviços à indústria nacional, tanto de calibração quanto de testes de qualificação de componentes e equipamentos, de diferentes áreas, como automobilística, telecomunicações, médica etc.

O Laboratório de Integração e Testes do Inpe usa assim sua capacitação para disponibilizar à indústria nacional seus serviços para desenvolvimento de novas tecnologias. Segundo o Inpe: “Este laboratório do Inpe é importante para as empresas nacionais, que não precisam levar seus produtos para serem testados no exterior, ganhando em praticidade e economia e, como consequência, em competitividade” (Brasil, 2012).

Já a Coordenação de Engenharia e Tecnologia Espacial (ETE), responsável pelo desenvolvimento de plataformas espaciais e suas cargas úteis, trabalha seus projetos com base nos padrões de gerenciamento de projetos disponibilizados pelo European Cooperation for Space Standardization (ECSS), com adequações aos mesmos, de acordo com a característica de cada projeto em particular.

# RESUMO DA SEQUÊNCIA DE NORMALIZAÇÃO DE SISTEMAS DE GESTÃO

| | |
|---|---|
| **Normas militares (DoD)** | As Normas Militares emitidas pelo Departamento de Defesa dos Estados Unidos, especialmente as normas MIL-Q-9858 e MIL-I-45208, introduziram a obrigatoriedade a fornecedores de implantarem Sistemas de Gestão da Qualidade. |
| **BS 5750** | A primeira Norma para Sistemas de Gestão da Qualidade, a BS 5750, foi emitida pelo BSI em 1979 e vigorou até 1987, quando foi substituída pela Norma ISO 9001 publicada pela ISO. |
| **FAMÍLIA ISO 9000** | As Normas da Família ISO 9000 foram emitidas pela International Organization for Standardization em 1987, justamente para frear a proliferação de normas de gestão da qualidade que começava a surgir em diversos países. |
| **AS 9000** | A Norma AS 9000 foi publicada pela SAE em 1997 e é a primeira norma dedicada à implantação de Sistemas de Gestão da Qualidade no âmbito aeroespacial. Tem como base a Norma ISO 9001, suplementada por tópicos típicos do setor espacial. |
| **NBR 15100** | A Norma NBR 15100, publicada pela ABNT em 2002, é baseada na Norma AS 9101B, com apoio da SAE, para aplicação em Sistemas de Gestão da Qualidade, na área espacial brasileira, incluindo os fornecedores de produtos para aplicação espacial. |

Nota: Inicialmente previsto para 2006, o término da implementação da Norma 15100[90] nas Divisões do IAE somente deverá ser concluído em 2010,

[90] A nova edição da NBR 15100:2010 é intitulada “Sistemas de Gestão da Qualidade – Requisitos para organizações de aeronáutica, espaço e defesa”.

quando está prevista a Auditoria de Certificação, pelo IFI,[91] destes laboratórios. Isso a despeito do árduo trabalho de convencimento das pessoas para a adoção dos princípios normativos preconizados por essa norma de gestão da qualidade, o que, de certa forma, é até compreensível pelo fato de se estar implantando uma Norma de Gestão da Qualidade em um ambiente de P&D e em instituição governamental, com pessoas de alta competência técnica, mas não afeitas a formalismos.

Este processo de Certificação do DCTA pela ISO 9001 começou em agosto de 2006, em face das recomendações do DCTA. O CLBI está em fase de implementação da Norma ABNT NBR 15100:2010, tendo já capacitado sua equipe de auditores internos para os "requisitos básicos para a manutenção da excelência das organizações aeronáuticas, espaciais e de defesa", conforme notícia postada no site do CLBI, em 31 de maio de 2010.

## PROJECT MANAGEMENT INSTITUTE (PMI)

A persistência é o menor caminho para o êxito.
CHARLES CHAPLIN

Em fevereiro de 1968,[92] um pequeno grupo que incluía Edward A. Engman, J. Gordon Davis, James R. Snyder e Eric Jenett se encontrou em Nova Orleans para discutir a possibilidade da formação de uma organização dedicada ao tema Gerenciamento de Projetos, que deveria fornecer os meios necessários para que gerentes de projeto pudessem se associar, ter um fórum para troca de informações e discutir problemas comuns da categoria.

A primeira reunião formal para lançamento da ideia ocorreu no Georgia Institute of Technology, em Atlanta, Geórgia (EUA), em 9 de outubro de 1969, sendo então o marco da criação do Instituto de Gerenciamento de Projetos (PMI), tendo como sócios fundadores: James Snyder, Eric Jenett, Gordon Davis, A. E. "Ned" Engman e Susan C. Gallagher.

---

91 O Instituto de Fomento e Coordenação Industrial (IFI), braço certificador do DCTA, já certificou mais de 50 empresas ligadas à indústria aeroespacial e supervisiona o sistema de qualidade destas empresas.

92 Disponível em: <www.project-management-prepcast.com/index.php/freetry-it/free-pmp-tips/pmp-exam-articles/44-all-about-the-pmbok-guide>. Acesso em: 30 abr. 2014.

Hoje, o Project Management Institute (PMI) é uma das maiores associações profissionais do mundo, com cerca de meio milhão de associados e profissionais certificados em mais de 180 países. É uma organização sem fins lucrativos que objetiva normatizar e desenvolver a gerência de projetos em todo o mundo e que apoia os profissionais de Gerenciamento de Projetos com a formulação de padrões globalmente reconhecidos e certificações de suas competências profissionais, o que os torna ainda mais reconhecidos.

Além do *Guia PMBOK®*,[93] os seguintes padrões são emitidos pelo PMI:

a. Practice Standard for Project Risk Management
b. Construction Extension to the PMBOK® Guide
c. Government Extension to the PMBOK® Guide
d. Practice Standard for Earned Value Management
e. Practice Standard for Project Configuration Management
f. Practice Standard for Work Breakdown Structures
g. Practice Standard for Scheduling
h. The Standard for Program Management
i. Project Manager Competency Development Framework
j. Organizational Project Management Maturity Model (OPM3®)
k. The Standard for Portfolio Management

Os padrões do PMI são desenvolvidos por centenas de voluntários de todo o mundo que possuem especialização na área. Esses padrões do PMI são internacionalmente reconhecidos como normas, como:

O American National Standards Institute (Ansi) (Instituto Nacional de Padronização Norte-Americano), que reconhece o PMI como uma organização desenvolvedora de normas e reconhece o *Guia PMBOK®* como uma norma nacional norte-americana (ANSI/OMI 99-001-2000).

O Institute of Electrical and Electronics Engineers (Ieee) (Instituto de Engenheiros Eletricistas e Eletrônicos) reconhece o *Guia PMBOK®* como um padrão do Ieee.

---

[93] O *A guide to the project management body of knowledge (PMBOK guide)* (Um guia do conhecimento em gerenciamento de projetos) do PMI, em sua sexta edição (2017), é um marco na história da ciência do gerenciamento de projetos.

# EUROPEAN COOPERATION FOR SPACE STANDARDIZATION (ECSS)

A sabedoria começa na reflexão.

SÓCRATES

A ECSS foi criada em 1994[94] pela Agência Espacial Europeia (ESA), visando centralizar a geração de padrões para a área espacial europeia. Isso visou também a redução de custos, melhoria da qualidade, da funcionalidade, comunicação, integridade, redução de riscos e compatibilidade de todos os elementos de um projeto, com a aplicação de padrões comuns para hardware, software, operações, informações e demais atividades envolvidas.

A ECSS tem mais de 30 anos de experiência na administração e implantação de projetos espaciais europeus, sendo uma sociedade com participação da Agência Espacial Europeia, de agências espaciais de diversos países europeus e de representantes da indústria espacial.

Embora dedicada primeiramente a atender os projetos espaciais europeus, todos os padrões da ECSS, que, aliás, são de excelente qualidade, estão disponíveis para uso de quantos deles precisarem e muitos países fora da Europa fazem uso sistemático desses padrões na gestão de seus projetos espaciais, inclusive o Brasil.

Os primeiros documentos publicados pela ECSS saíram em 1996, sendo à época ainda um conjunto incompleto de padrões, e sua aplicação prática ocorreu em 1999, com o Projeto Mars Express.[95]

As normas da ECSS estão distribuídas entre as seguintes áreas:

- Engenharia Espacial
- Gerenciamento de Projetos Espaciais
- Garantia de Produto Espacial
- Sustentabilidade Espacial

Cada área é organizada em disciplinas e, além dessas normas, a ECSS ainda disponibiliza um conjunto de manuais (não normativos) e memorandos técnicos, também não normativos.

---

[94] Disponível em: <www.hq.NASA.gov/office/codeq/trismac/apr08/day2/balestra_esa.pdf>. Acesso em: 30 abr. 2014.

[95] A Mars Express foi uma missão espacial não tripulada da Agência Espacial Europeia (ESA) e da Agência Espacial Italiana, destinada a estudar o planeta Marte. Não teve sucesso a aterrizagem na superfície do aterrizador Beagle 2, considerado perdido pelos cientistas em 6 de fevereiro de 2004.

A documentação da ECSS é organizada conforme arquitetura seguinte.

FIGURA 7
Cadeia de documentação da ECSS

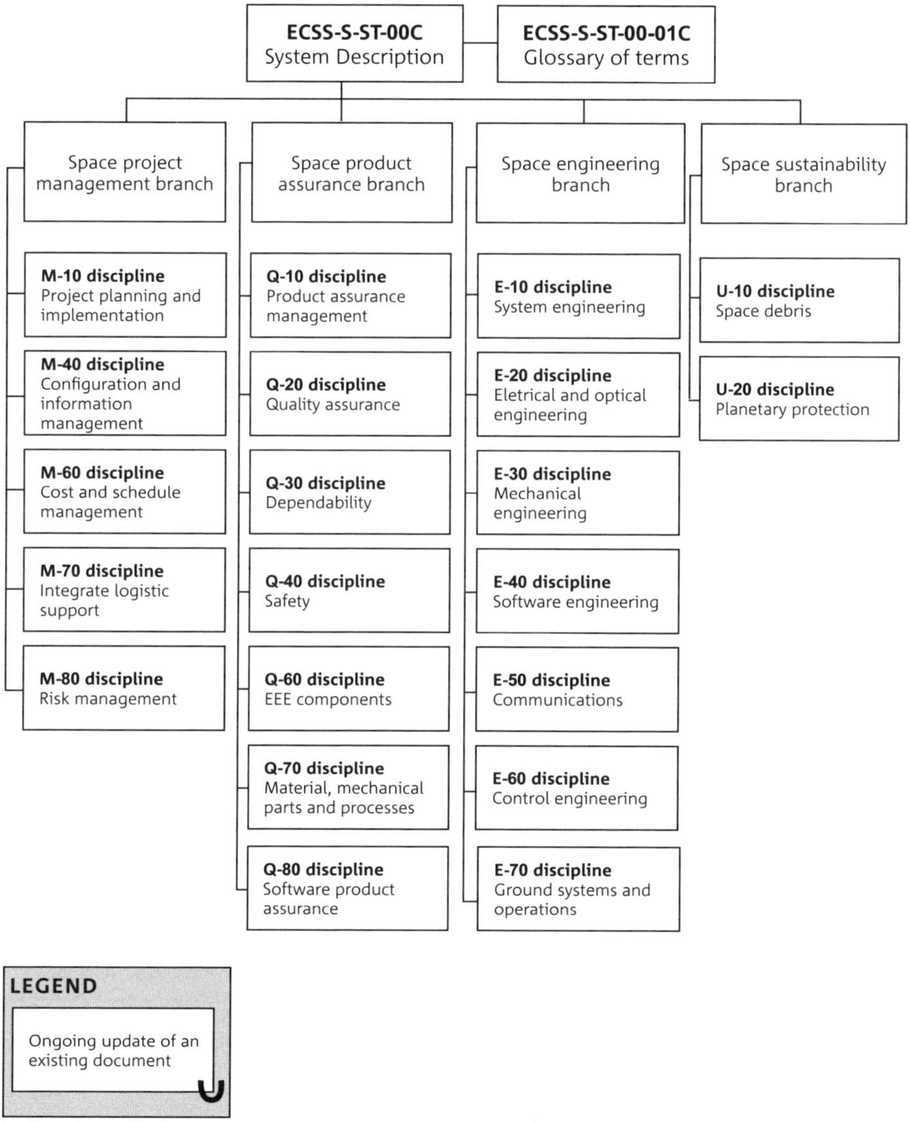


Fonte: ECSS.

Nota: Todas as normas do Sistema ECSS, relacionadas a seguir, podem ser obtidas diretamente no endereço www.ecss.nl sem qualquer burocracia.

TABELA 6

## Relação atualizada[96] de normas da ECSS

| **Número ECSS** | **Título Atual** |
|---|---|
| ECSS-E-20-01A | Multipaction design and test |
| ECSS-E-70-41A | Telemetry and telecommand packet utilization |
| ECSS-E-ST-10 C | System engineering general requirements |
| ECSS-E-ST-10-02C | Verification |
| ECSS-E-ST-10-03C | Testing |
| ECSS-E-ST-10-04C | Space environment |
| ECSS-E-ST-10-06C | Technical requirements specification |
| ECSS-E-ST-10-09C | Reference coordinate system |
| ECSS-E-ST-10-11C | Human factors engineering |
| ECSS-E-ST-10-12C | Method for the calculation of radiation received and its effects, and a policy for design margins |
| ECSS-E-ST-20 C | Electrical and electronic |
| ECSS-E-ST-20-06C | Spacecraft charging |
| ECSS-E-ST-20-07C | Electromagnetic compatibility |
| ECSS-E-ST-20-08C | Photovoltaic assemblies and components |
| ECSS-E-ST-31 C | Thermal control general requirements |
| ECSS-E-ST-31-02C | Two-phase heat transport equipment |
| ECSS-E-ST-32 C | Structural general requirements |
| ECSS-E-ST-32-01C | Fracture control |
| ECSS-E-ST-32-02C | Structural design and verification of pressurized hardware |
| ECSS-E-ST-32-03C | Structural finite element models |
| ECSS-E-ST-32-08C | Materials |
| ECSS-E-ST-32-10C | Structural factors of safety for spaceflight hardware |
| ECSS-E-ST-32-11C | Modal survey assessment |
| ECSS-E-ST-33-01C | Mechanisms |
| ECSS-E-ST-33-11C | Explosive systems and devices |
| ECSS-E-ST-34C | Environmantal control and life support (ECLS) |
| ECSS-E-ST-35 C | Propulsion general requirements |
| ECSS-E-ST-35-01C | Liquid and electric propulsion for spacecraft |
| ECSS-E-ST-35-02C | Solid propulsion for spacecrafts and launchers |

(continua)

96 Relação atualizada em 30 jan. 2014.

| **Número ECSS** | **Título Atual** |
|---|---|
| ECSS-E-ST-35-03C | Liquid propulsion for launchers |
| ECSS-E-ST-35-06C | Cleanliness requirements for spacecraft propulsion hardware |
| ECSS-E-ST-35-10C | Compatibility testing for liquid propulsion systems |
| ECSS-E-ST-40 C | Software |
| ECSS-E-ST-50 C | Communications |
| ECSS-E-ST-50-01C | Space data links — Telemetry synchronization and channel coding |
| ECSS-E-ST-50-02C | Ranging and Doppler tracking |
| ECSS-E-ST-50-03C | Space data links — Telemetry transfer frame protocol |
| ECSS-E-ST-50-04C | Space data links — Telecommand protocols, synchronization and channel coding |
| ECSS-E-ST-50-05C | Radio frequency and modulation |
| ECSS-E-ST-50-12C | SpaceWire — Links, nodes, routers and networks |
| ECSS-E-ST-50-13C | Interface and communication protocol for MIL-STD-1553B data bus onboard |
| ECSS-E-ST-50-14C | Spacecraft discrete interfaces |
| ECSS-E-ST-50-51C | SpaceWire protocol identification |
| ECSS-E-ST-50-52C | SpaceWire — Remote memory access protocol |
| ECSS-E-ST-50-53C | SpaceWire — CCSDS packet transfer protocol |
| ECSS-E-ST-60-10C | Control performances |
| ECSS-E-ST-60-20C | Star sensor terminology and performance specification |
| ECSS-E-ST-60-30C | Satellite attitude and orbit control system (Aocs) requirements |
| ECSS-E-ST-70 C | Ground systems and operations |
| ECSS-E-ST-70-01C | Spacecraft on-board control procedures |
| ECSS-E-ST-70-11C | Space segment operability |
| ECSS-E-ST-70-31C | Ground systems and operations — Monitoring and control data definition |
| ECSS-E-ST-70-32C | Test and operations procedure language |
| ECSS-M-70A | Integrated logistic support |
| ECSS-M-ST-10 C | Project planning and implementation |
| ECSS-M-ST-10-01C | Organization and conduct of reviews |
| ECSS-M-ST-40 C | Configuration and information management |
| ECSS-M-ST-60C | Cost and schedule management |
| ECSS-M-ST-80C | Risk management |
| ECSS-P-00C | Standardization objectives, policies and organization |
| ECSS-Q-20-07A | Quality assurance for test centres |

(continua)

| Número ECSS | Título Atual |
|---|---|
| ECSS-Q-70-71A | Data for selection of space materials and processes |
| ECSS-Q-ST-10 C | Product assurance management |
| ECSS-Q-ST-10-04C | Critial-item control |
| ECSS-Q-ST-10-09C | Nonconformance control system |
| ECSS-Q-ST-20C | Quality assurance |
| ECSS-Q-ST-20-10C | Off-the-shelf items utilization in space systems |
| ECSS-Q-ST-30 C | Dependability |
| ECSS-Q-ST-30-02C | Failure modes, effects (and criticality) analysis (FMEA/FMECA) |
| ECSS-Q-ST-30-09C | Availability analysis |
| ECSS-Q-ST-30-11C | Derating — EEE components |
| ECSS-Q-ST-40 C | Safety |
| ECSS-Q-ST-40-02C | Hazard analysis |
| ECSS-Q-ST-40-12C | Fault tree analysis — Adoption notice ECSS/IEC 61025 |
| ECSS-Q-ST-60 C | Electrical, electronic and electromechanical (EEE) components |
| ECSS-Q-ST-60-02C | ASIC and FPGA development |
| ECSS-Q-ST-60-05C | Generic procurement requirements for hybrids |
| ECSS-Q-ST-60-12C | Design, selection, procurement and use of die form monolithic microwave integrated circuits (MMICs) |
| ECSS-Q-ST-60-13C | Commercial electrical, electronic and electromechanical (EEE) components |
| ECSS-Q-ST-60-14C | Relifing procedure — EEE components |
| ECSS-Q-ST-60-15C | Radiation hardness assurance — EEE components |
| ECSS-Q-ST-70 C | Materials, mechanical parts and processes |
| ECSS-Q-ST-70-01C | Cleanliness and contamination control |
| ECSS-Q-ST-70-02C | Thermal vacuum outgassing test for the screening of space materials |
| ECSS-Q-ST-70-03C | Black-anodizing of metals with inorganic dyes |
| ECSS-Q-ST-70-04C | Thermal testing for the evaluation of space materials, processes, mechanical parts and assemblies |
| ECSS-Q-ST-70-05C | Detection of organic contamination surfaces by infrared spectroscopy |
| ECSS-Q-ST-70-06C | Particle and UV radiation testing for space materials |
| ECSS-Q-ST-70-07C | Verification and approval of automatic machine wave soldering |
| ECSS-Q-ST-70-08C | Manual soldering of high-reliability electrical connections |
| ECSS-Q-ST-70-09C | Measurements of thermo-optical properties of thermal control materials |

(continua)

| Número ECSS | Título Atual |
|---|---|
| ECSS-Q-ST-70-10C | Qualification of printed circuit boards |
| ECSS-Q-ST-70-11C | Procurement of printed circuit boards |
| ECSS-Q-ST-70-13C | Measurements of the peel and pull-off strength of coatings and finishes using pressure-sensitive tapes |
| ECSS-Q-ST-70-18C | Preparation, assembly and mounting of RF coaxial cables |
| ECSS-Q-ST-70-20C | Determination of the susceptibility of silver-plated copper wire and cable to "red-plague" corrosion |
| ECSS-Q-ST-70-21C | Flammability testing for the screening of space materials |
| ECSS-Q-ST-70-22C | Control of limited shelf-life materials |
| ECSS-Q-ST-70-26C | Crimping of high-reliability electrical connections |
| ECSS-Q-ST-70-28C | Repair and modification of printed circuit board assemblies for space use |
| ECSS-Q-ST-70-29C | Determination of offgassing products from materials and assembled articles to be used in a manned space vehicle crew compartment |
| ECSS-Q-ST-70-30C | Wire wrapping of high-reliability electrical connections |
| ECSS-Q-ST-70-31C | Application of paints and coatings on space hardware |
| ECSS-Q-ST-70-36C | Material selection for controlling stress-corrosion cracking |
| ECSS-Q-ST-70-37C | Determination of the susceptibility of metals to stress-corrosion cracking |
| ECSS-Q-ST-70-38C | High-reliability soldering for surface-mount and mixed technology |
| ECSS-Q-ST-70-45C | Mechanical testing of metallic materials |
| ECSS-Q-ST-70-46C | Requirements for manufacturing and procurement of threaded fasteners |
| ECSS-Q-ST-70-50C | Particles contamination monitoring for spacecraft systems and cleanrooms |
| ECSS-Q-ST-70-53C | Materials and hardware compatibility tests for sterilization processes |
| ECSS-Q-ST-70-55C | Microbial examination of flight hardware and cleanrooms |
| ECSS-Q-ST-70-56C | Vapour phase bioburden reduction for flight hardware |
| ECSS-Q-ST-70-57C | Dry heat bioburden reduction for flight hardware |
| ECSS-Q-ST-70-58C | Bioburden control of cleanrooms |
| ECSS-Q-ST-80C | Software product assurance |
| ECSS-S-ST-00-01C | Glossary of terms |
| ECSS-S-ST-00C | Description, implementation and general requirements |
| ECSS-U-AS-10C | Adoption Notice of ISO 24113: Space systems - Space debris mitigation |

# NATIONAL AERONAUTICS AND SPACE ADMINISTRATION (NASA)

O único lugar onde o sucesso vem antes
do trabalho é no dicionário.

ALBERT EINSTEIN

A Nasa tem um consistente conjunto de padrões e instruções de trabalho que suportam seu Sistema "certificado" de Gestão da Qualidade e estão disponíveis para o público em geral. A emissão inicial do seu Manual da Qualidade[97] data de 9 de setembro de 1999 e está conforme a Norma ISO 9001,[98] incluindo todos os seus centros de pesquisa e de lançamento.

Esse Sistema de Gestão da Qualidade contempla procedimento que define seu Sistema de Gerenciamento de Projetos, nos moldes preconizados pelo PMI. Nesse procedimento (IVV 09-4 — Project Management) são apresentados os tópicos principais e de forma resumida o que deve ser a aplicação dos grupos de processos de iniciação.

TABELA 7

Relação atualizada de Procedimentos e Guias[99] da Nasa

| Directive Nº | Subject |
|---|---|
| NPD 1000.0A | Nasa Governance and Strategic Management Handbook |
| NPD 1000.3D | The Nasa Organization w/Change 53 |
| NPD 1000.5B | Policy for Nasa Acquisition |

(continua)

97 Disponível em: <www.NASA.gov/centers/ivv/doc/170870main_IVV_QM.doc>. Acesso em: 30 abr. 2014.

98 A Nasa encoraja seus fornecedores a se certificarem segundo a Norma AS 9100 — Sistemas da Qualidade — Aeroespacial — Modelo para Garantia de Qualidade em Projeto, Desenvolvimento, Produção, Instalação e Conserto, que contempla uma avaliação conforme a ISO 9001. A Norma AS 9100 coloca ênfase adicional em projeto estruturado, controle de software e metodologias de validação de projeto, necessários para aplicação ao sistema da qualidade da Nasa, como exigências adicionais, incluindo cláusulas específicas para compartilhamento de dados da qualidade, gerenciamento da configuração, confiança e segurança.

99 Disponível em: <http://nodis3.gsfc.NASA.gov/rpt_current_directives.cfm>. Acesso em: 10 mar. 2014. Estes são alguns dos muitos procedimentos que a Nasa utiliza em suas atividades. Outros documentos, especialmente aplicáveis no campo da engenharia espacial, podem ser encontrados nos seguintes endereços: Standards and Technical Assistance Resource Tool (<https://standards.NASA.gov/public>); Learned Lessons (<https://nen.NASA.gov/web/LL>).

| Directive Nº | Subject |
|---|---|
| NPD 1001.0A | 2011 Nasa Strategic Plan |
| NPD 1020.2J | Displaying The United States Flag At Half-Staff |
| NPD 1030.1I | Gifts or Decorations From Foreign Governments and Gifts to Foreign Individuals |
| NPR 1040.1 | Nasa Continuity of Operations (Coop) Planning Procedural Requirements |
| NPD 1040.4B | Nasa Continuity of Operations (Coop) |
| NPD 1050.1I | Authority to Enter into Space Act Agreements |
| NPD 1050.2 | Authority to Enter into Cooperative Research and Development Agreements |
| NPR 1080.1A | Requirements for the Conduct of Nasa Research and Technology (R&T) |
| NPD 1080.1B | Policy for the Conduct of Nasa Research and Technology (R&T) |
| NPD 1090.1 | Challenges, Prize Competitions and Crowdsourcing Activities |
| NPD 150.11A | Federal Advisory Committee Act (Faca) Committees |
| NPD 1200.1E | Nasa Internal Control |
| NPR 1210.1A | Procedures for Use of Monetary Gifts and Donations by Nasa |
| NPD 1210.1G | Acceptance and Use of Monetary Gifts and Donations |
| NPD 1210.2 | Nasa Surveys, Audits, and Reviews Policy |
| NPD 1280.1A | Nasa Integrated Management System Policy |
| NPD 1360.2B | Initiation and Development of International Cooperation in Space and Aeronautics Programs |
| NPD 1370.1 | Reimbursable Utilization of Nasa Facilities by Foreign Entities and Foreign-Sponsored Research |
| NPR 1371.1 | Requests for Waivers of the Residence Abroad Requirements for Exchange Visitors Sponsored by Nasa Contractors and Grantees w/Change 3 |
| NPD 1371.1G | Waivers of the Residence Abroad Requirement for Employees of Nasa Contractors and Grantees |
| NPD 1371.5B | Coordination and Authorization of Access by Foreign Nationals and Foreign Representatives to Nasa |
| NPD 1380.1 | Managing Agency Communications |
| NPD 382.17H | Nasa Privacy Policy |
| NPR 1382.1A | Nasa Privacy Procedural Requirements |
| NPD 1383.1C | Release and Management of Audiovisual Products |
| NPD 1383.2C | Nasa Assistance to Non-Government, Entertainment-Oriented Motion Picture, Television, Video & Multimedia Produtions/ Enterprises, & Advertising |
| NPR 1385.1 | Public Appearances of Nasa Astronauts |

(continua)

| Directive Nº | Subject |
|---|---|
| NPD 1385.2H | Public Appearances of Nasa Astronauts and Other Nasa Personnel |
| NPR 1387.1 | Nasa Exhibits Program w/Change 2 |
| NPD 1387.1G | Nasa Exhibits Program |
| NPD 1387.2G | Use, Control, and Loan of Lunar Samples for Public and Educational Purposes |
| NPD 1388.1 | Employee Participation in Nasa Education and Communications Activities |
| NPR 1400.1F | Nasa Directives and Charters Procedural Requirements |
| NPD 1400.1K | Documentation and Promulgation of Internal Nasa Requirements and Charters |
| NPD 1400.2E | Publishing Nasa Documents in the Federal Register and Responding to Regulatory Actions |
| NPD 1420.1A | Nasa Forms Management |
| NPD 1440.6H | Nasa Records Management |
| NPR 1441.1D | Nasa Records Retention Schedules |
| NPR 1450.10D | Nasa Correspondence Management and Communications Standards and Style w/Change 2 |
| NPD 1450.12D | Handling Correspondence and Information From the Executive Office of the President |
| NPR 1450.4G | Handling Congressional Correspondence And Information Concerning Congressional Activities |
| NPD 1460.1 | Agency Mail Management Program |
| NPD 1490.1H | Nasa Printing, Duplicating, and Copying Management |
| NPR 1600.1A | Nasa Security Program Procedural Requirements |
| NPR 1600.2 | Nasa Classified National Security Information (CNSI) |
| NPD 1600.3 | Policy on Prevention of and Response to Workplace Violence |
| NPR 1600.3 | Personnel Security |
| NPD 1600.4 | National Security Programs |
| NPR 1600.4 | Identity and Credential Management |
| NPR 1620.2A | Facility Security Assessments |
| NPR 1620.3A | Physical Security Requirements for Nasa Facilities and Property |
| NPD 1660.1B | Nasa Counterintelligence (CI) Policy |
| NPR 1660.1B | Nasa Counterintelligence and Counterterrorism |
| NPR 1800.1C | Nasa Occupational Health Program Procedures w/Change 2 |
| NPD 1800.2C | Nasa Occupational Health Program |
| NPD 1850.1 | Nasa Medical System Quality Assurance |
| NPR 1850.1 | Quality Assurance of the Nasa Medical Care |

(continua)

| Directive Nº | Subject |
|---|---|
| NPD 1880.1B | Tobacco Products In Vending Machines On Nasa Facilities |
| NPR 1900.3B | Ethics Program Management |
| NPD 1900.9E | Ethics Program Management |
| NPD 2000.1G | Authority to Take Certain Actions for The General Counsel |
| NPD 2010.1E | Court Actions or Proceedings Involving Nasa or Nasa Employees |
| NPD 2010.2C | Alternative Dispute Resolution |
| NPD 2025.1B | Nasa Ombudsman Program |
| NPD 2081.1A | Nondiscrimination in Federally Assisted and Conducted Programs of Nasa |
| NPR 2081.1A | Nondiscrimination in Federally Assisted and Conducted Programs |
| NPD 2086.1 | Coordination of Remedies for Fraud and Corruption Related to Nasa Acquisition Activities |
| NPD 2090.6 | Authority To Enter Into License Agreements and Implementation of Licensing Authority |
| NPD 2091.1B | Inventions Made By Government Employees |
| NPR 2092.1A | Distribution of Royalties Received by Nasa from the Licensing or Assignment of Inventions |
| NPD 2092.1B | Royalties and Other Payments Received by Nasa from the Licensing or Assignment of Inventions |
| NPD 2110.1F | Foreign Access to Nasa Technology Transfer Materials |
| NPD 2190.1B | Nasa Export Control Program |
| NPR 2190.1B | Nasa Export Control Program |
| NPD 2200.1B | Management of Nasa Scientific and Technical Information |
| NPR 2200.2C | Requirements for Docum., Approval, and Dissemination of Nasa Scientific and Technical Information |
| NPR 2210.1C | Release of Nasa Software |
| NPD 2521.1A | Communications and Material Review |
| NPD 2530.1G | Monitoring or Recording of Telephone or Other Conversations |
| NPD 2540.1G | Personal Use of Government Office Equipment Including Information Technology |
| NPR 2570.1B | Nasa Radio Frequency (RF) Spectrum Management Manual |
| NPD 2570.5E | Nasa Electromagnetic Spectrum Management |
| NPD 2800.1B | Managing Information Technology |
| NPR 2800.1B | Managing Information Technology |
| NPR 2800.2 | Electronic and Information Technology Accessibility |
| NPR 2810.1A | Security of Information Technology |
| NPD 2810.1D | Nasa Information Security Policy |

(continua)

| Directive Nº | Subject |
|---|---|
| NPD 2830.1A | Nasa Enterprise Architecture |
| NPR 2830.1A | Nasa Enterprise Architecture Procedures |
| NPR 2841.1 | Identity, Credential, and Access Management |
| NPD 3000.1C | Human Capital Management |
| NPD 3010.1A | Strategic Workforce Planning |
| NPR 3100.1A | Management of the Senior Executive Service (SES) |
| NPD 3280.3J | Detail of Military Personnel to Nasa |
| NPD 3280.8G | Recommendations for Military Awards and Decorations to Military Personnell Assigned to Nasa |
| NPR 3300.1B | Appointment of Personnel To/From Nasa |
| NPD 3300.3E | Recruitment, Hiring, Placement, Advancement, and Retention of Individuals with [...] Disabled Veterans |
| NPD 3310.1A | Distinguishing Between Contractor and Civil Service Functions |
| NPR 3317.1A | Senior Executive Service Career Appointee Merit Staffing in Nasa |
| NPR 3319.1A | Management of Senior Scientific and Technical (ST) and other Senior Level (SL) Positions |
| NPR 3330.1A | Nasa Career Transition Assistance Plan |
| NPR 3335.1H | Internal Placement of Nasa Employees |
| NPD 3410.2G | Employee and Organizational Development |
| NPR 3430.1C | Nasa Employee Performance Communication System (EPCS) |
| NPR 3432.1 | Performance Based Reduction In Grade or Removal Actions |
| NPR 3435.1B | Nasa Performance Management System for the Senior Executive Service |
| NPR 3451.1B | Nasa Awards and Recognition Program |
| NPD 3451.5C | Acquisition Improvement Awards |
| NPR 3511.1 | Position Management and Classification |
| NPR 3530.1C | Nasa Pay and Compensation Policy |
| NPR 3600.1A | Attendance and Leave |
| NPR 3600.2 | Nasa Telework Program |
| NPR 3600.3 | Nasa Voluntary Leave Bank Program |
| NPR 3711.1A | Federal Employee Labor Management Relations Program |
| NPR 3713.1A | Reasonable Accommodations Procedures |
| NPR 3713.2 | Alternative Dispute Resolution for Discrimination Complaints |
| NPD 3713.2I | Federal EEO Programs of Nasa |
| NPR 3713.3 | Anti-Harassment Procedures |
| NPR 3713.4 | Procedures for Discrimination Complaints Based on Sexual Orientation |

(continua)

| Directive Nº | Subject |
|---|---|
| NPD 3713.6Q | Delegation of Authority to Act in Matters Pertaining to Discrimination Complaints |
| NPD 3713.8B | Provision of Reasonable Accommodation for Individuals with Disabilities |
| NPR 3730.1 | Nasa Suitability Program |
| NPR 3752.1 | Disciplinary and Adverse Actions |
| NPR 3771.1 | Grievance System |
| NPR 3792.1B | Plan for a Drug-Free Workplace |
| NPR 3800.1A | Employee Benefits |
| NPR 4000.1 | Nasa Logistics Management Operations Compensating Controls Reviews |
| NPD 4100.1B | Supply Support and Material Management Policy |
| NPR 4100.1D | Nasa Materials Inventory Management Manual |
| NPD 4200.1C | Equipment Management |
| NPR 4200.1G | Nasa Equipment Management Procedural Requirements |
| NPR 4200.2B | Equipment Management Manual for Property Custodians |
| NPD 4300.1B | Nasa Personal Property Disposal Policy |
| NPR 4300.1C | Nasa Personal Property Disposal Procedural Requirements |
| NPR 4310.1 | Identification and Disposition of Nasa |
| NPD 4500.1 | Administration of Property in the Custody of Contractors |
| NPR 4500.1 | Administration of Property in the Custody of Contractors |
| NPD 5000.2C | Small Business Subcontracting Goals |
| NPD 5101.1E | Requirements for Legal Review of Procurement Matters |
| NPD5101.32E | Procurement, Grants, and Cooperative Agreements |
| NPR5101.33A | Procurement Advocacy Programs |
| NPR 5200.1D | Industrial Labor Relations |
| NPR 5810.1 | Standard Format for Nasa Research Announcements (NRAs) and other Announcements for Grants and Cooperative Agreements |
| NPR 5900.1 | Nasa Spare Parts Acquisition |
| NPD 6000.1C | Transportation Management |
| NPR 6000.1H | Requirements for Packaging, Handling, and Transportation for Aeronautical and Space Systems, Equipment, and Associated Components |
| NPR 6200.1C | Nasa Transportation and General Traffic Management |
| NPD 7010.1K | Processing Legislative Proposals for Incorporation into the Nasa Authorization Bill |
| NPR 7100.1 | Protection of Human Research Subjects |

(continua)

| Directive Nº | Subject |
|---|---|
| NPD7100.10E | Curation of Extraterrestrial Materials |
| NPD 7100.8E | Protection of Human Research Subjects |
| NPR 7120.10 | Technical Standards for Nasa Programs and Projects |
| NPR 7120.11 | Nasa Health and Medical Technical Authority (HMTA) Implementation |
| NPD 7120.4D | Nasa Engineering and Program/Project Management Policy |
| NPR 7120.5E | Nasa Space Flight Program and Project Management Requirements |
| NPD 7120.6 | Knowledge Policy on Programs and Projects |
| NPR 7120.7 | Nasa Information Technology and Institutional Infrastructure Program and Project Mgt Requirements |
| NPR 7120.8 | Nasa Research and Technology Program and Project Management Requirements |
| NPR 7120.9 | Nasa Product Data and Life-Cycle Management (PDLM) for Flight Programs and Projects |
| NPR 7123.1B | Nasa Systems Engineering Processes and Requirements |
| NPR 7150.2A | Nasa Software Engineering Requirements |
| NPD 7330.1H | Approval Authorities for Facility Projects |
| NPD 7410.1H | Management of Contract and Grant Support Services Obtained from External Sources |
| NPD 7410.3J | Performance of Commercial Activities |
| NPD 7410.5E | Approval of Early Payment to Contractors Under the Prompt Payment Act |
| NPR 7500.1 | Nasa Technology Commercialization Process w/ Change 1 |
| NPD 7500.1C | Program and Project Life-Cycle Logistics Support Policy |
| NPD 7500.2B | Nasa Innovative Partnerships Program |
| NPD 7620.1I | Official Names for Major Nasa Projects |
| NPR 7900.3C | Aircraft Operations Management Manual |
| NPD 7900.4C | Nasa Aircraft Operations Management |
| NPR 8000.4A | Agency Risk Management Procedural Requirements |
| NPD 8010.3B | Notification of Intent to Decommission or Terminate Operating Space Systems and Terminate Missions |
| NPR8020.12D | Planetary Protection Provisions for Robotic Extraterrestrial Missions |
| NPD 8020.7G | Biological Contamination Control for Outbound and Inbound Planetary Spacecraft |
| NPD 8074.1 | Management and Utilization of Nasa's Space Communication and Navigation Infrastructure |
| NPD 8081.1 | Nasa Chemical Rocket Propulsion Testing |

(continua)

| Directive Nº | Subject |
|---|---|
| NPD 8500.1C | Nasa Environmental Management |
| NPR 8510.1 | Nasa Cultural Resources Management |
| NPR 8530.1A | Affirmative Procurement Program and Plan for Environmentally Preferable Products |
| NPR 8553.1B | Nasa Environmental Management System |
| NPR 8570.1A | Nasa Energy Management Program |
| NPR 8580.1A | Nasa National Environmental Policy Act Management Requirements |
| NPR 8590.1A | Environmental Compliance and Restoration Program |
| NPD8610.12G | Human Exploration and Operation Mission Directorate (HEOMD) Space Transportation Services for Nasa and Nasa-Sponsored Payloads |
| NPD8610.23C | Launch Vehicle Technical Oversight Policy |
| NPD8610.24C | Launch Services Program Pre-Launch Readiness Reviews |
| NPD 8610.6G | Graphic Markings on Space Transportation Vehicles, U.S. Components of the International Space Station Component Systems, and Payloads |
| NPD 8610.7D | Launch Services Risk Mitigation Policy for Nasa-Owned and/or Nasa-Sponsored Payloads/Missions |
| NPR 8621.1B | Nasa Procedural Requirements for Mishap and Close Call Reporting, Investigating, and Recordkeeping |
| NPD 8700.1E | Nasa Policy for Safety and Mission Success |
| NPR 8705.2B | Human-Rating Requirements for Space Systems |
| NPR 8705.4 | Risk Classification for Nasa Payloads |
| NPR 8705.5A | Technical Probabilistic Risk Assessment (PRA) Procedures for Safety and Mission Success for Nasa Programs and Projects |
| NPR 8705.6B | Safety and Mission Assurance (SMA) Audits, Reviews, and Assessments |
| NPD 8710.1D | Emergency Management Program |
| NPD 8710.5D | Policy for Pressure Vessels and Pressurized Systems |
| NPR 8715.1A | Nasa Occupational Safety and Health Programs |
| NPR 8715.2A | Nasa Emergency Preparedness Procedural Requirements |
| NPR 8715.3C | Nasa General Safety Program Requirements |
| NPR 8715.5A | Range Flight Safety Program |
| NPR 8715.6A | Nasa Procedural Requirements for Limiting Orbital Debris |
| NPR 8715.7A | Expendable Launch Vehicle (ELV) Payload Safety Program |
| NPD 8720.1C | Nasa Reliability and Maintainability (R&M) Program Policy |
| NPD 8730.1C | Metrology and Calibration |

(continua)

| Directive Nº | Subject |
|---|---|
| NPD 8730.2C | Nasa Parts Policy |
| NPD 8730.5B | Nasa Quality Assurance Program Policy |
| NPR 8735.1C | Procedures for Exchanging Parts, Materials, Software, and Safety Problem Data Utilizing the Government-Industry Data Exchange Program (Gidep) and Nasa Advisories |
| NPR 8735.2B | Management of Government Quality Assurance Functions for Nasa Contracts |
| NPD8800.14D | Policy for Real Estate Management |
| NPR8800.15B | Real Estate Management Program |
| NPR 8810.1A | Center Master Planning |
| NPD 8810.2A | Master Planning for Real Property |
| NPD 8820.2D | Design and Construction of Facilities |
| NPR 8820.2F | Facility Project Requirements |
| NPD 8831.1E | Maintenance and Operations of Institutional and Program Facilities and Related Equipment |
| NPR 8831.2E | Facilities Maintenance and Operations Management |
| NPR 8900.1A | Nasa Health and Medical Requirements for Human Space Exploration |
| NPD 8900.1G | Medical Operations Responsibilities in Support of Human Space Flight Programs |
| NPD 8900.3H | Astronaut Medical and Dental Observation Study and Care Program |
| NPD 8900.4D | Nasa Use of Global Positioning System Precise Positioning Service |
| NPD 8900.5B | Nasa Health and Medical Policy for Human Space Exploration |
| NPD 8910.1B | Care and Use of Animals |
| NPR 8910.1C | Care and Use of Animals |
| NPR 9010.1 | Financial Management Requirements Overview |
| NPD 9010.2A | Financial Management |
| NPR 9010.2A | The Continuous Monitoring Program and Financial Management Operating Procedures |
| NPR 9010.3 | Financial Management Internal Control |
| NPR 9050.1A | Official Representational Fund w/Changes 1-5 |
| NPD 9050.1B | Official Representational Fund w/Changes 1-2 |
| NPR 9050.2A | Advances and Prepayments |
| NPR 9050.3 | The Antideficiency Act |
| NPD 9050.3F | Administrative Control of Appropriations and Funds |
| NPR 9050.4 | Cash Management and Improper Payments |

(continua)

| **Directive Nº** | **Subject** |
|---|---|
| NPD 9050.6J | Nasa Exchange and Morale Support Activities |
| NPR 9060.1 | Cost Accruals |
| NPD 9070.1A | Business Cards |
| NPD 9070.2 | Government Charge Cards |
| NPD 9080.1G | Review, Approval, and Imposition of User Charges |
| NPR 9090.1A | Reimbursable Agreements |
| NPR 9095.1 | Working Capital Fund Policies and Requirements |
| NPR 9130.1 | Nasa Financial Information Systems |
| NPR 9200.1 | Accounting General Overview |
| NPR 9210.1 | Cash and Fund Balance with Treasury |
| NPR 9220.1A | Journal Voucher Preparation and Approval and Intragovernmental Transactions |
| NPD 9250.1A | Capital Asset Identification and Treatment |
| NPR 9250.1B | Property, Plant, and Equipment and Operating Materials and Supplies |
| NPR 9260.1 | Revenue, Unfunded Liabilities and Other Liabilities |
| NPR 9290.1A | Special Accounts |
| NPR 9310.1A | Financial Management Reports — Accounting |
| NPD 9310.1D | Delegation of Authority — To Submit the Agency Report on Fund Status and the Agency Certification of Obligations and Expenditures |
| NPR 9311.1 | External Reports — Budget |
| NPR 9420.1 | Budget Formulation |
| NPR 9470.1 | Budget Execution |
| NPD 9501.1I | Nasa Contractor Financial Management Reporting System |
| NPR 9501.2E | Nasa Contractor Financial Management Reporting |
| NPR 9610.1 | Accounts Receivable |
| NPR 9615.1 | Accounts Payable |
| NPR 9620.1 | Payroll |
| NPD 9630.3F | Designation of Authority to Render Advice on Questions Involving the Propriety of Certain Payments |
| NPR 9631.1 | Disbursements |
| NPR 9635.1 | Billings and Collections |
| NPR 9640.1 | Financial Management of Contractor Claims Against Nasa |
| NPR 9645.1 | Claims for Erroneous Payment of Pay and Allowances, Travel and Transportation, Relocation Expenses and Allowances |

(continua)

| Directive Nº | Subject |
|---|---|
| NPD 9645.2E | Delegation of Authority-To Waive Claims for Erroneous Payment of Pay and Allowances, Travel, Transportation, and Relocation Expenses and Allowances |
| NPR 9660.1A | Vital Financial Records for Emergency Operations |
| NPR 9680.1A | Nasa's Management of Grants and Cooperative Agreements |
| NPR 9690.1 | Investments |
| NPR 9700.1 | Travel |
| NPD 9710.1W | Delegation of Authority — To Authorize or Approve Temporary Duty Travel on Official Business and Related Matters |
| NPD 9741.1B | Delegation of Authority — To Grant Exemptions from the Mandatory Use of the Government Contractor-Issued Travel Card |
| NPD 9800.1B | Nasa Office of Inspector General Programs |
| NPD 9910.1A | Government Accountability Office/Nasa Office of Inspector General Audit Liaison, Resolution, and Follow-up |

Para complementar esse campo de atuação, a Nasa e o PMI trabalham juntos há muitos anos com metas compartilhadas de excelência em Gerenciamento de Projetos. Por meio da Academy of Program/Project & Engineering Leadership (Appel), a Nasa colabora com o PMI em pesquisas e esforços educacionais, inclusive com a certificação em Gerenciamento de Projetos, e o PMI reconhece a Nasa como provedor de unidades de desenvolvimento profissionais para seus cursos de treinamento e conhecimento. Também compartilham eventos na área de gestão de projetos e a Nasa igualmente participa como associada do Global Corporate Council do PMI, um grupo de organizações com sistemas de gestão baseado em projetos e comprometido com a melhoria contínua do desempenho em projetos complexos.

## AGÊNCIA ESPACIAL DO JAPÃO (JAXA)

> O homem vangloria-se de ter imitado o voo das aves
> com uma complicação técnica que elas dispensam.
>
> CARLOS DRUMMOND DE ANDRADE

A Agência Japonesa de Exploração Espacial (Jaxa) foi criada em 1º de outubro de 2003, pela fusão de três organismos ligados à área de pesquisa científica: a National Space Development Agency of Japan (Nasda), o Institute of Space and Astronautical Science (Isas) e o National Aerospace Laboratory of Japan (NAL).

Dentro da estrutura da Jaxa há o Safety and Mission Assurance Department (S&MA) que é responsável pela formulação dos procedimentos de engenharia e segurança para as missões espaciais e de gerenciamento dos programas/projetos.

A estrutura básica da documentação da Jaxa é a seguinte:

FIGURA 8

Estrutura de documentação da S&MA (Jaxa)

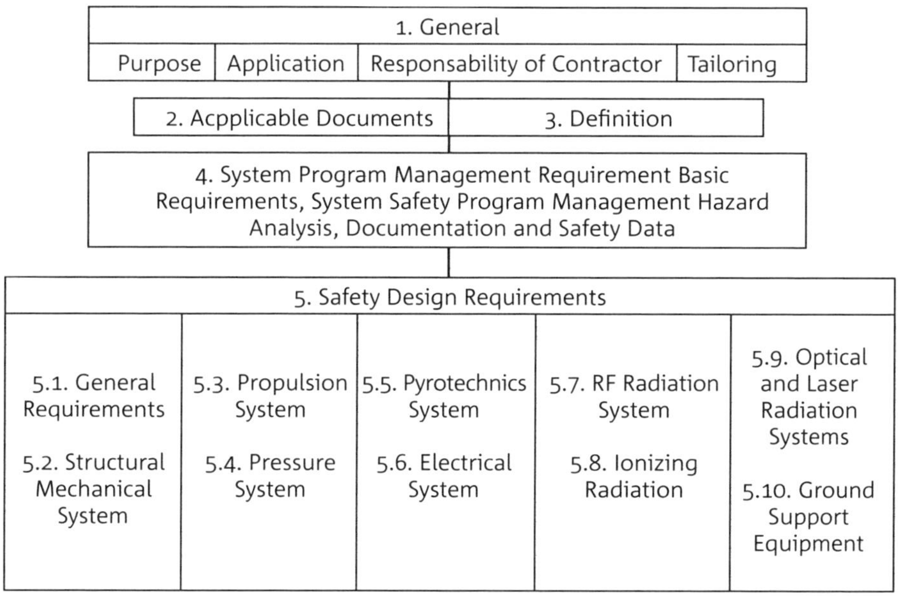


Fonte: Jaxa.

Nem toda a documentação da Jaxa está disponível para o público, já que a maioria está em japonês e algumas a Jaxa considera que são aplicáveis apenas no Japão. Além de sua própria documentação, a Jaxa utiliza padrões da ISO, Nasa, ESA, IEE e outras organizações que já tenham normas aplicáveis a projetos espaciais.

Basicamente, a S&MA estruturou seus padrões em dois ramos: Jaxa Management Requirements (JMR) e Jaxa Engineering Requirements Guideline (Jerg), cuja lista segue:[100]

[100] Disponível em: <http://sma.jaxa.jp/JMR_JERG/>. Acesso em: 14 maio 2014.

TABELA 8

Procedimentos da Jaxa

| Identificação | Título | |
|---|---|---|
| JMR-001 | System Safety Standard | Inglês |
| JMR-002 | Launch Vehicle Payload Safety Standard | Inglês |
| JMR-003 | Space Debris Mitigation Standard | Inglês |
| JMR-004 | Reliability Program Standard | Japonês |
| JMR-005 | Quality Assurance Program Standard | Inglês |
| JMR-006 | Configuration Management Standard | Inglês |
| JMR-012 | Electrical, electronic and electro-mechanical parts program standard | Japonês |
| JERG-0-001 | Space for high-pressure gas equipment technical standards | Japonês |
| JERG-0-017 | Quality Assurance Program Standard Manual | Japonês |
| JERG-0-039 | Space for Standard Soldering Process | Japonês |
| JERG-0-043 | Space for Surface mount Soldering Process Standard | Japonês |
| JERG-0-049 | Software Development Standards | Inglês |
| JERG-0-050 | Overseas Parts Quality Assurance Handbook | Japonês |
| JERG-0-051 | Overseas Components Quality Assurance Handbook | Japonês |
| JERG-0-052 | Space Application Handbook of Space Transferable Parts | Japonês |
| JERG-0-054 | BGA/CGA Mounting Process Standard | Japonês |
| JERG-1-008 | Rocket Software Development Standards | Japonês |
| JERG-1-009 | Rocket Equipment for Lead-free component application Process Standard | Japonês |
| JERG-1-010 | Space Application Handbook of Space Transferable Parts | Japonês |
| JERG-2-000 | Spacecraft (Satellite spacecraft) Design Standard | Inglês |
| JERG-2-023 | Space Application Handbook of Space Transferable Parts | Japonês |
| JERG-2-100 | System Design Standard | Japonês |
| JERG-2-120 | Single-fault-spread Failure Prevention Standard | Japonês |
| JERG-2-130 | Spacecraft General Test Standard | Japonês |
| JERG-2-141 | Standard Space Environment | Japonês |
| JERG-2-142 | General Standard Environment (Spacecraft) | Japonês |
| JERG-2-143 | Radiation-proof Design Standard | Japonês |
| JERG-2-144 | Micro-debris Collision Resistance Evaluation Standard | Japonês |
| JERG-2-151 | Mission Trajectory Design Standard | Japonês |
| JERG-2-152 | Disturbance Management Standard | Japonês |
| JERG-2-200 | Electrical Design Standard | Japonês |

(continua)

| Identificação | Título | |
|---|---|---|
| JERG-2-211 | Charge-discharge Design Standard | Inglês |
| JERG-2-212 | Wire Derating Standard | Inglês |
| JERG-2-213 | Insulation Design Standard | Inglês |
| JERG-2-214 | Power Supply System Design Standard | Japonês |
| JERG-2-215 | Solar Array System Design Standard | Japonês |
| JERG-2-241 | EMC Design Standard | Japonês |
| JERG-2-300 | Mechanical Design Standard | Japonês |
| JERG-2-310 | Thermal Control System Design Standard | Inglês |
| JERG-2-320 | Structural Design Standard | Japonês |
| JERG-2-330 | Mechanism Design Standard | Japonês |
| JERG-2-400 | Communication Design Standard | Japonês |
| JERG-2-420 | RF Circuit Design Standard | Japonês |
| JERG-2-500 | Control System Design Standard | Japonês |
| JERG-2-510 | Attitude Control System Design Standard | Japonês |
| JERG-2-600 | Software Development Standards (for Spacecraft) | Japonês |
| JERG-2-610 | Spacecraft Software Development Standards | Japonês |
| JERG-2-700 | Operational Design Standard | Japonês |
| JERG-3-001 | Ground Facilities and Equipment Program Quality Standard | Japonês |
| JERG-3-003 | Ground Software Development Standards | Japonês |
| QTS-2030 | Semiconductor Devices, High Reliability, General Specification for | Inglês |
| QTS-2060 | Connectors High Reliability, Space use, General Specification for | Inglês |
| QTS-2110 | Transformers and Inductors, High Reliability, General Specification for | Inglês |
| QTS-2120 | Appendix C, Wires, Electric, Fluorine Resin/Polyimide Insulated | Inglês |
| QTS-2180 | Temperature Sensors, Platinum, High Reliability, Space use, General Specification for | Inglês |
| ADS-2060D114 | Common Parts-Materials, Space Use, Application Data Sheet For | Inglês |
| GBA-99010 | Standards for Electrical, Electronic, and Electromechanical (EEE) Parts Program | Inglês |

Nota: No endereço <https://eeepitnl.tksc.jaxa.jp/en/qts_list> podem ser encontrados inúmeros padrões da Jaxa para componentes qualificados, que incluem a listagem completa de cada tipo de componentes e até a metodologia e testes de qualificação utilizados.

# ORGANIZAÇÃO DE PESQUISA ESPACIAL DA ÍNDIA (ISRO)

O homem sem paciência
é como uma lamparina sem óleo.
ALFRED DE MUSSET

A Índia iniciou suas atividades no campo espacial no início de 1960. A Organização de Pesquisa Espacial da Índia (Isro) foi criada em 1972 e está entre as mais ativas na corrida pela exploração da Lua e de Marte. Possui uma das maiores redes de satélites do mundo, além de veículos lançadores potentes em operação e os maiores em fase de desenvolvimento, com diversas missões científicas em curso.

O Center Applications Center (SAC), um dos principais centros espaciais da Isro, é o responsável pela formulação de Sistemas da Qualidade, procedimentos e diretrizes e assegurar o seu cumprimento. Embora não divulgue a relação de seus procedimentos escritos, o SAC indica alguns como exemplo.

TABELA 9
Procedimentos da Isro

| Identificação | Título |
|---|---|
| ISRO-PAS-100 | Non-Conformance Control Requirements for Isro Project |
| ISRO-PAS-200 | Design Review Requirements for Isro Project |
| ISRO-PAS-201 | Failure Reporting, Analysis and Corrective Action System |
| ISRO-PAS-203 | Procedures and Review Requirements for Major Ground Tests and Ground Test Facility |
| ISRO-PAS-204 | Screening Requirements for Electronics Parts |
| ISRO-PAS-206 | Qualification Requirements for Thick Film Hybrid Microcircuits |
| ISRO-PAS-207 | Storage, Handling and Transportation Requirements for Electronics Hardware |
| ISRO-PAS-208 | Isro Design Manual — Volume 1 |
| ISRO-PAX-300 | Workmanship Standards for the Fabrication of Electronic Packages |
| ISRO-PAX-301 | Design Requirements for Printed Circuit Boards (PCB) Layouts |
| ISRO-PAX-303 | Design Requirements for Printed Circuit Boards Layout and Art Work |
| ISRO-PAX-304 | Test Specification for Printed Circuit Boards |
| ISRO-PAX-305 | Workmanship Standards for Fabrication of Microware Integrated Circuits |

# GERENCIANDO PROJETOS ESPACIAIS

Projetos fora do comum
exigem paciência fora do comum.
MURDOCK M

Um projeto espacial, seja ele realizado sob a coordenação de qualquer das agências espaciais, Nasa (EUA), Roscosmos (Rússia), ESA (União Europeia), Isro (Índia), CNSA (China), CNES (França), Jaxa (Japão), AEB (Brasil), ou uma organização privada, é sempre um grande desafio, por reunir uma enorme dose de complexidade e incertezas em todas as fases de seu ciclo de vida, devendo envolver, de forma integrada, as áreas de engenharia, produção e operação para ter-se maior probabilidade de atingimento dos objetivos da missão.

E quanto mais complexa e arriscada for a missão, tanto mais se exigirá de tecnologia embarcada, de ensaios e inspeções exaustivas antes de se dar por concluído o projeto, sendo necessário um trabalho árduo para o gerenciamento da qualidade, da identificação e mitigação dos riscos envolvidos e tantas outras disciplinas que deverão assegurar ao produto "sobreviver" no hostil ambiente que encontrará pela frente, sem contar o momento crítico do lançamento que, volta e meia, provoca a perda de anos de pesquisa e desenvolvimento e muito dinheiro porque uma falha qualquer ocorreu.

Sem contar os danos que isso causa à imagem da organização e do país lançador, no moral das pessoas envolvidas com o projeto e da perda de confiança de clientes, motivada muitas vezes pelo peso da opinião pública que, em alguns países como os EUA, é muito forte e alavanca a pressão política no Congresso, sempre dividido.

Por isso, a viabilidade de uma Missão deveria ser sempre com base em aspectos não só de ganhos científicos e/ou políticos, mas com base em custos e riscos que a missão demandará, devendo ser o risco a maior preocupação.[101]

Para garantir que uma determinada tecnologia esteja pronta para ir ao espaço, a Nasa, por exemplo, utiliza uma escala chamada Nível de Maturidade da Tecnologia (TRL)[102], com nove níveis de complexidade, sendo o nível 1 a ideia inicialmente concebida e o nível 9 a tecnologia já testada e pronta para estar em solos distantes, com total garantia de êxito. Então, gerenciar um projeto

---

[101] Categorização dos Projetos da Nasa: os projetos são divididos em três categorias (Categoria 1, 2 ou 3) dependendo do custo do projeto, uso de fontes nucleares, uso para voo tripulado, importância para a Nasa, participação internacional ou interagências, grau de incerteza de tecnologias novas ou não experimentadas e classificação de risco de desenvolvimento da espaçonave/carga útil. (Nasa, 2012).

[102] Disponível em: <www.NASA.gov/content/technology-readiness-level/#.Ux4kdPldVZ5>. Acesso em: 10 mar. 2014.

espacial não é o mesmo que gerenciar um projeto qualquer, onde o gerente de projeto pode ser um generalista e conduzir bem o projeto. O gerente de projetos espaciais tem de ser um profissional de reconhecida competência nesse setor para que consiga implementar, efetivamente, um planejamento sistemático[103] e um ciclo de controle da Qualidade, Risco, Escopo, Custo e Prazo, fora outras disciplinas e atividades correlatas, sem considerar a área tecnológica.

A Nasa, no documento *Program and project management handbook* (NPR 7120.5 Handbook), ao enumerar as habilidades de um gerente de projetos espaciais, afirma que o gerente de projeto deve estar qualificado em técnicas de gerenciamento de projeto, assim como também ter um pouco de conhecimento técnico de cada uma das áreas que gerenciará e, em pelo menos uma dessas áreas, ter grande conhecimento.

Essa mistura de habilidades é essencial, porque permitirá ao gerente de projetos administrar e tomar as melhores decisões, porque ele, certamente, entenderá melhor as preocupações dos gerentes de subsistemas e do pessoal técnico.

Além disso, o desenvolvimento do projeto deverá contar com especialistas por disciplina para desenvolver as ações planejadas, cabendo ao gerente de projeto controlar e coordenar a interface entre as diversas atividades/equipes, contando ainda com um sem-número de produtos sendo fabricados por diversos fornecedores qualificados.

Desde a sua concepção[104] até a sua finalização, um projeto espacial é desenvolvido segundo fases de um ciclo de vida típico do setor, que inclui: definição

---

[103] Segundo a ECSS (ECSS-M-ST-10C — Project Planning and Implementation): "O Planejamento e implementação do projeto, devem ser feitos observando-se todos os aspectos do gerenciamento e controle do projeto, sendo isto feito:
Estabelecendo as exigências do projeto e da declaração da missão.
Definição das fases e marcos formais para permitir o controle efetivo do desenvolvimento do projeto, com relação a custo, prazo e objetivos técnicos a serem alcançados.
Definição do WBS ou EAP que constitui um sistema de referência comum para o gerenciamento do projeto, identifica as tarefas e responsabilidades de cada ator e facilita a integração entre atividades do projeto.
Organizando as equipes do projeto, para que todas as atividades necessárias sejam feitas."
(Ver essa norma e outros documentos no endereço: <www.ecss.nl/>).

[104] O engenheiro brasileiro doutor Alberto Elfes, que trabalha no Laboratório de Propulsão a Jato (JPL) da Nasa, em entrevista concedida ao jornal *O Estado de S. Paulo*, edição de 6 de março de 2011, afirmou que as discussões prévias a uma Missão "são muito interessantes e, às vezes, muito frustrantes. Há diferentes grupos, com objetivos muito diferentes. Os cientistas sempre querem mais: mais instrumentos, mais medidas, mais observações, mais tempo, mais terabytes de dados... O pessoal da engenharia joga um balde de água fria: 'Pode esquecer. Se colocarmos tudo o que vocês querem, a nave não sai da órbita da Terra de tão pesada. Além disso, o custo seria dez vezes o orçamento da Nasa'. Ao mesmo tempo, o pessoal da engenharia deseja muito colocar em prática suas soluções brilhantes e inovadoras. Então, é a vez do pessoal de (coordenação das) missões jogar um balde de água fria: 'Pode esquecer. O risco é muito alto. Vamos usar tecnologia com mais de 30 anos de estrada para ter certeza que funciona'. Como é fácil imaginar, algumas discussões ficam extremamente emocionais".

dos requisitos da missão e estudos conceituais, projetos preliminar e detalhado, fabricação e montagem, testes de funcionamento e operação e encerramento.

## CICLO DE VIDA DE PROJETOS ESPACIAIS

> Sonhos são os projetos de uma obra.
>
> LUCAS ANTUNES

Segundo o PMBOK,

> O ciclo de vida de um projeto consiste nas fases do mesmo, que geralmente são sequenciais, e que às vezes se sobrepõem, cujos nomes e números são determinados pelas necessidades de gerenciamento e controle da(s) organização(ões) envolvida(s), a natureza do projeto em si e sua área de aplicação. [NASA. NPR 7120.5 handbook:38]

Ainda segundo o PMBOK, o ciclo de vida de um projeto pode ser definido ou moldado de acordo com aspectos exclusivos da organização, indústria ou tecnologia empregada, sendo o ciclo de vida uma estrutura básica para o gerenciamento do projeto.

FIGURA 9
Ciclo de vida típico de um projeto

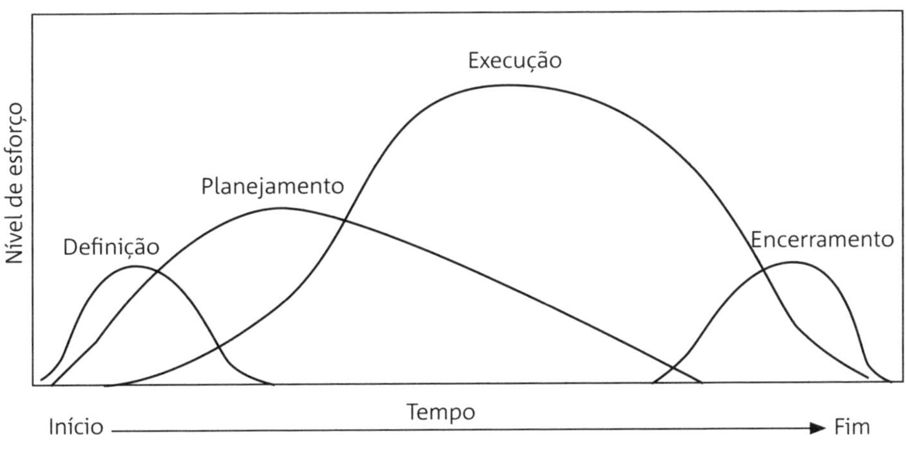


Fonte: PMI.

O ciclo de vida de um projeto espacial é, na prática, a definição de etapas desde seu começo até o seu fim, e cada uma dessas fases é marcada pela conclusão de um ou mais entregáveis, por exemplo, um estudo de viabilidade, o projeto preliminar ou detalhado ou um modelo (protótipo) a ser qualificado, entre outros.

A conclusão de uma fase do projeto é marcada por uma revisão de marcos e de desempenho, que determina se o projeto está apto (ou em prontidão, como é a denominação do setor) a ter continuidade para uma fase próxima.

FIGURA 10

Ciclo de vida típico (fases e revisões) segundo o doc. ECSS-M-ST-10C:2009

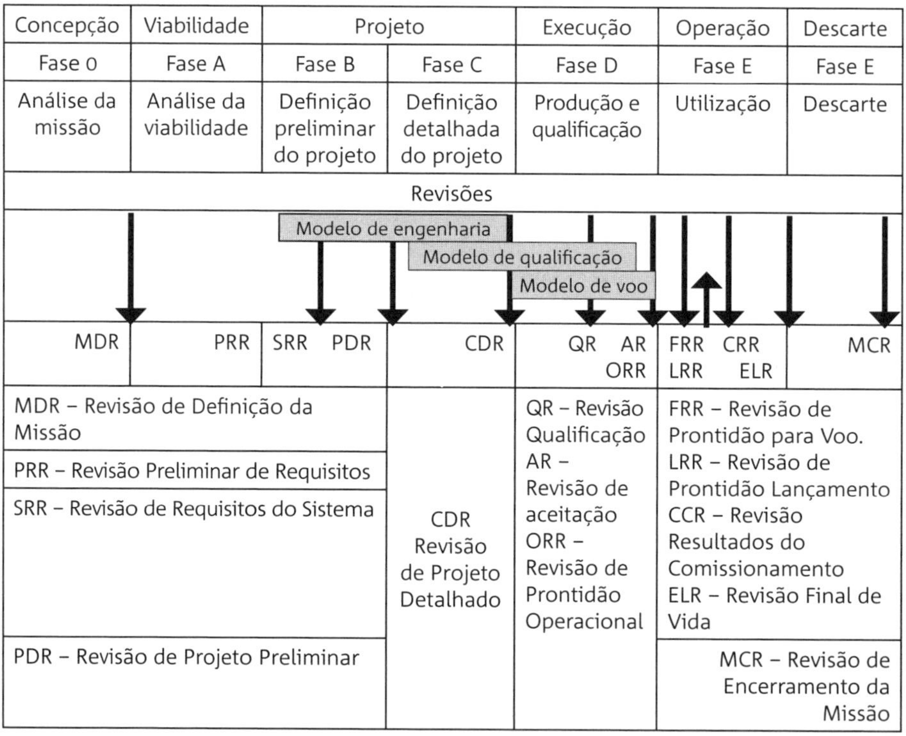


Fonte: ECSS.[105]

Assim, cada fase do ciclo de vida do projeto inclui um conjunto de entregáveis definidos, conforme o nível de gerenciamento desejado para o projeto,

[105] Disponível em: <www.skatelescope.org/public/2011-11-18_WBS-SOW_Development_Reference_Documents /ECSS-M-ST-10C_Rev.1%286March2009%29.pdf>. Acesso em: 15 maio 2014.

e a maioria desses entregáveis está relacionada com as fases, que levam nomes típicos desses entregáveis, como: requisitos, projeto final, produção, testes, qualificação e outros, como apropriado.

Uma característica das fases do ciclo de vida de um projeto espacial é que não necessariamente uma fase posterior começa somente quando a antecessora é concluída, mas pode ter início anteriormente à aprovação do entregável, caso os riscos sejam julgados aceitáveis para aquele evento.

Vamos inicialmente discutir o assunto com a observação do que faz a ESA e as demais agências espaciais que seguem a configuração do ciclo de vida de projetos espaciais segundo os padrões da European Cooperation for Space Standardization (ECSS). E, durante a apresentação do que prescreve a ECSS, vamos inserindo aspectos típicos do que a Nasa e outras agências espaciais realizam em termos de gerenciamento de projetos.

Contudo, na prática, os sistemas da ECSS e da Nasa são os dois grandes sistemas utilizados pela maioria das agências espaciais, que apenas adaptam essas metodologias para aplicação interna.

FIGURA 11
Ciclo de vida do projeto Conasat do CRN/Inpe

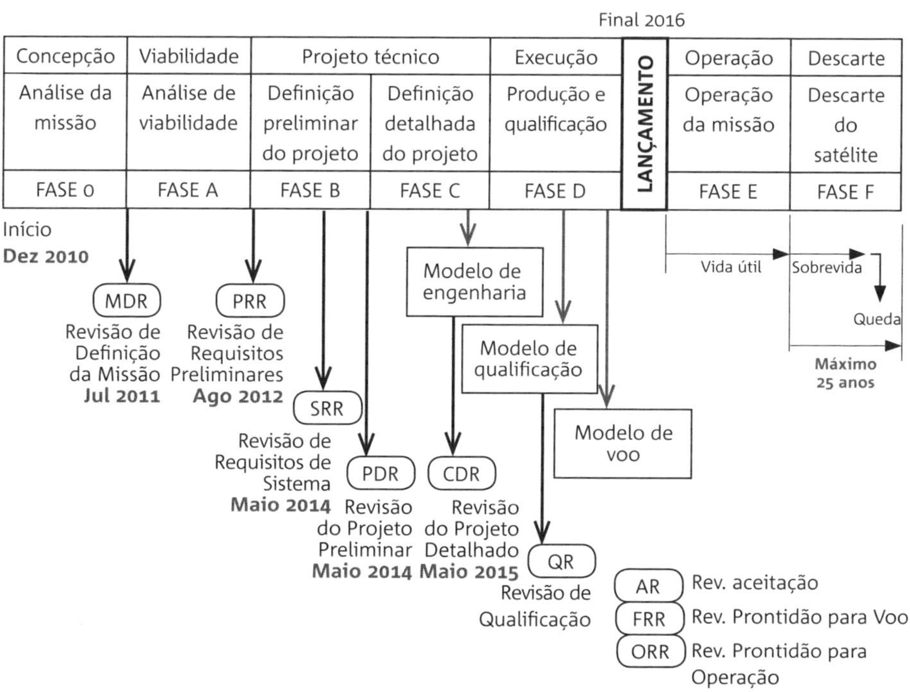


Fonte: CRN/Inpe.

# FILOSOFIA DE MODELOS PARA PROJETOS ESPACIAIS

O primeiro sintoma do fracasso é começar
a chamar seus sonhos de projetos.

KLEBER TANIDE

Em projetos espaciais se lida sempre com altos níveis de incertezas e necessidade de tecnologias complexas que, na maioria das vezes, precisam ser desenvolvidas por não haver transferência de quem as domina, e custos elevados, razão por que os projetos precisam ser desenvolvidos, segundo estratégias que lhes confiram a máxima confiabilidade, antes de serem lançados ao espaço.

Lançadores, espaçonaves, satélites e instrumentos de bordo (com algumas exceções) que comporão a carga útil ou controle desses objetos espaciais passam por várias fases de desenvolvimento antes de obterem a aprovação final para voo.

Assim, os projetos espaciais são submetidos a vários estágios de desenvolvimento de modelos, desde o conceitual (o de engenharia) até o definitivo (o de voo), todos devidamente qualificados, assim como são também qualificados os procedimentos e padrões de construção desses modelos.

O conceito aplicado durante as fases do ciclo de vida de um projeto espacial, para a qualificação de modelos, é o da similaridade, ou seja, há a construção de modelos de forma similar a conceitos ou ao construído e qualificado anteriormente, numa sequência lógica até a construção do modelo de voo, que deverá ser semelhante ao objeto espacial ou ao instrumento já qualificado.

A sequência da construção desses modelos segue uma lógica mostrada a seguir, embora a construção de todos vá depender do projeto em si, pois se pode estar apenas replicando um projeto vitorioso ou acrescentando-lhe inovações ou melhorias.

Assim, os modelos a serem adotados poderão ser os seguintes:

## Modelo de engenharia

O modelo de engenharia é construído para provar que o conceito do objeto espacial ou do instrumento funciona e pode desempenhar, no espaço, as funções para as quais foi planejado.

Esse modelo é, geralmente, construído a partir de partes e materiais equivalentes àqueles qualificados para aplicação espacial, não necessariamente precisa ser parecido com o objeto espacial ou instrumento acabado e usará componentes diferentes, mas deverá funcionar como se tal fosse e então demonstrar que as soluções de engenharia foram acertadas.

Esse modelo deverá também ser capaz de demonstrar ser tolerante a falhas (confiável) e servir para validar as instalações e os processos de testes e outros.

FIGURA 12
Modelo de engenharia de parte do telescópio espacial James Webb

Fonte: Depositphotos.

Na foto indicada na nota 106, um detector infravermelho, com bomba de refrigeração associada em preparação para testes.[106] Vê-se que a janela de entrada do detector é protegida pelo dedo de uma luva de laboratório!

Esse é um modelo de engenharia em fase de testes em laboratório da ESA em projeto conjunto com a Roscosmos.

[106] Disponível em: <http://mars.aeronomie.be/multimedia/images/webstory/detector.jpg#>. Acesso em: 15 mar. 2014.

## Modelo mecânico (estrutural e térmico)

Esse modelo deverá ter todas as propriedades mecânicas e térmicas do objeto espacial ou instrumento projetado, sendo construído e integrado sobre uma plataforma dedicada. Os ensaios desse modelo devem permitir comprovar o comportamento da estrutura em condições próximas à real, de modo que o objeto espacial, instrumento (especialmente suas partes eletrônicas) ou experimento embarcado irá resistir aos esforços mecânicos e térmicos a que será submetido ao longo de sua vida útil, especialmente os esforços do lançamento.

O modelo térmico é construído com as características térmicas do modelo de voo e é submetido a testes de ciclo térmico em câmara de termovácuo, além de testes estáticos e dinâmicos (vibração e acústico).

O objetivo é verificar se todos os equipamentos e subsistemas suportarão as diferenças de temperatura durante a operação em órbita. O teste na câmara de termovácuo define se o satélite tem capacidade para sobreviver aos rigores do espaço, quando lados opostos do satélite, quando no espaço, podem se tornar muito quentes e muito frios, simultaneamente.

Conforme explicado na página[107] da ESA, "O controle térmico é uma preocupação crítica do projeto. [...] É por isso que algumas das superfícies de Galileu são cobertas com espelhos refletores, enquanto outras estão envoltas em isolamento multicamada preto".

## Modelo elétrico

Após a verificação criteriosa, em nível de subsistemas, são feitos a integração e os testes do modelo elétrico do satélite, que têm por objetivo verificar seus requisitos funcionais, o desempenho e a compatibilidade eletromagnética do satélite como um todo. Um modelo radioelétrico, com as características radioelétricas (antenas, formas, superfícies), é construído e testado para se verificarem diagramas de radiação e interferências em RF.

As partes e peças utilizadas nessa construção devem constituir versões comerciais dos componentes qualificados para aplicação espacial pretendida para o projeto final.

---

[107] Disponível em: <www.esa.int/Our_Activities/Navigation/ESA_s_new_breed_of_Galileo_endures_weeks_of_simulated_space#>. Acesso em: 20 mar. 2014.

## Modelo de qualificação

Esse modelo deverá representar completamente o objeto espacial ou o instrumento final pretendido para voo. Os componentes eletrônicos a serem utilizados deverão ser do mesmo tipo e especificação dos modelos de voo, projetados para "*sobreviver*" ao lançamento e ao ambiente espacial, especialmente.

FIGURA 13
Cápsula Orion

Fonte: Depositphotos.

Esse modelo será submetido a exaustivos ensaios ambientais de qualificação, até o limite das condições ambientais operacionais e não operacionais, seja de vibração e temperatura, com níveis superiores aos previstos para o modelo de voo.

O modelo de qualificação também será submetido a testes de compatibilidade eletromagnética, para assegurar-se de que a emissão de frequência de rádio e sua suscetibilidade a energia eletromagnética estão conforme níveis especificados.

### Modelo de voo

O modelo de voo deverá ser construído a partir de processos, materiais e peças qualificadas durante a fase de qualificação. Será testado rigorosamente em condições ambientais até o nível de aceitação, que é maior que o especificado para as condições operacionais, mas não tão alto quanto os níveis utilizados para a qualificação do modelo, já que deve ser construído tomando-se como base os mesmos processos, ferramental e sequência de operações utilizadas na fabricação do modelo de qualificação, o que, por similaridade, poder-se-ia inferir que o modelo de voo suportará todas as rigorosas condições ambientais às quais o modelo de qualificação foi submetido.

### Modelo de reserva

Claro que a agência espacial não tem a obrigação (nem os recursos financeiros) para construir sempre um modelo de reserva completo, mas é possível que possa lançar mão de modelos de reserva de instrumentos, que possam representar, em todos os sentidos, o instrumento de voo e que possam ser utilizados para qualquer simulação de uma operação em voo ou até para repor, rapidamente, uma unidade que deve ser construída no caso de um acidente na hora ou durante o lançamento.

## CONFIABILIDADE E GARANTIA DA QUALIDADE

> Trocava toda minha tecnologia
> por uma tarde com Sócrates.
> STEVE JOBS

A área de garantia da qualidade[108] em um projeto espacial é uma das mais complexas, pois qualquer projeto espacial, especialmente aqueles nos quais é utilizada propulsão à base de energia nuclear e aqueles em que há tripulação

[108] Segundo definição do PMBOK, a garantia da qualidade consiste de todas as atividades planejadas e sistemáticas que são implantadas dentro do sistema da qualidade buscando assegurar que o projeto irá satisfazer os padrões relevantes da qualidade. Deve ser realizada durante todas as fases do projeto.

humana, requer um nível de confiabilidade[109] altíssimo, pois não há espaço para incertezas em nenhuma fase do projeto.

Para tanto, os sistemas, subsistemas e partes devem ser exaustivamente testados, para confirmação de seu desempenho técnico, o que poderá garantir que, no espaço e em condições extremas, eles conseguirão "sobreviver" e cumprir a missão proposta.

Segundo Elbert Macau,[110] do Laboratório de Integração e Testes do Inpe:

> Um satélite (ou outro objeto espacial), durante sua vida útil ou utilização em missões espaciais, é submetido a condições ambientais extremas, podendo no lançamento ser submetido a níveis de aceleração que podem chegar a 20 g (aceleração da gravidade) e, na separação entre estágios do veículo lançador, fica o objeto espacial sujeito a choques que podem induzir vibrações equivalentes a 6.000 vezes g. [Macau, 1999]

Ainda segundo Elbert Macau:

> Durante a operação em órbita, o satélite está exposto a um ambiente de vácuo e sujeito a variações extremas de temperatura ao longo de sua órbita, que podem variar entre -100 a + 180°C. [...]. A estrutura deve ser capaz de resistir aos esforços dinâmicos; os sistemas de controle de temperatura precisam manter cada subsistema dentro da faixa de temperatura que permita seu adequado funcionamento; cada subsistema deve ser propriamente testado, de forma que seja mínima a possibilidade de apresentar falha; o sistema deve funcionar harmoniosamente, de forma a cumprir sua missão ao longo de anos! [Macau, 1999]

Segundo o documento da Nasa-HDBK-7005, Dinamic Environmental Criteria,[111] o quadro 1 indica as cargas dinâmicas a que são submetidos os artefatos espaciais durante o lançamento e durante a sua operação normal.

---

109 Conforme definido pelo PMBOK, confiabilidade é a probabilidade de um produto realizar sua função pretendida sob condições específicas por um determinado período de tempo.

110 Albert Einstein Nehrer Macau possui graduação (1984), mestrado (1989) e doutorado (1993) em engenharia eletrônica, subárea sistemas em controle, todos obtidos no ITA. Fez o pós-doutorado junto ao Chaos Group da Universidade de Maryland, em College Park, sob a supervisão dos professores Celso Grebogi, Ed Ott e James Yorke. Atualmente é pesquisador titular do Inpe.

111 Disponível em: <file:///C:/Users/Bernardino/Downloads/7005.pdf>. Acesso em: 26 maio 2014.

QUADRO 1
Cargas Dinâmicas aplicadas a artefatos espaciais

| Tipo de Carga Dinâmica | Fonte da Carga Dinâmica |
|---|---|
| Cargas transientes ou de choque (duração menor que 1 segundo) | Cargas sísmicas<br>Sobrepressão devido à ignição<br>Decolagem do veículo lançador<br>Transientes de empuxo do motor<br>Cargas vetoriais de empuxo<br>Processo de separação de estágios e outros<br>Eventos pirotécnicos<br>Transientes por penetração de raios cósmicos<br>Impacto de meteoritos |
| Cargas acústicas ou de vibração de curta duração (de uns poucos segundos a alguns poucos minutos) | Vento durante a ascensão<br>Ruído provocado pela ignição do motor<br>Ruído provocado pela estrutura<br>Ruído da aerodinâmica<br>Ressonância de queima do motor<br>Solavancos<br>Combustível fluindo dos tanques<br>Cargas induzidas por operações normais<br>Descidas e entradas em ambientes planetários |
| Cargas acústicas ou de vibração de curta duração (mais que 1 hora) | Durante o transporte em geral<br>Ventos na plataforma de lançamento<br>Operações de equipamentos a bordo. |

Fonte: Nasa-HDBK-7005.

Na introdução do documento anteriormente citado, é dito que a década de 1960 (Era Apollo) foi o período em que ocorreram pesquisas e desenvolvimento na área aeroespacial de "baciada" (*watershed*), o que permitiu avanços significativos nos campos de dinâmica estrutural e acústica, tudo devidamente documentado. Desde então, muitas melhorias e inovações foram adicionadas a essas tecnologias, como:

- Melhoria das técnicas de modelamento pelo método de elemento finito (FEM);
- Extensão das técnicas de FEM para frequências mais altas;
- Melhoria do método de análise de carga dinâmica;
- Métodos mais realísticos de representar amortecimento estrutural;
- Melhoria de métodos por comparação de resultados de análises dinâmicas e dados de voo;
- Extensão da análise estatística de energia estática (SEA) para condições transientes;

- Melhoria na estimativa de SEA com conexão a fatores de perda;
- Aplicação do método de análise numérica (BEM) para análises acústicas;
- Desenvolvimento de fatores para análise de cavidade acústica;
- Acesso rápido a bancos de dados dinâmicos computadorizados;
- Aumento do uso da aquisição de dados digitais e sistemas de análise;
- Melhor conhecimento de problemas de medidas dinâmicas;
- Melhoria de projetos de transdutores e sistemas de aquisição de dados para faixas de frequências mais largas;
- Melhoria do conhecimento de problemas relativos a medida de choque pirotécnico;
- Desenvolvimento de técnicas de análise de dados aleatórios não estacionários;
- Melhoria dos métodos de avaliação de dados estatísticos;
- Maiores aplicações de análises de multicanais;
- Melhoria das técnicas de processamento de dados e testes modais;
- Melhoria de sistemas de controle de testes de vibração e acústica;
- Utilização de limitação de força em teste de vibração;
- Simulações mais realísticas de cargas transientes.

Para assegurar que os artefatos espaciais (espaçonave e veículos de lançamento), incluindo seus sistemas e subsistemas, sobreviverão a todos os esforços dinâmicos durante a decolagem e operação no espaço, além de todas as simulações feitas em computadores, diversos ensaios físicos são exaustivamente realizados nos modelos de qualificação e nos modelos de voo.

Segundo posicionamento do *Space mission engineering*, no capítulo 23 (23.3. Spacecraft manufaturing, integration and test), "todas as Operações a serem desempenhadas na espaçonave durante as fases de integração e testes devem ser planejadas e executadas sob o controle e a vigilância de pessoal da área da Qualidade" (Lee, 2011:717).

Portanto, deve-se ter um sistema de gestão e de garantia da qualidade como um setor dos mais qualificados, tanto em termos de pessoal técnico quanto em termos de instalações e equipamentos de ensaios, para que o processo de verificação[112] possa ser implementado em todas as fases de desenvolvimento de um

[112] Verificação, segundo a ISO 9000, é a comprovação, por meio de evidências objetivas, de que os requisitos especificados (documentados) foram atendidos.

produto espacial e garantir o atingimento do mais alto grau de confiabilidade para o projeto espacial e para o item que foi validado[113] mediante o processo de verificação, de modo que a missão alcance sucesso.

Segundo o Padrão ECSS-E-ST-10-02C,[114] Space Engineering: Verification, "de um modo geral o objetivo da Verificação é demonstrar, por meio de um processo dedicado, que o produto entregue está conforme os requisitos estabelecidos".

E são citados no referido padrão os objetivos do processo de verificação:

a. Demonstrar a qualificação do *design* e seu desempenho, por meio da satisfação dos requisitos documentados aos níveis especificados;
b. Assegurar que o produto está de acordo com o *design* qualificado, que está livre de defeitos de fabricação e está aceitável para uso;
c. Confirmar a integridade do produto e o desempenho do mesmo em marcos particulares do ciclo de vida do produto (exemplos: lançamento, comissionamento, eventos da missão e aterrissagem);
d. Confirmar que o sistema em geral (incluindo ferramentas, procedimentos e recursos) está apto a atender plenamente aos requisitos da missão.

Outro Padrão da ECSS[115] utilizado nessa etapa de verificação do projeto espacial, não só por agências europeias, mas muitas outras mundo afora, inclusive pelo Brasil, é o ECSS-E-10-03C (Space Engineering Testing), que apresenta os requisitos geralmente aplicáveis para os testes ambientais de sistemas espaciais e seus constituintes, em todos os projetos espaciais. Esse Padrão aborda diferentes estágios de testes dos produtos espaciais, desde o de qualificação, aceitação, pré-lançamento, em órbita até pós-aterrissagem, embora não defina critérios de aceitação, especificação ou procedimento para algum projeto específico.

No caso de Software, isso é tratado no Padrão ECSS-E-SR-40C (Space Engineering Software), que complementa o Padrão ECSS-E-ST-10C (Space En-

---

[113] A validação de um produto consiste em confirmar que ele, conforme fabricado, poderá suportar a missão.

[114] Disponível em: <www.ecss.nl/forums/ecss/dispatch.cgi/standards/showFile/100734/d20090309100920/ No/ECSS-E-ST-10-02C(6March2009).pdf>. Acesso em: 11 jun. 2014.

[115] European Cooperation on Space Standardization.

gineering: System Engineering General Requirements),[116] naquilo que diz respeito a Software.

O DoD trabalha com o manual MIL-HDBK-340[117] para a realização do processo de verificação, estando esse dividido em duas partes:

a. Volume 1: Test Requirements for Launch, upper-stage and space vehicles: Baselines; e
b. Volume 2: Test Requirements for Launch, Upper-stage, and Space Vehicles: Applications Guidelines.

O volume I estabelece *baselines* para testes ambientais de segmentos de terra para veículos de lançamento de alta prioridade e estágios superiores de veículos, veículos espaciais e para seus subsistemas e unidades, além de um conjunto de definições dos termos utilizados no manual. O volume II apresenta informações técnicas adicionais às *baselines* de requisitos contidas no volume I, para satisfazer as exigências de programas particulares.

Outro bom manual utilizado para os processos de verificação, neste caso, desenvolvido especialmente para a Estação Espacial Internacional, é o SSP 41172[118] (Qualification and Acceptance Environmental Test Requirements), elaborado pela Nasa, Agência Espacial Canadense (CSA) e Agência Espacial da Itália (ISA).

Entre muitos outros padrões empregados nos processos de verificação da Nasa, cita-se o GSFC-STD-7000[119] (General Environmental Verification Standard — Gevs — for GSFC Flight Programs and Projects), que tem como objetivo principal:

> Apresentar as exigências e diretrizes para os programas de verificação ambiental de cargas úteis, subsistema e componentes e descrever os métodos para se implementar essas exigências. Contém ainda uma *baseline* para demonstrar, por teste ou análise de desempenho do hardware, em ambiente a ser esperado para a missão, se foram satisfeitos os requisitos mínimos de fabricação.

---

[116] Disponível em: <www.inpe.br/twiki/pub/Main/GerenciamentoProjetosEspaciais/ECSS-E-ST-10C(6March2009).pdf>. Acesso em: 13 jun. 2014.

[117] Disponível em: <http://snebulos.mit.edu/projects/reference/MIL-STD/MIL-HDBK-340-1.pdf>. Acesso em: 14 jun. 2014.

[118] Disponível em: <http://mmptdpublic.jsc.NASA.gov/mswg/Documents/SSP%2041172%20Rev%20U.pdf>. Acesso em: 14 jun. 2014.

[119] Disponível em: <file:///C:/Users/Bernardino/Downloads/GSFC-STD-7000A%20(1).pdf>. Acesso em: 14 jun. 2014.

Para a verificação de um item espacial, os seguintes métodos são utilizados:

Demonstração: consiste de uma prova qualitativa demonstrativa de que o item está conforme foi especificado, não requerendo, obrigatoriamente, o uso de equipamentos de teste, mas a observação. Esse é um método adequado para verificação de itens que exigem um local específico para demonstração ou a participação de pessoas.

Inspeção: consiste na confirmação física (medição) das características encontradas no item fabricado em comparação com a documentação do projeto. Também são consideradas inspeções os testes e checagens realizados durante a fase de manufatura do item. A inspeção, portanto, utiliza-se de métodos e padrões de medição para assegurar que características físicas (por exemplo: dimensionais, rugosidade, alinhamento) e funcionais (por exemplo: funcionamento de mecanismos) estejam conforme requisitos documentados.

Análise: consiste na avaliação lógica ou matemática de dados com a utilização de modelos apropriados e validados, simulação computacional e outros para se chegar a conclusões que não poderiam ser obtidas por medição. Inclui-se nessa categoria de verificação a similaridade, que tem por fim evidenciar que um produto já qualificado possa ser replicado em modelo de voo, por um processo idêntico de construção.

Teste: consiste de uma prova quantitativa de desempenho (testes ambientais) e funcionamento (testes funcionais), obtida por meio de uma resposta a um determinado estímulo, em condições controladas e próximas às quais o item irá operar no espaço. Esse é o método considerado preferencial e deve ser realizado sempre que técnicas analíticas não produzirem resultados ou também quando se tratar de um novo projeto ou aplicação para o item, uma nova tecnologia ou quando um possível defeito só puder ser descoberto por meio de teste.

Os testes podem ser classificados como: testes ambientais, testes funcionais e testes de levantamento de propriedades físicas, estando, a seguir, listados alguns dos testes mais usuais na área espacial e que são imprescindíveis para o teste de espaçonaves, instrumentos científicos ou outros componentes. No caso do Inpe e para testes de satélites ele utiliza a seguinte sequência de testes:

FIGURA 14
Fluxo de testes ambientais para satélites brasileiros

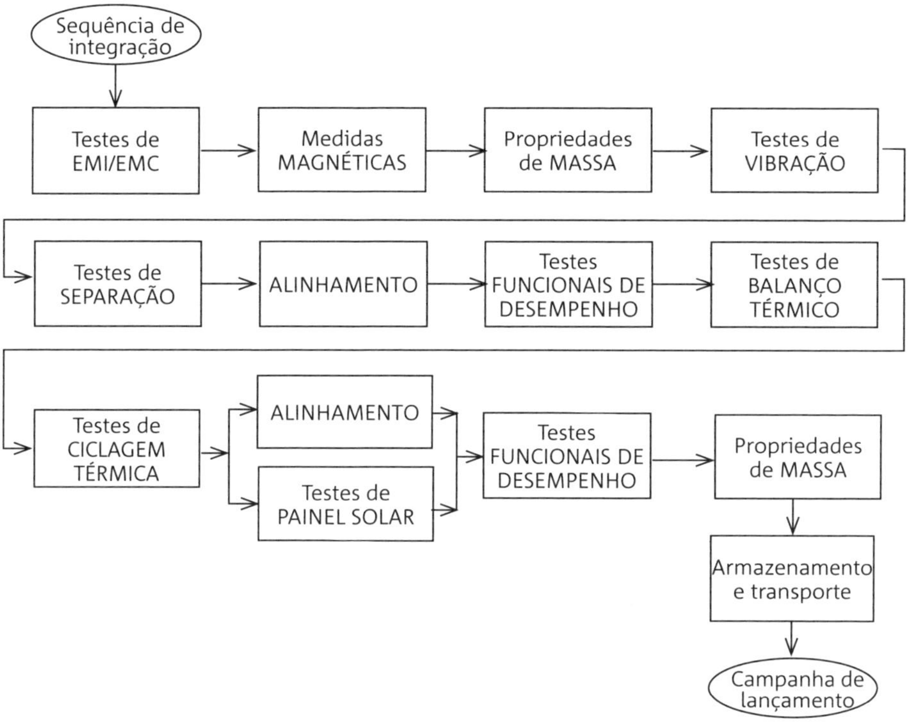


Fonte: Inpe/LIT.

Segundo o Inpe,[120] a aplicação dessa bateria de testes e a sequência apresentada é padrão para os ensaios ambientais realizados para satélites:

> O objetivo dos testes ambientais é expor, não somente o satélite, bem como todos os seus subsistemas e unidades, às mesmas condições ambientais que lhes serão exigidas desde o instante do seu lançamento até o término de sua vida útil em órbita. Os ensaios são encadeados de forma a otimizar a execução das operações, a minimizar os riscos impingidos ao satélite, a aumentar garantia de que o satélite foi montado e integrado corretamente, e a certificar que todo o satélite está funcionando tal como especificado.

[120] Disponível em: <www.lit.inpe.br/node/156n>. Acesso em: 11 jun. 2014.

A Nasa,[121] por exemplo, assinou (6/2014) contrato no valor de 4,5 milhões de dólares com a Virgin Galactic para mandar cargas úteis tecnológicas em três voos científicos da SpaceShipTwo, incluindo experimentos próprios e de instituições acadêmicas e de pesquisas.

A finalidade dos testes ambientais aplicados a espaçonaves montadas e sistemas/subsistemas espaciais é comprovar que os mesmos estão aptos a enfrentar o rigor do lançamento e as condições ambientais a que estarão submetidos durante o tempo de operação no espaço, que vai da sua implantação até o fim de sua vida útil.

De modo geral, o conjunto de ensaios mais empregado no processo de qualificação de um sistema especial é o indicado a seguir, devendo ser planejada a bateria de ensaios apropriada para cada tipo de sistema, subsistema, produto ou peça.

## Ensaios ambientais

a. Ensaio de termovácuo;
b. Ensaio de ciclagem térmica;
c. Ensaio criogênico;
d. Ensaio de umidade;
e. Ensaio de radiação (ultravioleta, partícula ionizante);
f. Ensaio de corona e descarga elétrica;
g. Ensaio de campo magnético;
h. Ensaio de *spin*;
i. Ensaio de vibração senoidal e aleatória;
j. Ensaio de microvibração;
k. Ensaio de acústica/vibro-acústica;
l. Ensaio de choque térmico;
m. Ensaio de choque mecânico;
n. Ensaio de aceleração;
o. Ensaios de pressão (vazamento, prova de pressão, ruptura);
p. Ensaio de aceleração de vida útil (*burn-in*);
q. Ensaio de radiofrequência;
r. Ensaio de EMI/EMC.

[121] Disponível em: <www.NASA.gov/ames/NASA-virgin-galactic-announce-payloads-for-spaceshiptwo-flight/#.U5DucPldWS>. Acesso em: 7 jun. 2014.

## Testes funcionais

a. Metrologia elétrica, tempo e frequência;
b. Testes de software;
c. Abertura de apêndices e paraquedas;
d. Testes de sistemas eletroeletrônicos;
e. Ensaio de motores foguetes;
f. Testes de carga estática;
g. Ensaio de propulsores e propelentes;
h. Ensaios hidráulicos e mecânicos.

## Testes de levantamento de propriedades físicas

a. Medidas de propriedades de massa (massa, centro de gravidade, momento de inércia);
b. Testes de balanceamento dinâmico;
c. Testes de alinhamento;
d. Ensaios óticos.

## Missões análogas e testes de campo

Nem sempre os testes se resumem ao ambiente laboratorial e podem se estender à criação de missões análogas, as quais tentam simular com realismo situações a serem enfrentadas no espaço, como os testes em Terra dos veículos (Rover) espaciais sobre rodas, que são testados em locais onde o terreno tem muita semelhança com o do local onde vai operar.

Para ilustrar, a Nasa planeja mandar um Rover (Artemis Jr.) para a Lua, em 2018, para extrair água, hidrogênio e oxigênio do solo, segundo publicação da revista digital *Wired*, em sua edição de 2 de fevereiro de 2014.[122]

Segundo o artigo, nesta missão conjunta da Nasa e CSA (Agência Espacial do Canadá, fabricante do Rover e perfuratriz) chamada de Regolith and Environment Science and Oxygen & Lunar Volatile Extraction (Resolve), o Rover

[122] Disponível em: <www.wired.co.uk/news/archive/2014-02/02/terraforming>. Acesso em: 14 abr. 2014.

irá coletar a poeira lunar (regolito) e aquecê-la, para que haja a liberação de vapor de água, hidrogênio e oxigênio.

Outro exemplo foi a Missão Mars 500,[123] quando um grupo de seis astronautas ficou confinado 501 dias em ambiente que simulou uma viagem espacial ao Planeta Marte e a testes de campo, como os realizados com veículos tipo Rover em terrenos que se parecem muito com o encontrado na Lua ou em Marte.

Outro exemplo são os testes de campo que a Nasa realiza em equipamentos que pretende utilizar em seu retorno à Lua. A imagem a seguir, feita em 2008,[124] na Antártica, demonstra os testes de campo realizados com um hábitat inflável. Esse hábitat foi testado durante 13 meses e o objetivo era verificar o comportamento de sua estrutura, consumo de energia, tolerância a danos, facilidades de montagem, empacotamento e transporte por astronautas.

FIGURA 15
Hábitat inflável em teste na Antártica

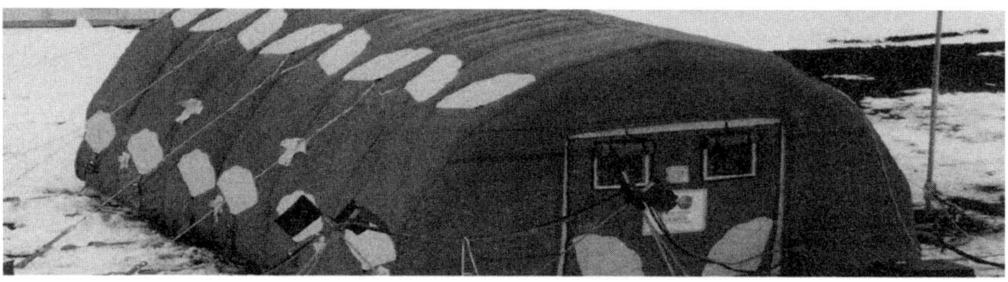

Fonte: Nasa.

Prática usual também é "pegar carona" em missões para fora da órbita terrestre para testar novas tecnologias a serem empregadas em missões futuras, como a Exomars, que testará diversas dessas tecnologias, como cita a Roscosmos em projeto conjunto com a ESA:[125]

---

[123] No período de 3 de junho de 2011 a 4 de novembro de 2012, seis pessoas ficaram confinadas em instalações que simularam, em quase tudo, o ambiente que elas teriam em uma missão ao Planeta Marte. A equipe foi formada por três russos (dois médicos e um engenheiro), um astronauta chinês e dois engenheiros da ESA, um francês e um italiano. Essa jornada científica foi chamada de Mars 500, em alusão aos 500 dias necessários para ir e voltar de Marte. Disponível em: <www.estadao.com.br/noticias/vidae,equipe-de-missao-simulada-a-marte-volta-a-terra-nesta-sexta-feira,794475,0.htm>. Acesso em: 24 abr. 2014.

[124] Disponível em: <www.NASA.gov/exploration/analogs/about.html>. Acesso em: 6 jun. 2014.

[125] Disponível em: <www.diariodarussia.com.br/tecnologia/noticias/2014/06/09/russia-vai-cooperar-com-agencia-espacial-europeia-na-exploracao-de-marte/>. Acesso em: 16 jun. 2014.

A Rússia irá cooperar com a Agência Espacial Europeia (ESA) em sua missão Boomerang para obter amostras da maior lua marciana, Fobos, em 2020. A informação é do chefe da empresa aeroespacial Lavochkin, Viktor Khartov. Segundo ele, "no momento, o país está trabalhando na obtenção de uma posição conjunta com o continente após o programa ExoMars".

## QUALIFICAÇÃO DE COMPONENTES PARA USO ESPACIAL

A ciência de hoje é a tecnologia de amanhã.

EDWARD TELLER

O espaço, conforme dito pela pesquisadora do Inpe Maria Cristina F. S. Giaccom Ribeiro,[126] é um local por demais agressivo; para qualquer componente eletroeletrônico sobreviver nesse ambiente é preciso que ele possua características físicas que permitam resistir a "condições severas, como: alto vácuo do espaço, a temperaturas extremas, perturbações dinâmicas, radiação de natureza nuclear, corrosão, desgaste mecânico e degradação química".

Ter componentes qualificados para aplicação em seus projetos espaciais costuma ser um grande problema para agências espaciais, notadamente aquelas fora do círculo das grandes potências tecnológicas, como o Brasil, que vem sofrendo com restrições impostas, principalmente, pelos Estados Unidos.

O grande obstáculo imposto ao fornecimento de componentes eletrônicos para o desenvolvimento de sistemas e subsistemas aplicáveis ao Programa Espacial Brasileiro vem dos Estados Unidos, que se valem do International Traffic in Arms Regulations (Itar) para restringir a venda desses componentes eletrônicos ao Brasil, que eles consideram sensíveis e que poderiam ser utilizados em projetos militares ou ter sua tecnologia transferida a outros países parceiros do Brasil, como a China, com a qual o Brasil desenvolve a família CBERS de satélites.

Então, o negócio é partir para qualificar componentes comerciais, desenvolver tecnologia interna para fabricação de itens espaciais, desenvolver e qualificar fornecedores internos e firmar parcerias com países que possam fornecer tais componentes. Mas tudo isso tem um longo caminho e altos custos, pois

---

[126] Disponível em: <www.inpe.br/twiki/pub/Main/.../P9_Componentes_Cristina.pdf>. Acesso em: 8 jun. 2014.

tecnologia não se desenvolve do dia para a noite e ninguém vende tecnologia de ponta. Outro grande problema é o baixo volume de projetos espaciais do Brasil, o que inibe investimentos em pesquisa e desenvolvimento de componentes espaciais.

Uma das opções que se tem é o que se chama no meio de *upscreening,* que é a utilização de componentes comerciais, ditos "de prateleira", ou também conhecidos no meio como Commercial Off The Shelf (Cots), fazer uma seleção dos mesmos por meio da aplicação de testes adicionais (destrutivos e não destrutivos) e, com isso, ter-se uma maior confiabilidade na sua utilização em sistemas espaciais. Mas isso só é aplicável em projetos menos críticos, pois o risco de haver falha ainda será relevante.

A qualificação de componentes espaciais é um caminho árduo e não poderia ser diferente, visto a grande exigência no meio operante. Algumas normas orientam o trabalho de qualificação e, entre elas, citam-se as mais utilizadas:

1. Normas militares americanas (MIL)

a. MIL-STD-202, Electronic and Electrical Component Parts Test Methods for;
b. MIL-STD-750, Test Methods Standard Semiconductor Device;
c. MIL-STD-883, Microcircuits Test Methods for;
d. MIL-STD-1580, Destructive Physical Analysis for EEE Parts.

2. Normas da International Electrotechnical Commission (IEC)

a. IEC 60068-2-1 (Environmental Testing)
b. IEC 60068-1 (Environmental Testing — Part 1: General and Guidance)
c. IEC 60068-2-14 (Basic Environmental Test Procedures — Part 2-14: Tests — Test N: Change of Temperature)
d. IEC 60068-3-1 (Environmental Testing — Part 3: Background Information — Section One: Cold and Dry Heat Tests)
e. IEC 60068-3-5 (Environmental testing — Part 3-5: Supporting documentation and guidance – Confirmation of the performance of temperature chambers)
f. IEC 60068-3-7 (Environmental testing — Part 3-7: Supporting documentation and guidance — Measurements in temperature chambers for tests A and B (with load)
g. IEC 60068-5-2 (Environmental testing — Part 5-2: Guide to drafting of test methods — Terms and definitions)
h. IEC 60721 (all parts): Classification of environmental conditions

3. Normas IPC (Association Connecting Electronics Industries)
a. IPC A-610E (Acceptability of Electronic Assemblies)
b. IPC/EIA J-STD 001 D (Requirements for Soldered Electrical & Electronic Assemblies)
c. IPC 7711 (Rework of Electronic Assemblies)
d. IPC 7721 (Repair and Modification of Printed Boards and Electronic Assemblies)
e. IPC A-600G (Acceptability of Printed Boards)
f. IPC A-620 (Requirements and Acceptance for Cable and Wire Harness Assemblies)

4. Normas American Society for Tests and Materials (ASTM)
a. ASTM F 744 (Standard Test Method for Measuring Dose Rate Threshold for Upset of Digital Integrated Circuits)
b. ASTM F 1263 (Standard Guide for Analysis of Over test Data in Radiation Testing of Electronic Parts)
c. ASTM F 1892 (Standard Guide for Ionizing Radiation (Total Dose) Effects Testing of Semiconductor Devices)

De acordo com as normas citadas, de um modo geral, os seguintes testes são realizados na fase de qualificação de componentes espaciais:

1. Análise de falhas de componentes
a. Inspeção visual e mecânica (interna e externa) com microscópio óptico
b. Inspeção por microscopia eletrônica de varredura
c. Análise de composição de materiais não orgânicos
d. Inspeção radiográfica (Raio X)
e. Soldabilidade[127]
   - Teste de soldabilidade de terminais
   - Testes de resistência mecânica (tração, torção) de terminais
   - Teste de cisalhamento da pastilha
   - Teste de detecção de partículas internas em encapsulamentos
   - Inspeção de hermeticidade de encapsulamento
f. Verificação de dimensões físicas
g. Resistência a chama/explosão

2. Testes elétricos
a. Resistência de isolação

---

127 Metodologia do Inpe. Disponível em: <www.lit.inpe.br/afc>. Acesso em: 16 jun. 2014.

b. Resistência elétrica DC
c. Capacitância
d. Indutância
e. Ruptura do dielétrico
f. Característica de resistência-temperatura
g. Fator de qualidade (Q)
h. Resistência de contato
i. Testes funcionais em circuitos integrados digitais e lineares
j. Medidas paramétricas DC em semicondutores

3. Testes ambientais ou mecânicos
Ciclagem térmica (alta e baixa temperatura)
a. Aceleração
b. Choque térmico
c. Choque mecânico
d. Vibração senoidal
e. Vibração aleatória
f. Resistência a solventes
g. Névoa salina (spray/corrosão)
h. Corrosão (ambiente salino)
i. Resistência à alta temperatura
j. Resistência à umidade
k. Envelhecimento acelerado

## FILOSOFIA DE REVISÕES

A única coisa que está acima dos seus projetos
é a sua capacidade de realizá-los!
LENA CASAS NOVAS

Tudo começou no Projeto Apollo, no ano de 1965, quando a Nasa se viu impelida a adotar medidas de controle em relação às mudanças de configuração que eram feitas sem um nível adequado de autorização e à fabricação de itens com numerosas deficiências, incluindo problemas de engenharia, não gerenciamento da configuração pelos fornecedores, requisitos e procedimentos de testes não controlados, falta de documentação, falhas de identificação.

FIGURA 16
Processo de revisões utilizado para garantir o sucesso do Projeto Apollo

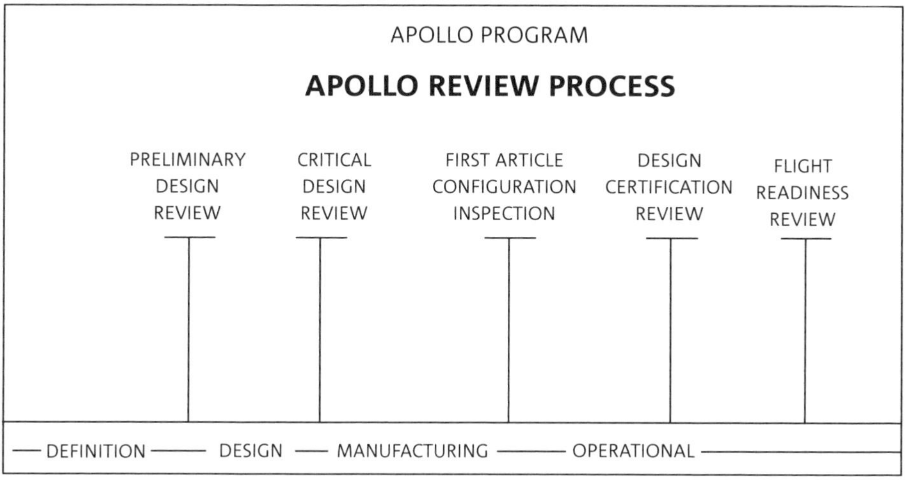


Fonte: MIT/Cambridge apud Johnson (2008).

Na época (figura 16), eram apenas cinco revisões, mas hoje o sistema de revisões é muitas vezes mais robusto e comporta o total de 19 tipos de revisões ao longo do ciclo de vida da execução do projeto, fora outras 16 revisões que ocorrem durante a fase de formulação da missão, que antecede a Pré-Fase A.

Cada fase do ciclo de vida do programa ou projeto é finalizada com a realização de uma ou mais reuniões de revisão para que, se confirmada a execução plena da fase ou das atividades predecessoras de uma nova fase, o time receba autorização para que o projeto ou programa passe à fase seguinte, definida pelo seu ciclo de vida.

Essa é uma ferramenta de fundamental importância para que se possa gerenciar, monitorar o progresso e mitigar os riscos durante o desenvolvimento de um programa ou projeto espacial, assegurando que ele está sendo desenvolvido conforme planejado e também para aprovar a passagem de uma fase a outra.

As revisões deverão ser realizadas ao final de cada fase do ciclo de vida do programa ou projeto, sendo o marco para uma nova fase, se os trabalhos até então desenvolvidos forem aprovados. Então, essas reuniões de revisões têm caráter decisório, nas quais o programa ou o projeto é avaliado sob o ponto de vista técnico e em relação aos compromissos assumidos em termos de prazos, custos e desempenho.

As revisões, internas ou externas ao programa/projeto (independentes), conduzidas durante o ciclo de vida são definidas previamente (*baseline*). As revisões internas são reuniões decisórias, quando se tem a oportunidade de se aprimorar os planos dos programas/projetos, avaliar seu desempenho técnico e seus compromissos programáticos.

Essas reuniões avaliam, em relação ao previsto, as principais métricas de desempenho técnico e programático do programa/projeto, assim como é avaliada a implantação do projeto e dos diversos planos.

Um plano de revisão de projeto deve identificar a quais revisões o projeto será submetido e deve estabelecer os recursos para a implantação dessas revisões. Podem ser usadas revisões similares ao longo do ciclo de vida do projeto e em todos os níveis, se isso for identificado como benéfico ao desempenho do projeto.

As revisões internas[128] são conduzidas para estabelecer a *baseline* do programa/projeto e para assegurar que os planos de gerenciamento estão sendo desenvolvidos de modo a cumprir de forma integrada os parâmetros estabelecidos para o gerenciamento dos custos, prazos e parâmetros técnicos do programa ou projeto, na fase avaliada do ciclo de vida, devendo abranger o atendimento a subsistemas específicos, módulos e outros níveis solicitados.

As reuniões de revisões independentes são feitas de modo direto, com a maior parte do tempo sendo dedicada a apresentações, do time do projeto ao time de revisão, de todas as informações necessárias (técnicas, custo, *baseline* de prazo, *status* dos riscos e planos futuros), ficando o coordenador do time de revisão com a função de mediar as discussões acerca do assunto abordado e tornar a reunião mais produtiva, não dando margem para discussões infrutíferas, que sempre estão sujeitas a ocorrer num ambiente de reunião.

---

[128] Das revisões internas podem participar, como observadores, membros do Comitê Permanente de Revisões Independentes.

FIGURA 17
Reunião de revisão final do projeto CBERS-3, realizada na China

Fonte: Inpe. Licença Creative Commons.

O papel desempenhado pela equipe de revisão do programa ou projeto é proporcionar um julgamento do projeto ou programa relativo à sua adequação técnica (checagem do *status* dos planos do programa ou projeto, ou seja, o progresso em relação à linha de base de gerenciamento) e programática (custo, prazo, risco).

Os principais objetivos das reuniões de revisões são:

a. Alinhar os resultados do programa ou projeto às metas e objetivos da agência espacial em questão e adequar os requisitos, se for necessário;
b. Adequar conceitos técnicos para que o programa/projeto tenha sucesso;
c. Adequar de forma integrada os custos e as estimativas de prazos;
d. Adequar os custos estimados (total e por ano fiscal) em relação ao orçamento;
e. Adequar os recursos, se o custo estiver diferente de orçamento;
f. Adequar o gerenciamento de riscos, identificando e mitigando os riscos;
g. Adequar os planos de gerenciamento.

Na Nasa, numa segunda etapa, as revisões são independentes[129] (com exceção das revisões de prontidão para voo, prontidão para lançamento, avaliação pós-lançamento de voos tripulados, revisão de segurança e sucesso da missão,

[129] A primeira experiência da Nasa na introdução das revisões independentes foi em 1993, durante o projeto HST, que seria a primeira manutenção do telescópio Hubble. Foi uma tentativa bem-sucedida em melhoria de sua imagem junto à opinião pública desde o acidente com o ônibus espacial Challenger em 1986. Depois dessa oportunidade, as revisões externas na Nasa passaram a ser uma política, documentada na Diretiva NM 7120.81.

revisão de prontidão para eventos críticos e revisão de descontinuidade da missão).

As equipes externas são formadas por especialistas em gerenciamento de projetos e de diversas áreas da engenharia, com reconhecida sintonia com as melhores práticas em sistemas espaciais e competência técnica no ramo que representam, assegurando credibilidade e objetividade das avaliações feitas em relação ao realizado, dando maior segurança à decisão de que o projeto pode passar para a fase seguinte do ciclo de vida.

Esse processo conduzido por um Comitê de Revisão Independente serve para assegurar:

s. Maior credibilidade ao programa ou projeto, que é avaliado, de forma objetiva, sobre como ele está sendo desenvolvido;
t. Que o programa ou projeto se encontra alinhado com os objetivos traçados;
u. Que o programa ou projeto está sendo desenvolvido de acordo com o planejado;
v. Que possíveis impedimentos ao sucesso do programa ou projeto estão sendo removidos.

O Comitê Permanente de Revisões Independentes da Nasa escolhe, entre seus pares, um coordenador e dele também participa um gerente de Revisão da Agência, cuja responsabilidade é apoiar a realização das revisões independentes.

Isso garante que o time de revisão receba todas as informações necessárias, que as políticas e práticas da agência e dos centros de lançamento sejam seguidas, documentar e distribuir as recomendações do Comitê e outras funções administrativas de suporte ao Comitê.

Para manter a integridade do processo de revisões independentes, é política da Nasa que:

a. Todas as pessoas selecionadas para servir no Comitê Permanente de Revisões sejam altamente qualificadas em termos de conhecimento, treinamento, *expertise* e experiência (técnica, científica ou programática) para conduzir de forma apropriada as questões colocadas para o Comitê;
b. Os membros do Comitê Permanente de Revisões estão livres de conflitos financeiros ou de outros interesses (pessoais ou organizacionais) que possam impactar seu julgamento imparcial e que possam criar

> uma vantagem competitiva injusta para alguma pessoa da organização, sendo obrigação do membro informar imediatamente qualquer mudança de circunstância que possa afetar sua condição e imparcialidade, motivada por interesses e conflitos.

Todas as pessoas selecionadas pela Nasa para servir ao Comitê Permanente de Revisões têm de assinar um Termo de Confidencialidade, pelo qual estão impedidas de utilizar informações restritas obtidas durante o curso de suas atividades no Comitê.

É essencial, para o sucesso desse programa de revisões, que os times entendam as preocupações que essas revisões apresentam e atuem no sentido de corrigir rumos (ação corretiva) e não apenas implantar cegamente as recomendações havidas, obtendo-se assim um bom entendimento sobre as percepções do time revisor, assim como atentar para possíveis melhorias e para se evitar a introdução de erro adicional.

Como exemplo, tem-se o resultado da Revisão Crítica do Modelo Elétrico do Projeto Sara (Instituto de Aeronáutica e Espaço — IAE — do Departamento de Ciência e Tecnologia da Aeronáutica — DCTA), quando o diretor da Mectron (Organização Odebrechet), engenheiro Carlos Alberto, da empresa subcontratada para esse projeto, depois de uma apresentação sobre o tema ao grupo de revisão do modelo elétrico do Sara, em 19 de março de 2010, fez a seguinte declaração sobre a qualidade do Relatório de Itens de Discrepâncias (RIDs) emitido pela Comissão de Revisão:

> "Sob este aspecto, a revisão foi um sucesso, pois os membros da comissão fizeram uma profunda avaliação das soluções apresentadas e identificaram potenciais discrepâncias que poderiam acarretar dificuldades futuras", como explica o gerente do projeto Sara, Dr. Luis Eduardo Loures.
>
> Os próximos passos no desenvolvimento das Redes Elétricas envolvem um importante ensaio de qualificação funcional. "As Redes serão agora testadas funcionalmente na mesa de mancal a ar de um eixo, situada no Laboratório de Propriedades de Massa do IAE", informa Loures.
>
> O Engenheiro do IAE esclarece ainda que, a partir dessa etapa, "o grupo poderá estudar a montagem e a integração do subsistema, além de testar as principais funcionalidades em conjunto, como o funcionamento do sistema de controle acoplado aos atuadores de gás frio". [Blog Panorama Espacial, 2010]

# FASES DE DESENVOLVIMENTO DE UM PROJETO ESPACIAL

> Não deixe seus medos rabiscarem os projetos
> conquistadores que sua ousadia arquitetou.
>
> LUIZ GUILHERME NAGEL

Basicamente, os projetos espaciais são desenvolvidos, em uma primeira etapa, com a formulação da missão e, numa segunda, com o desenvolvimento do(s) programa(s) e/ou projeto(s), em fases distintas.

A etapa de formulação, no caso da Nasa, é onde ocorrem os trabalhos iniciais que poderão dar corpo a uma futura proposta de missão espacial, sendo, portanto, uma abordagem técnica da fase pré-programa e derivada da análise de alternativas de missões.

Nessa etapa, que engloba a Pré-Fase A, a Fase A e a Fase B, são desenvolvidas atividades tais como: identificar requisitos iniciais de programa a serem alocados para eventuais projetos, iniciar a pré-formulação de futuros projetos, iniciar o desenvolvimento de estruturas organizacionais e o detalhamento de tarefas, desenvolver as estimativas iniciais de prazos e custos da missão, preparar um plano de implantação e sistema de gerenciamento proposto e, finalmente, providenciar a aprovação da documentação preliminar do programa, devendo estar alinhado com o Planejamento Estratégico da Nasa e com requisitos de alto nível.

Essa etapa de formulação é idêntica para todos os programas, envolvendo mais ou menos reuniões de revisões, dependendo da complexidade da missão. Na etapa de implantação, que se inicia na Fase B, a Nasa define o rigor com que o projeto deve ser conduzido. Se for um projeto isolado, parte de um projeto e, especialmente, um projeto que tenha bastante folga de prazo, o tratamento é simplificado e as revisões ocorrem com prazos mais espaçados.

No caso de projetos "completos" e com prazos de execução mais apertados, o tipo e o número de reuniões de revisão são maiores e com intervalos menores.

Durante a etapa de formulação, o gerente e o time do projeto devem:

a. Obter aprovação para dar início ao planejamento do projeto;

b. Preparar um Plano Preliminar do Programa, a ser submetido à aprovação, que deverá constar dos tópicos a seguir indicados, ainda em caráter preliminar:
   - Indicar as metas e objetivos específicos do programa e sua relação com as necessidades, metas e objetivos estratégicos da agência;
   - Incluir uma breve descrição da arquitetura do programa, seus componentes maiores e o meio pelo qual deverão ser integrados;
   - Fornecer uma descrição técnica sumarizada do programa, incluindo a relação dos projetos e os conceitos operacionais. Deve também ser incluída uma descrição da missão, interfaces do programa, instalações, conceitos logísticos, maiores restrições, tais como: custo do programa, veículo lançador requerido, janelas de lançamento, parceiros estrangeiros, combustível a ser utilizado, ambiente planetário para a missão;
   - Indicar o esforço tecnológico exigido, comunicação no espaço e serviços de lançamento;
   - Listar os *stakeholders* do programa (comunidades científica, tecnológica e ensino, público, *sponsor* e processos a serem utilizados para assegurar seu engajamento);
   - Elaborar planos preliminares de controle de custos, prazos e técnico, garantia da missão e de segurança, gerenciamento de riscos, aquisição, desenvolvimento de tecnologia, gerenciamento de engenharia de sistemas, revisões, operações da missão, gerenciamento do meio ambiente, gerenciamento da configuração;
c. Planejar e preparar, e apoiar a Reunião de Aquisição Estratégica;
d. Apoiar o administrador associado à missão na obtenção de aprovação de acordos entre agências e acordos internacionais, incluindo o planejamento e negociação dos acordos e recomendações de participação conjunta em revisões, integração e testes, e no gerenciamento de riscos;
e. Documentar a rastreabilidade dos requisitos do programa/projetos com as necessidades, metas e objetivos estratégicos da Nasa;
f. Iniciar desenvolvimento de tecnologias para atender múltiplos projetos do programa;
g. Planejar e conduzir as Reuniões de Revisões conforme previstas para o ciclo de vida.

Durante a fase de implantação, o gerente do projeto e o time do projeto devem:

a. Colocar em prática o plano de gerenciamento formulado e aprovado;
b. Atualizar o plano de gerenciamento de acordo com a evolução e necessidades apontadas durante as reuniões de revisões;
c. Dar o devido apoio no planejamento e em negociações visando a parceria entre agências governamentais e acordos internacionais, incluindo planos de participação conjunta nas atividades de revisões, integração, testes e gerenciamento de riscos;
d. Dar apoio no planejamento, engenharia de sistemas e integração, como requerido, durante a fase de seleção de projetos;
e. Buscar a aprovação para os projetos;
f. Priorizar a implantação de revisões durante o ciclo de vida do projeto;
g. Planejar, preparar para e apoiar a realização das revisões internas do programa ou projeto, de acordo com as políticas e práticas adotadas;
h Reportar, periodicamente, o *status* do programa ou projeto no que se refere a questões técnicas e programáticas;
i. Revisar e submeter à aprovação o orçamento anual do programa/projeto;
j. Continuar o desenvolvimento de tecnologias que atendam a múltiplos projetos;
k. Obter aprovação de prontidão de produtos;
l. Conduzir atividades complementares de acordo com o ciclo de vida.

No caso da Jaxa, antes da Fase "0" ou da Pré-Fase A, pode ocorrer o que denominam de Estudo Inicial (*Early study*), com um tempo de aproximadamente três meses, sendo elaborado para missões que ainda não estão prontas para entrar na Pré-Fase A, principalmente no caso da missão e/ou sistema ser uma novidade muito grande e seus pré-requisitos não estejam adequados ao meio ambiente externo, além de outras razões.

Os processos e saídas de cada *Early study* diferem de acordo com as razões pelas quais a missão não pode entrar diretamente na Pré-Fase A.

Esses estudos são realizados pelo Grupo de Suporte de Projeto de Missões, que fica estabelecido no Centro de Projetos de Missões (Mission Design Center — MDC), e que ficam responsáveis, mediante demanda, pela operação e organização do Centro de Projetos de Missões, pelo projeto de novas missões e pela promoção de processos e métodos de engenharia de sistemas para todas as missões.

TABELA 10

Formatação do ciclo de vida de um projeto espacial (Nasa)

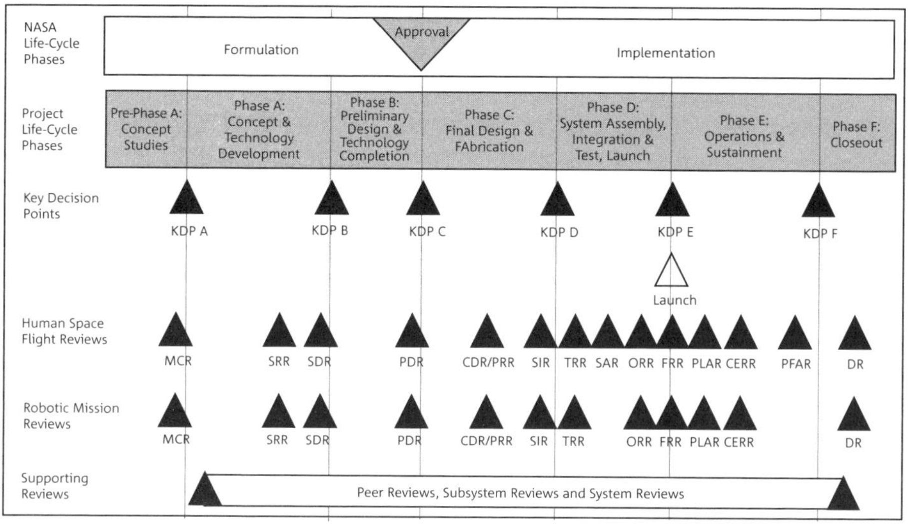


Fonte: <http://nodis3.gsfc.nasa.gov/displayDir.cfm?Internal_ID=N_PR_7120_005E_&page_name=Chapter2>. Acesso em: 12 set. 2013.

O MDC tem ainda a responsabilidade pela Pré-Fase A (Estudos Conceituais da Missão), e na Sub-Fase A1 (Desenvolvimento dos Conceitos da Missão), depois desta ser aprovada pela Revisão MDR (Revisão de Definição da Missão ou Mission Definition Review).

O time do projeto só assume a partir da Sub-Fase A2 (Formulação do Projeto), isso depois de ocorrer a Revisão SRR (Revisão de Requisitos do Sistema).

A tabela 10 mostra como a ECSS padroniza as fases do ciclo de vida de projetos espaciais, dividindo-o em sete fases, a saber:

Fase 0 — Estudos conceituais

Fase A — Conceito e desenvolvimento de tecnologias

Fase B — Projeto preliminar e completar tecnologias

Fase C — Projeto final e fabricação

Fase D — Montagem do sistema, integração e testes e lançamento

Fase E — Operação e utilização

Fase F — Descontinuidade/descarte

QUADRO 2

Revisões previstas durante o ciclo de vida de projetos maiores

| | | | |
|---|---|---|---|
| CDR | Critical Design Review | PLAR | Post-Launch Assessment Review |
| CERR | Critical Events Readiness Review | PRR | Production Readiness Review |
| DR | Decommissioning Review | P/SDR | Program/System Definition Review |
| FRR | Fight Readiness Review | P/SRR | Program/System Requirements Review |
| KDP | Key Decision Point | PSR | Program Status Review |
| MCR | Mission Concept Review | SAR | System Acceptance Review |
| MDR | Mission Definition Review | SDR | System Definition Review |
| ORR | Operational Readiness Review | SIR | System Integration Review |
| PDR | Preliminary Design Review | SRR | System Requirements Review |
| PFAR | Post-Fight Assessment Review | TRR | Test Readiness Review |
| PIR | Program Implementation Review | | |

Fonte: Nasa.

## FASE 0 — IDENTIFICAÇÃO E ANÁLISE DAS NECESSIDADES DA MISSÃO[130]

Os grandes projetos começam das pequenas coisas.

VALDECI ALVES NOGUEIRA

A Fase "0" (ou Pré-Fase A) é a ocasião em que a missão espacial é concebida, ou seja, são feitos os estudos conceituais da missão e a identificação preliminar de requisitos. Esse momento, segundo o PMBOK, é caracterizado como de maior influência das partes interessadas e onde os riscos e as incertezas são maiores. Assim, essa fase deve ser conduzida por representantes de alto nível do patrocinador ou responsável pelo início do projeto, de fornecedores e usuários finais.

[130] O termo missão comumente é utilizado para designar um conjunto de componentes (pessoas, procedimentos, equipamentos, software, instalações, engenharia etc., ou seja, um sistema) que interagem de forma a atender a um objetivo comum (exemplo: Missão Apollo 11). Missão também pode ser entendida como um projeto, que tem fases (normalmente: 0, A, B, C, D, E e F), recursos humanos, cronograma e orçamento bem definidos, fruto de um esforço coletivo envolvendo diversas organizações técnicas ou não, mas que interagem para o atingimento dos objetivos definidos para a missão. Um conjunto de missões espaciais com objetivos idênticos é chamado de programa espacial (exemplo: Programa Apollo).

As principais atividades, definidas pela ECSS, a serem desenvolvidas nessa fase são:

a. Definição da missão espacial em termos de identificação e caracterização das necessidades da missão;[131]
b. Definição de expectativa de desempenho, metas de confiabilidade, metas de segurança;
c. Desenvolvimento de uma especificação preliminar dos requisitos técnicos;
d. Identificação de possíveis conceitos da missão e restrições operacionais, com relação ao ambiente operacional e físico;
e. Elaboração de uma primeira especificação funcional e conceitual do sistema;
f. Identificação de aspectos críticos e grau de inovação da tecnologia a ser empregada;
g. Levantamento preliminar do cronograma;
h. Avaliação de estimativas de custos da missão;
i. Avaliação preliminar dos riscos da missão.

Já no modelo de ciclo de vida da Nasa, a Fase 0 ou Pré-Fase A como costuma ser chamada de estudos conceituais ou viabilidade da missão, é o momento no qual se definem os objetivos da missão e seus requisitos funcionais e de desempenho de alto nível, verifica-se a viabilidade técnica e programática da missão e se confirmam as necessidades dos clientes da missão.

Segundo o Relatório Técnico RP-06-108,[132] emitido pelo Centro de Engenharia e Segurança da Nasa, nessa fase deve-se definir um conjunto claro e simples de requisitos básicos para a missão, os objetivos da missão e da espaçonave e eventuais restrições, incluindo a questão da segurança, que deveriam formar a base de validação para o trabalho subsequente, que é o da análise de viabilidade. Para ilustrar o que seria essa validação, afirmam os autores do referido Relatório Técnico que um gerente de programa sênior na Era Apollo, entrevistado depois da conclusão vitoriosa do programa, teria dito: "Definir a missão era fácil: *Colocar um homem na Lua nesta década*".

---

[131] Os principais documentos referentes a requisitos da missão são: declaração de trabalho, especificação dos requisitos técnicos, requisitos de gerenciamento, requisitos de engenharia, requisitos de garantia do produto, requisitos de programação, outros requisitos específicos (por exemplo: distribuição geográfica, filosofia de modelo a ser aplicada) e lista de requisitos de documentação.

[132] Disponível em: <www.NASA.gov/pdf/189071main_RP-06-108_05-173_DDT%26_E_Volume_II_(MASTER)08-07-2007_Final _%5B1%5D.pdf>. Acesso em: 18 mar. 2014.

Entretanto, foi graças à clareza daquela meta, que possibilitou propor novas exigências perguntando, por exemplo, "Seria possível colocar um homem na Lua nesta década e trazê-lo de volta em segurança?". Então conclui: "Se a resposta fosse não, o Programa não seria viável".

Segundo a Nasa, as principais atividades que devem ser desenvolvidas pelo gerente do pré-projeto e o respectivo time, na Pré-Fase A, também conhecida como fase de estudos conceituais, são:

a. Definir metas, necessidades e objetivos da missão;
b. Identificar e envolver usuários e outros *stakeholders*;
c. Refinar premissas e restrições;
d. Desenvolver requisitos, de alto nível, científicos e da missão, e de sistemas;
e. Desenvolver e documentar os conceitos preliminares da missão;
f. Desenvolver os critérios de avaliação, indicadores e referenciais para a missão;
g. Desenvolver possíveis alternativas conceituais e de arquitetura do sistema, recursos a serem alocados (exemplo: orçamento), requisitos de segmentos e do sistema, projetos básicos, definir uma estrutura analítica de produtos e definir conceitos operacionais;
h. Desenvolver e documentar uma minuta da *baseline* de gerenciamento, incluindo:
   - Uma WBS de alto nível (até 2º nível);
   - Cronograma preliminar;
   - As estimativas de custo e as bases para essa determinação;
   - Uma análise da potencial necessidade de tecnologia *versus* níveis de prontidão de tecnologia existente, assim como oportunidades potenciais para uso de fontes de tecnologia comercial, acadêmica ou de outra agência governamental;
   - Uma avaliação do potencial de infraestrutura e força de trabalho necessária *versus* os já em uso por outros programas em andamento, tão bem quanto oportunidades para se usar infraestrutura e força de trabalho e outras agências governamentais, indústria, universidades e organizações internacionais;
   - Identificação de potenciais parceiros para o projeto;
   - Identificação de estratégias de aquisição, de forma a ampliar o leque de fornecedores.
i. Elaborar uma especificação preliminar do sistema proposto;

j. Ao final desta Fase, deve-se fazer a análise de custo, ambiental e de viabilidade da missão, estudos de engenharia, a estimativa de custo durante o ciclo de vida e a análise dos resultados econômicos da missão;
k. Elaborar e apresentar o relatório com a proposta do programa/projeto, que deve incluir a justificativa e objetivos, uma WBS de alto nível, estimativas de custo, riscos e prazos, tecnologias necessárias e estratégias de desenvolvimento;
l. Elaborar o plano de gerenciamento do programa/projetos;
m Elaborar um plano macro de engenharia do sistema;
n. Desenvolver métodos e ferramentas de avaliação;
o. Conduzir revisões internas antes da realização das revisões externas previstas, conforme o ciclo de vida do programa;
p. Obter autorização para prontidão de produtos;
q. Planejar e preparar para a Reunião de Revisão do Conselho de Gerenciamento do Programa (Program Management Council — PMC),[133] que definirá a possível passagem do programa para a Fase A.

A Jaxa também utiliza o ciclo de vida de seus projetos com a mesma identificação de fases que usa a Nasa, com a diferença que a definição gerencial de que uma determinada missão deve ser incluída na Pré-Fase A é feita fora da Jaxa, por meio da Comissão de Atividades Espaciais (SAC), criada em 1968 e vinculada ao Ministério da Educação, Cultura, Esportes, Ciência & Tecnologia (Mext) do Japão.

[133] Segundo definido no procedimento NPD 1000.3D da Nasa (Nasa Procedural Requirements), o Programa Management Council (PMC) serve como órgão de decisão sênior da agência no que concerne a avaliar o possível desempenho de um programa/projeto, de forma a assegurar a realização das metas estratégicas da Nasa. Entre as funções do PMC estão:
Assegurar que a Nasa está atendendo aos compromissos pertinentes para o bom desempenho de programas/projetos e a garantia da missão.
Assegurar a implantação/cumprimento do programa da Nasa e processos de gestão de projetos e requisitos.
Aprovar a entrada de programas/projetos nas fases subsequentes do ciclo de vida.
Revisar os programas rotineiramente, incluindo a capacidade institucional em apoiar compromissos de programa/projeto.
Aprovar termos de compromisso do programa.
Fazer avaliações especiais e fora do ciclo dos programas.
Aprovar o portfólio estratégico da missão e seu risco associado.
Disponível em: <http://nodis3.gsfc.NASA.gov/displayDir.cfm?Internal_ID=N_PD_1000_003D_&page_name=Chapter6>. Acesso em: 16 maio 2014.

Também compete ao Mext[134] a elaboração e aprovação das políticas básicas para a área espacial, por meio do Conselho de Política de Ciência e Tecnologia (CSTP), presidido pelo primeiro-ministro do Japão, e coordenar os trabalhos da Jaxa, no que concerne à devida promoção da Ciência & Tecnologia.

FIGURA 18

Pré-Fase A (Fase 0) — estudos conceituais: viabilidade da missão (Nasa)

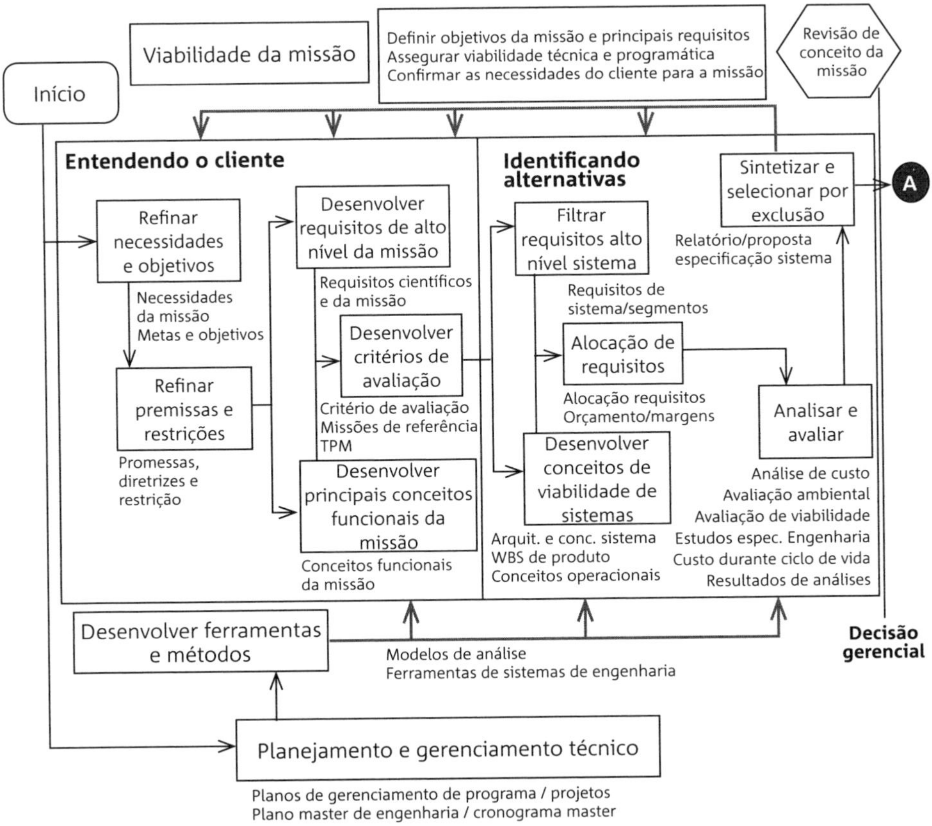


Fonte: Nasa.

[134] Disponível em: <www.mext.go.jp/english/organization/1304922.htm>. Acesso em: 15 maio 2014.

O papel da Comissão de Atividades Espaciais (SAC)[135] é elaborar o estudo/projeto conceitual da missão, identificar os objetivos e sua significância. E, com o apoio da Jaxa e com base no estudo conceitual, preparar o orçamento de custos do projeto durante seu ciclo de vida (custo nominal e margens) e uma *baseline* de requisitos do sistema.

No caso de se tratar de uma missão de grande porte, a submissão desse estudo é feita na Revisão de Definição da Missão (MDR), que já é um processo interno da Jaxa. No caso de missões de portes pequeno e médio, a seleção de quais missões irá passar para a Fase A (Pré-Projeto) já compete ao Mext, por meio da Divisão de Desenvolvimento e Utilização do Espaço (SDUD), que avalia, além da Revisão MDR, também a Revisão de Requisitos do Sistema (SRR).

## REVISÕES DA FASE 0 (PRÉ-FASE A)

> Ao compartilhar nossos projetos com os outros,
> também estamos acionando o fenômeno da sincronia.
>
> LEILA NAVARRO

O principal foco da revisão a ocorrer no final desta fase é a preparação da Declaração da Missão (Termo de Abertura do Projeto)[136] e ter-se uma avaliação sobre a especificação preliminar de requisitos técnicos e cronograma, com aprovação, ao final, da missão espacial.

### MDR — Revisão da Definição da Missão (ECSS)

A Revisão da Definição da Missão serve para se verificar e aprovar o Termo de Declaração (ou Abertura) da Missão, depois de confirmados os requisitos

[135] Disponível em: <http://hinode.nao.ac.jp/SOLAR-C/Meeting/SCSDM2/sakao2.pdf>. Acesso em: 15 maio 2014.

[136] Segundo o PMBOK, desenvolver o termo de abertura do projeto é o processo de desenvolvimento de um documento que formalmente autoriza um projeto ou uma fase e a documentação dos requisitos iniciais que satisfaçam as necessidades e expectativas das partes interessadas. Em projetos com várias fases, este processo é usado para validar ou refinar as decisões tomadas durante o desenvolvimento do termo de abertura do projeto.

da missão e a avaliação preliminar de aspectos relativos a conceitos propostos para a missão, dando-se por pronto os preparativos para a próxima fase.

Segundo a metodologia da Nasa, essa revisão é chamada de Revisão de Conceito da Missão (Revision Concept Mission — MCR) e objetiva validar as necessidades e os objetivos da missão, verificar se os requisitos atendem as necessidades e se a missão é viável técnica e programaticamente.

Como resultados possíveis dessa revisão poder-se-á ter a aprovação do Relatório de Proposta da Missão ou decidir pela sua submissão para aprovação na Fase A, ou a aceitação de um relatório preliminar com potencial para um posterior Relatório de Proposta da Missão, ou até mesmo recomendar novo conceito de exploração.

Durante a Revisão de Conceito da Missão (MCR) são checados os seguintes tópicos:

a. Objetivos e metas da missão;
b. Necessidades da missão;
c. Requisitos científicos;
d. Especificação do sistema;
e. Premissas, diretrizes e restrições;
f. Requisitos de desenvolvimento tecnológico;
g. Planos de verificação;[137]
h. Arquitetura e conceitos do sistema;
i. Conceito funcional da missão;
j. Conceito operacional macro;
k. Conceitos e critérios de avaliação do projeto;
l. Análise preliminar de viabilidade da missão;
m. Estimativas preliminares de custo ao longo do ciclo de vida;
n. Resultados de análise preliminar de acordos comerciais.

## Em destaque — definição de uma missão espacial

Como em qualquer novo projeto, a primeira fase é sempre a de se buscar conhecer e documentar os requisitos de alto nível e de se verificar a viabilidade

[137] Verificação é a confirmação, por meio do fornecimento de evidência objetiva, de que os requisitos especificados foram atendidos (ABNT NBR ISO 9000:2008). Nota: a verificação em um contexto de ciclo de vida é um conjunto de atividades que compara um produto do ciclo de vida com as características necessárias para aquele produto. Isso pode incluir, mas não se limitar a, requisitos específicos, descrição do projeto ou o próprio sistema (ABNT NBR ISO/IEC 15288:2009).

do projeto. Segundo o PMBOK, nessa fase também "são desenvolvidas descrições claras dos objetivos do projeto, incluindo os motivos do porquê um projeto específico é a melhor alternativa para cumprir os requisitos".

Requisitos de alto nível são impostos pelo alto escalão da organização e se referem a custos, normas e regulamentos a serem atendidos, prazos de execução, produto ou infraestrutura existente que deverá ser aproveitada, tecnologia necessária para desenvolver o produto e as expectativas dos usuários finais do sistema.

No caso de missões espaciais, onde os riscos e os custos podem ser igualmente elevados, há de se ter cuidados especiais na análise dos requisitos, metas e objetivos da missão, na identificação e captura dos requisitos dos *stakeholders* e na definição de autoridades e responsabilidades dos membros da equipe do projeto.

Essa é uma das fases de maior importância, pois de suas melhores decisões em termos de metas, objetivos, conceitos e requisitos deverá ocorrer a redução significativa de mudanças de escopo ao longo do ciclo de vida do projeto, o que concorrerá para a excelência do mesmo e, lógico, que seja executado dentro da margem prevista para o orçamento proposto.

No artigo "Project planning", que integra o capítulo 3 da obra *Applied project management for space systems*, é informado que numa fase inicial do planejamento de um novo projeto, nesse caso da Nasa, é desenvolvida a visão geral do projeto, para subsidiar o estudo de viabilidade técnico-econômica, onde é apresentada uma visão geral do que seria essa proposta para uma determinada missão espacial e esta deve constar de "uma breve descrição da missão e seu ciclo de vida, incluindo o design da missão. Devem ser incluídas as datas de lançamento, planos de voo, *timeline* da missão, fases da missão e os maiores eventos desta missão" (Seery, 2008:61).

Detalha o artigo que o candidato a integrar uma missão com um determinado projeto deve apresentar uma breve descrição técnica, incluindo os segmentos espaço, terra e usuário, conceitos operacionais e fases de desenvolvimento e entregas, sistemas a serem desenvolvidos (hardware e software), sistemas existentes a serem utilizados, interfaces e instalações requeridas, identificação das maiores restrições que possam afetar o desenvolvimento dos sistemas (custo, janelas de lançamento, veículo de lançamento requerido, ambiente planetário da missão, combustível e projeto de motorização e parceiros internacionais).

A ESA, em sua página Space Science,[138] apresenta, no artigo "Como uma missão é escolhida", os passos que, normalmente, norteiam a divulgação e a escolha de um projeto para integrar uma missão científica. Afirma a agência que, "sempre que apropriado e compatível com os objetivos e restrições do programa, a ESA emite uma chamada de propostas para novas missões científicas". Ainda segundo a ESA, nessa chamada são informados os objetivos científicos da missão, tamanho, custo da missão, juntamente com dados sobre a programação e prazos para finalização.

Sobre o desdobramento dessas chamadas, informa a ESA:

> Cada chamada para missões científicas geralmente gera até 100 respostas de grupos científicos e as propostas da missão podem atender à astronomia, sistema solar ou necessidades de investigação de física fundamental.
>
> Vários comitês consultivos científicos da ESA, formados por especialistas, avaliam as submissões. Os comitês são grupos de trabalho das áreas de Astronomia, Sistema Solar, Física Fundamental, Comitê Consultivo de Ciência do Espaço e o Comitê do Programa Científico. Os engenheiros da ESA também fazem uma avaliação inicial da viabilidade das missões.
>
> Esta avaliação produz três ou quatro candidatos para cada parte da missão, que entram numa fase de avaliação. Um cientista da ESA e um engenheiro são indicados para avaliar cada proposta e elaborar um estudo de viabilidade. Neste estudo é identificada qualquer nova tecnologia que precisa ser desenvolvida para tornar a missão possível, sendo que a maioria destes estudos é realizada internamente.

Numa segunda etapa, e de posse dos estudos de viabilidade da missão, a ESA, ainda segundo o artigo em questão, informa que as propostas são então apresentadas "aos comitês científicos consultivos da ESA e a outros cientistas, em reuniões, geralmente, realizadas na sede da ESA, em Paris". As propostas selecionadas para passarem à Fase A devem então ter um projeto preliminar elaborado e, novamente, voltam a ser apresentadas para as diversas comissões, que definem quais projetos integrarão cada missão. As propostas aprovadas passam então à Fase B1, para desenvolvimento do projeto preliminar e, depois de avaliados, haverá a decisão final sobre qual projeto integrará cada missão e, assim, passará à construção definitiva.

---

[138] Disponível em: <www.esa.int/Our_Activities/Space_Science/How_a_mission_is_chosen>. Acesso em: 6 maio 2014.

Outro exemplo é dado pelo atendimento à chamada para a próxima missão da Nasa para Marte que levará, em 2020, um novo *Rover* para exploração do Planeta Vermelho. Conforme divulgado pela Agência, no dia 7 de maio de 2014,[139] os pesquisadores do Ames Research Center (um dos 10 centros de pesquisa da Nasa) "propuseram o MPX (Experimento com plantas em Marte), que tenta entender os efeitos da gravidade reduzida e dos altos níveis de radiação".

A publicação atribui a Heather Smith, principal pesquisador do Ames, a afirmação de que "para ter uma base durável e sustentável em Marte, é necessário primeiro estabelecer se as plantas conseguem crescer por lá".

A proposta do Ames é levar uma pequena estufa que ficaria sobre o Rover, que a irrigaria para um experimento de germinação e crescimento de cerca de 200 sementes de Arabidopsis, que é espécie de mostarda.[140] Na mesma reportagem, a demonstração das dificuldades na definição dos projetos que irão participar de uma determinada missão espacial:

> No entanto, a proposta ainda não passa disso, já que há um número limitado de instrumentos que podem ser enviados para Marte junto com a próxima sonda. Por enquanto, há 58 propostas na fila de aprovação e, considerando que apenas 10 delas foram lançadas com a *Curiosity*, que já está no Planeta, é bastante provável que muitas delas sejam rejeitadas.

Uma missão de exploração espacial, conforme modelo de ciclo de vida da Nasa, tem início no Anúncio de Oportunidade (Announcement of Opportunity — AO),[141] elaborado com base em conceitos científicos de alto nível e em proposta desenvolvida por um Grupo de Trabalho Científico (CWG) da Nasa, o qual apresenta o conceito preliminar da missão, oportunidades científicas, objetivos e requisitos preliminares da missão.

O anúncio de oportunidade é então enviado pela Nasa para cientistas em universidades, centros da Nasa e organizações científicas em todo o mundo. Essa atividade dá o pontapé inicial para a Pré-Fase A, que é de estudo conceitual da futura missão.

---

[139] Disponível em: <http://olhardigital.uol.com.br/noticia/NASA-pode-enviar-vida-vegetal-para-marte-em-2020/41868>. Acesso em: 9 maio 2014.

[140] Disponível em: <www.space.com/25767-NASA-mars-greenhouse-rover-plant-experiment.html>. Acesso em: 9 maio 2014.

[141] Disponível em: <www2.jpl.NASA.gov/basics/bsf7-1.php>. Acesso em: 12 maio 2014.

Assim, atendendo ao anúncio de oportunidade, uma pessoa ou grupo de pessoas pode apresentar uma ideia ou planos para a missão, que terá o seu mérito científico avaliado (atender aos objetivos da missão, retorno científico, consumo de energia e segurança são alguns dos critérios-chave) e, se a proposta é aceita, ela passa a ter sua viabilidade estudada por um dos centros da Nasa. As propostas aprovadas nesta fase conceitual passam para a Fase A, na qual ocorre a definição da missão.

## IDENTIFICANDO OS REQUISITOS DA MISSÃO

O capítulo 3 do Smad, com o título "Space mission engineering", enfoca com muito detalhe a fase em que se devem definir as necessidades, requisitos e restrições da missão. Afirma o autor doutor James R. Wertz (presidente da Microcosm Inc.[142] e professor na University Southern California — USC) que:

> Tendo-se definido os objetivos maiores que a missão deve alcançar e quem vai tentar alcançar isto em determinado prazo, nós precisamos transformar os objetivos em conjuntos preliminares de requisitos e restrições para o desenvolvimento da missão espacial, o seu desempenho e operação. Esses requisitos e restrições deverão servir para estabelecer os conceitos operacionais que se confrontarão com os objetivos. Assim, nós devemos desenvolver requisitos os quais reflitam os objetivos da missão. [Wertz, 2011:51]

O autor apresenta as três áreas para as quais requisitos preliminares são definidos:

> *Requisitos Funcionais* são aqueles que definem como o sistema deve desempenhar suas funções para atingimento dos objetivos (o que o sistema faz);
> *Requisitos Operacionais* são aqueles que determinam como o sistema deve operar de forma a atender as necessidades específicas dos usuários (como é feito);
> *Restrições* que possam ser um limitador em custos, prazos e na implementação de técnicas previstas pelo projeto do sistema. [Wertz, 2011:57]

[142] Disponível em: <www.smad.com/ie/ieframessr2.html>. Acesso em: 4 jun. 2014.

FIGURA 19
Requisitos da missão

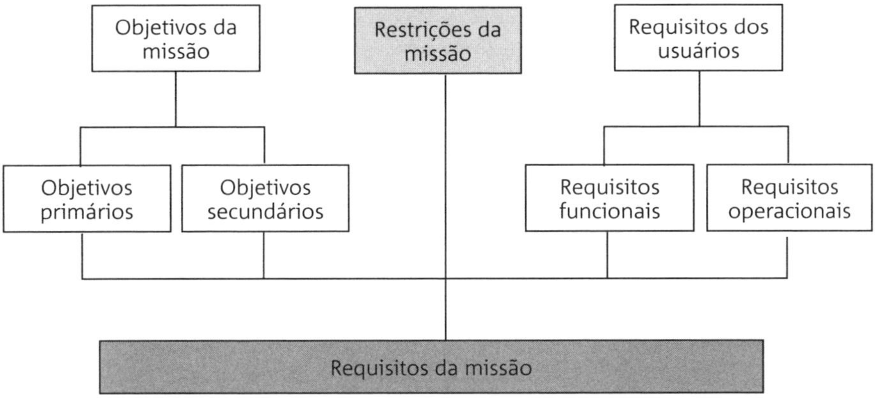


Fonte: Inpe. Licença Creative Commons.

Em apresentação realizada pelo doutor Richard G. Marsden, da Agência Espacial Europeia, intitulada "Basic steps in designing a space mission",[143] ele também expressa que, para transformar os objetivos da missão em requisitos da missão, é necessário considerar três grandes áreas e, para cada qual, citou itens típicos e exemplos de fatores de impacto:

1. Requisitos Funcionais
a. Desempenho (objetivo primário da missão, necessidades dos usuários, tamanho da carga útil, órbita, abertura da coifa, direção de foco, vida útil);
b. Cobertura (altitude e inclinação da órbita, número de satélites, tempo de revisita);
c. Interpretação (qualidade da imagem, interpretação manual ou automática);
d. Responsabilidade (arquitetura da comunicação, interpretação, operações);
e. Objetivos secundários da missão (se aplicável).

2. Requisitos Operacionais
a. Duração (natureza da missão [operac./exper.], nível de redundância, órbita);
b. Disponibilidade (nível de redundância);
c. Sobrevivência (órbita, blindagem, controle térmico, eletrônica);

[143] Disponível em: <www.esa-spaceweather.net/spweather/Alpbach2002/Marsden-basic%20 steps%20in%20designing%20a% 20space% 20mission.pdf>. Acesso em: 6 maio 2014.

d. Distribuição de dados (necessidades dos usuários, arquitetura de comunicação, canais de comunicação);
e. Conteúdo, forma e formato dos dados (necessidades do usuário, nível e local de processamento, carga útil);
f. Equipamento (massa, tamanho, potência, tempo de suprimento de energia, interfaces, controle de atitude, propulsão).

3. Restrições
a. Custo (voo tripulado, número de espaçonaves, tamanho e complexidade, órbita);
b. Tempo (prontidão técnica, tamanho do programa, financiamento);
c. Regulamentar (leis, políticas);
d. Riscos (tempo, custo, fornecedores internos e externos);
e. Política (organização cliente e se é um programa internacional, remoção de detritos e descarte ao fim da vida útil);
f. Interfaces (nível do usuário e infraestrutura de operação);
g. Ambiente (tempo de vida útil prevista, órbita);
h. Restrições ao desenvolvimento (organização usuária, fornecedores internos e externos, prazo, custo).

## FASE A — ANÁLISE DE VIABILIDADE (ECSS)

Estamos condenados a ser livres.
JEAN-PAUL SARTRE

A Fase A, "análise de viabilidade", segundo a ESA, ou "conceito e desenvolvimento de tecnologias", conforme a Nasa, é uma das principais fases do ciclo de vida de um projeto espacial e tem por objetivo determinar a viabilidade de uma nova sugestão de um sistema maior e traçar uma linha de base (*baseline*) que seja compatível com o planejamento estratégico definido para a agência espacial. Segundo a ECSS, essa fase deve ser conduzida pela alta administração, objetivando:

a. Estabelecer um Plano Preliminar de Gerenciamento do Projeto, um Plano de Engenharia da Missão e um Plano de Garantia da Qualidade do Produto;
b. Definir conceitos, sistemas e subsistemas operacionais e de arquitetura e compará-los com requisitos identificados para determinar os níveis de incerteza e de riscos da missão;

c. Avaliar aspectos conceituais e técnicos da missão, buscando identificar, de forma mais pormenorizada, possíveis restrições em relação à sua implantação, seja quanto a aspectos de custos, prazos, organização, produção, operação, manutenção e disposição/descarte;
d. Identificar tecnologias críticas e propor atividades de pré-desenvolvimento;
e. Fazer estimativa de viabilidade industrial;
f. Fazer um levantamento das incertezas da missão;
g. Detalhar os requisitos identificados na Fase "0" (Pré-Fase A);
h. Quantificar e caracterizar possíveis elementos críticos que possam contribuir para a definição da viabilidade técnica e econômica da missão e análise de novos produtos;
i. Propor conceitos operacionais e possíveis soluções técnicas, inclusive um modelo para revisões do projeto, a ser elaborado durante a Fase B;
j. Elaborar a avaliação de riscos da missão.

O Plano de Gerenciamento do Projeto,[144] a ser desenvolvido pelo gerente do projeto, deve também considerar "o refinamento dos objetivos e desenvolver o curso de ação necessário para alcançar os objetivos para os quais o projeto foi criado" (PMBOK). Nessa fase, o que será feito é o Plano Preliminar de Gerenciamento do Projeto, documentando-se as principais ações necessárias para a definição, preparação, integração e coordenação dos diversos planos auxiliares para a execução dos vários subsistemas.

Para que o projeto venha alcançar futuramente seu objetivo, é fundamental que o time do projeto seja constituído por pessoas com a apropriada *expertise*[145] em sua área e com habilidades e experiências suficientes para levar a bom termo o referido projeto.

---

[144] Segundo o PMBOK, "O gerenciamento de projetos é a aplicação de conhecimento, habilidades, ferramentas e técnicas às atividades do projeto a fim de atender aos seus requisitos. O gerenciamento de projetos é realizado por meio da aplicação e integração apropriada dos 42 processos agrupados logicamente abrangendo os 5 grupos de processos". Os itens apontados para o projeto podem ser estendidos para o caso de Gerenciamento de Programa, que, segundo o PMBOK, "é um grupo de projetos relacionados, gerenciados de modo coordenado para a obtenção de benefícios e controle que não estariam disponíveis se eles fossem gerenciados individualmente" (p. 417).

[145] Uma prática adotada é colocar ao lado de uma pessoa muito experiente outra com menor grau de experiência para que possa absorver com o tempo essa experiência. Isso é fundamental, pois um projeto espacial é, quase sempre, o produto de experiências passadas, sejam elas positivas ou negativas, razão pela qual é de suma importância a manutenção dos quadros técnicos e seu incremento com novos profissionais, pois o tempo de maturação técnica é muito longo.

Deve-se atentar, particularmente, para as habilidades no tratamento de custos do projeto (sempre muito altos) e no gerenciamento de aquisições, de riscos, do desempenho técnico e de sistemas ambientais, de segurança e da qualidade.

Na elaboração do Plano de Gerenciamento deverá ser previsto:

a. Como aplicável, desenvolver conceitos, estratégias de desenvolvimento, plano de gerenciamento da comunicação e de dados do projeto, estratégias de aquisição, planos de implantação do projeto, criação da WBS, acordos comerciais ou técnicos para execução de serviços de operações espaciais, acordos comerciais ou técnicos para serviços de lançamentos e outros itens que estejam incorporados ao Plano Preliminar de Gerenciamento do Projeto;
b. Definir e documentar os requisitos dos diversos *stakeholders*[146] para alcançar os objetivos definidos para o projeto;
c. Estabelecer sistemas adequados de controle e de gerenciamentos que possibilitem o desenvolvimento adequado dos produtos previstos na WBS, o gerenciamento de aquisições, o gerenciamento dos recursos humanos e técnicos, o gerenciamento do desenvolvimento de software, o Gerenciamento do Valor Agregado (EVM),[147] além da adequada administração das instalações de desenvolvimento e produção, o gerenciamento do sistema ambiental, da logística e o gerenciamento dos prazos;
d. Estabelecer um sistema de gerenciamento da configuração, que assegure visibilidade e controle de desempenho, e das características funcionais e físicas durante o ciclo de vida do projeto ou do produto. O gerenciamento da configuração deve também ser aplicado a requisitos,

[146] Administrar bem as relações com os *stakeholders* de um programa ou projeto é um fator crítico para seu sucesso. Os *stakeholders* incluem os cientistas, o pessoal do escritório de programa ou projeto, a administração de centros de lançamento e rastreio, centros de pesquisa e desenvolvimento, instituições parceiras nacionais ou internacionais, outras agências governamentais e pessoal de instâncias legislativas e executivas. O melhor conselho é usar sempre de franqueza nessas relações, não escondendo os problemas, pois os *stakeholders* entenderão sempre que problemas são inevitáveis e fazem parte do processo. O gerente do projeto ou programa deve ser proativo e assegurar a confiança dos *stakeholders*. Parte deste processo está no correto gerenciamento das expectativas.

[147] O Gerenciamento de Valor Agregado (EVM) é uma técnica de gerenciamento de projetos por meio da medição do desempenho e progresso do projeto de uma maneira objetiva. O EVM possibilita combinar medidas de escopo, prazo e custo em um único sistema integrado. Quando corretamente aplicado, o EVM permite saber com antecedência algum problema de desempenho da execução do projeto e é uma ferramenta importante para a comunicação do progresso do projeto aos *stakeholders*, mantendo o time focado nos objetivos do projeto em termos de prazo, escopo e custo.

versão de documentação, além de software e hardware (por exemplo: modelos de qualificação e de voo), além de segmentos de solo;

e. Manter efetiva comunicação com os clientes do projeto em relação à interpretação dos requisitos determinados, obtendo aprovação para tal;

FIGURA 20

Fase A — Conceito e desenvolvimento de tecnologias: definição da missão (Nasa)

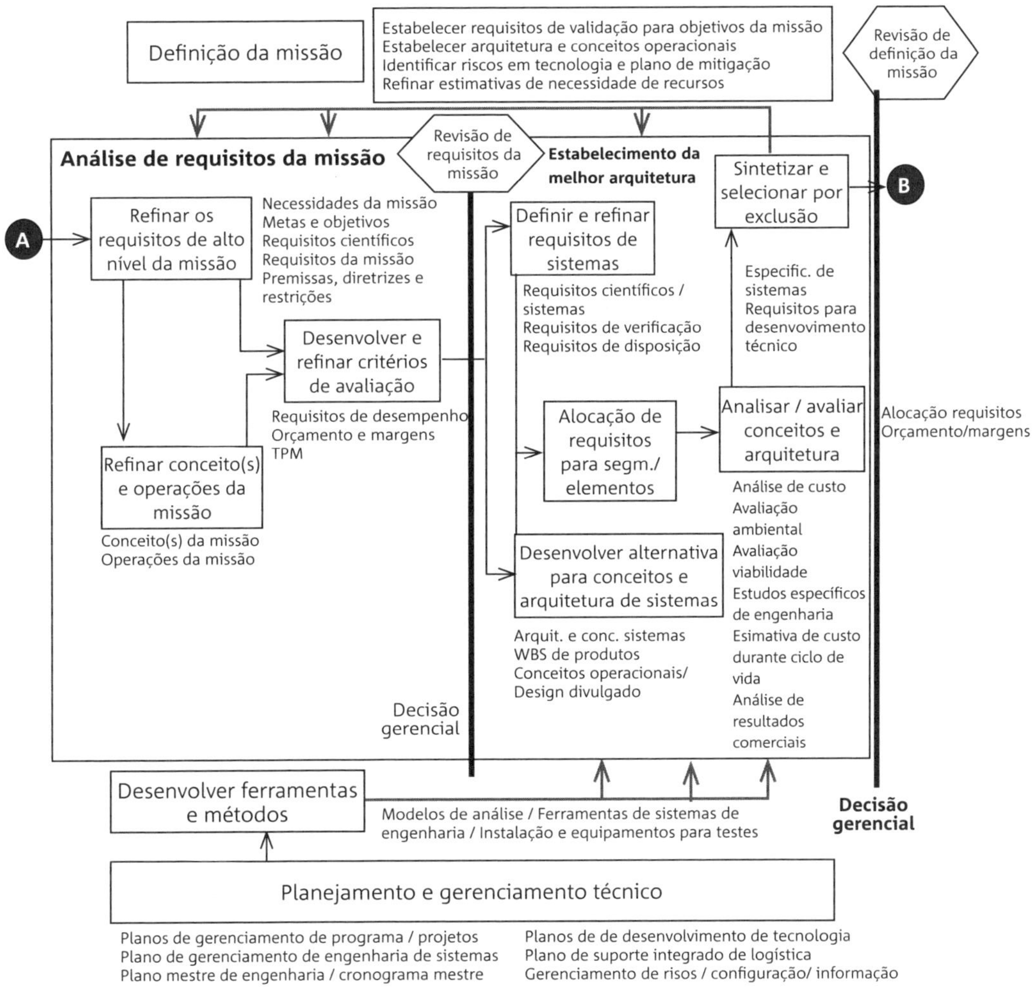


Fonte: Nasa.

f. Usar o gerenciamento de riscos como base para tomada de decisões, como na aprovação de reservas, para mitigar custos incorridos, para avaliar desempenho técnico, nas questões ambientais e de segurança pessoal ou na segurança intrínseca relacionada com o projeto;
g. Definir métricas para avaliação de desempenho de projeto.

A Fase A (Conceito e Desenvolvimento de Tecnologias — Nasa) é o momento da definição da missão e objetiva verificar a validade, em nível de segmento, dos requisitos da missão; estabelecer o conceito operacional macro e a arquitetura da missão; identificar os riscos tecnológicos e elaborar um plano de mitigação desses riscos, além de refinar a estimativa de recursos necessários ao programa.

Durante essa fase, a equipe trabalha para desenvolver uma *baseline* conceitual da missão e inicia ou assume a responsabilidade pelo desenvolvimento de tecnologias críticas a serem empregadas nessa missão. Deve-se trabalhar com todos os *stakeholders* para que seja elaborada uma lista preliminar de requisitos e se estabelecer conceitos consistentes para a missão.

Enfim, é uma fase de exploração de conceitos e definições preliminares. Segundo a Nasa, as principais atividades que devem ser desenvolvidas na Fase A são:

Na Subfase A1, antes da Revisão de Requisitos da Missão (MCR), é feita a análise dos requisitos da missão, objetivando:

a. Refinar os requisitos preliminares (macros), em nível de sistema (requisitos da missão, metas e objetivos, requisitos científicos, premissas e restrições);
b. Desenvolver e refinar os indicadores e referenciais de avaliação;
c. Desenvolver o Plano Preliminar de Revisões;
d. Desenvolver avaliação inicial sobre resíduos espaciais a serem gerados;
e. Conduzir revisões internas antes da realização das revisões externas;
f. Desenvolver atividades de planejamento, custeio e de programação.

Depois da Revisão de Requisitos da Missão (ver em revisões), ocorre a Subfase A2, que busca aperfeiçoar a arquitetura da missão, com as seguintes atividades:

a. Definir e refinar os requisitos do sistema, requisitos científicos, requisitos de descarte e requisitos de verificação;
b. Desenvolver alternativas de arquitetura do sistema, conceitos operacionais, estrutura analítica de produtos e apresentação do projeto básico;

c. Refinar e documentar uma *baseline* de conceitos operacionais e da missão;
d. Distribuir requisitos por segmento/elementos (requisitos de desempenho);
e. Analisar e avaliar conceitos e arquitetura (análise da efetividade do custo, avaliação ambiental, análise de viabilidade, estudos de engenharia, estimativas de custos durante o ciclo de vida, resultados econômicos);
f. Sintetizar e elaborar a especificação do sistema;
g. Elaborar planos de gerenciamento do programa/projeto, de suporte logístico integrado, de riscos, de configuração e de comunicação;
h. Desenvolver o plano preliminar de logística;
i. Elaborar o cronograma macro do projeto;
j. Desenvolver ferramentas e métodos de avaliação para análise de modelos, sistemas de engenharia e para equipamentos e instalações de testes;
k. Conduzir revisões internas antes da realização de revisões independentes;
l. Elaborar o plano preliminar de gerenciamento de riscos;
m. Elaborar o plano preliminar de segurança e de garantia da missão;
n. Elaborar o plano preliminar de aquisição;
o. Desenvolver a *baseline* do plano de desenvolvimento de tecnologia;
p. Desenvolver a *baseline* do plano de gerenciamento de engenharia;
q. Desenvolver o plano preliminar de gerenciamento de software;
r. Desenvolver a *baseline* do plano de gerenciamento do meio ambiente;
s. Desenvolver o plano preliminar de gerenciamento da configuração;
t. Desenvolver o plano preliminar de gerenciamento da comunicação;
u. Desenvolver o plano preliminar de garantia (segurança patrimonial);
v. Iniciar o desenvolvimento de tecnologias críticas, se necessárias;
w. Desenvolver o plano de segurança nuclear, para missões com material nuclear;
x. Obter a certificação de proteção planetária, se requerido;
y. Preparar e finalizar os acordos necessários para os trabalhos da Fase B;
z. Preparar para aprovação a lista de fornecedores de itens necessários na Fase B;
aa. Obter autorização para prontidão de produtos;
bb. Planejar e preparar para a Reunião de Revisão do Conselho de Gerenciamento do Programa (Program Management Council — PMC) que

aprovará a passagem do programa para a Fase B, com a realização da Revisão de Conceitos da Missão (MCR).

A Jaxa atua nessa fase de forma diferente para grandes missões e pequenas/médias missões. No caso de pequenas e médias, a Jaxa já recebe a definição de que a missão está aprovada conceitualmente e com relação aos requisitos da missão. Para grandes missões, a Fase A inclui a Revisão de Requisitos do Sistema (SRR). Nesse caso, a Comissão de Atividades Espaciais (SAC) encaminha à Jaxa o estudo/projeto conceitual da missão proposta, autorizando o custo da missão e como a Jaxa terá que complementar os dados do projeto para submissão à Revisão de Requisitos do Sistema (SRR).

A Revisão de Requisitos do Sistema (SRR) serve para definir uma *baseline* para os Requisitos do Sistema e o Custo, que passa a ser de difícil atualização a partir de então, porque a especificação do sistema passa a ser fixada desde então.

Depois de complementados pela Jaxa todos os itens referentes a essa Fase do projeto, a missão é submetida à Revisão de Definição do Sistema (SDR), quando poderá passar à Fase B.

## REVISÕES DA FASE A

> Esquece todos os poemas que fizeste.
> Que cada poema seja o número um.
>
> MARIO QUINTANA

### PRR — Revisão Preliminar de Requisitos (ECSS)

Os principais objetivos dessa revisão são para:

a. Validar os requisitos da missão;
b. Aprovar planos preliminares de gerenciamento, engenharia e garantia da qualidade;
c. Aprovar especificação de requisitos técnicos;
d. Aprovar os primeiros conceitos de viabilidade do sistema e o cronograma preliminar;
e. Aprovar os conceitos operacionais do sistema e soluções técnicas, incluindo filosofia de modelos e metodologia de verificação, a ser aprovada na Fase B.

A Revisão Preliminar de Requisitos é conduzida ao final da Fase A e seu resultado deve assegurar a prontidão do projeto para passar à fase seguinte. As atividades a serem desenvolvidas nessa revisão contemplam: aceitação dos planos preliminares de gerenciamento, engenharia, garantia da qualidade e especificações técnicas de requisitos; confirmar a viabilidade conceitual da missão e das correspondentes filosofias de modelos e de verificação a serem aprovadas na Fase B e que deverão ser implantadas.

No modelo da Nasa, ocorrem nessa fase duas revisões, sendo a primeira, ao término da Subfase A1, chamada Mission Requirements Review (MRR, ou Revisão de Requisitos da Missão), que objetiva verificar se os requisitos coletados cobrem todas as necessidades da missão e validar esses requisitos.

Nessa revisão são verificados e aprovados:

a. Os requisitos da missão;
b. Os requisitos científicos;
c. A declaração de necessidades da missão;
d. Os critérios de avaliação do projeto;
e. Os requisitos do sistema;
f. Os requisitos comerciais;
g. A análise de resultados e acordos comerciais.

Ao término da Subfase A2 é realizada a Mission Definition Review (MDR, ou Revisão de Definição da Missão), que objetiva verificar se a lista de requisitos está completa e consistente (validação), se as funções e desempenho projetado estão de acordo com os objetivos originais da missão e, por fim, validar a relação de requisitos.

Como resultado básico dessa revisão deve-se, ao final, ter aprovada a arquitetura da missão, os conceitos operacionais do sistema, os requisitos do sistema e a mitigação e planejamento dos riscos. A lista de checagem para a Revisão MDR está a seguir:

a. Especificação/avaliação ambiental;
b. Requisitos de interface;
c. Especificação do sistema;
d. Normas e padrões aplicáveis;
e. Lista de requisitos e plano de desenvolvimento tecnológico;
f. Matriz e planos de verificação;
g. Especificação básica do projeto;
h. Critérios de avaliação de conceitos e projetos;
i. Requisitos de desenvolvimento de tecnologia crítica;

j. Lista de software e hardware;
k. Matriz de verificação de requisitos;
l. Conceito e arquitetura do sistema;
m. Planos de desenvolvimento e de fabricação;
n. Plano de garantia da qualidade;
o. Plano de disposição/descarte da missão;
p. Conceitos operacionais;
q. Plano de suporte logístico integrado;
r. Critérios de avaliação de conceitos e projetos;
s. Custo, análise de custo-benefício e estimativa de custo no ciclo de vida;
t. Análise de viabilidade;
u. Estudos de engenharia;
v. Estudos de interface do sistema;
w. Planos de desenvolvimento e testes;
x. Análise de modelos;
y. Equipamentos e instalações de testes;
z. Plano de integração entre lançador e carga útil;
aa. Plano de medição de desempenho técnico;
bb. Plano de gerenciamento de sistemas de engenharia;
cc. Plano de segurança do sistema;
dd. Estrutura analítica do projeto (WBS);
ee. Cronograma mestre e plano mestre de engenharia;
ff. Planos de gerenciamento da configuração, de riscos, de comunicação;
gg. Plano de gerenciamento do programa/projeto.

## Escrevendo e detalhando os requisitos

Nessa etapa, o time de desenvolvimento do projeto deve organizar os requisitos, buscando locá-los em um documento ou base de dados, assegurando-se de que os tipos apropriados de requisitos tenham sido incluídos. Então é hora de verificar a qualidade dos requisitos, que devem, para tanto, atender a três características básicas: atendimento às necessidades, serem verificáveis e serem atingíveis.

No caso de ser necessário, o requisito deve ser essencial para a especificação do produto e não poderá ser excluído, sob pena de o produto não ter consistência. Se houver dúvida quanto à necessidade do requisito, é fundamental perguntar qual o problema que poderá surgir na falta desse requisito. Se não for encontrada resposta, então, provavelmente o requisito poderá ser dispensado da especificação.

Mas é preciso também saber se o requisito é verificável. Para tanto, faz-se necessário pensar a forma como ele deverá ser verificado e o critério a ser adotado para sua aceitação. Nesse caso, o requisito deve ser confrontado com o que o produto pode realizar a partir do que foi especificado como necessário.

Agora, se o requisito é tecnicamente impossível ou não pode ser realizado com o orçamento disponível ou prazo estipulado para a realização do projeto, então não pode ser incluído no documento base de requisitos.

Além das características citadas anteriormente, os requisitos, para poderem ser considerados aptos à entrada no documento final de requisitos, devem ser simples, concisos, possíveis, expressos de forma correta e entendível por todos como uma única necessidade, ou seja, sem dúvida sobre seu real significado gramatical. Nesse ponto, é importante entender que certas expressões, como "mas não se limitando a", típica de uma Declaração de Trabalho (Statement of Work — SOW), "e/ou" "etc." e outras de conteúdo vago, não devem ser utilizadas para a especificação de requisitos, pois poderão levar a dúvidas e ações incorretas por parte de quem irá colocá-las em prática.

O mais usual é escrever os requisitos de forma imperativa e direta, tal como: "o subsistema de alimentação elétrica deve fornecer...", "o subsistema de controle inercial deve ser capaz de...", "o sistema deve fornecer...", e outras proposições que permitam o claro entendimento do requisito e não paire dúvida sobre o que fazer para atendê-lo. Outra técnica necessária é a da não utilização de termos indeterminados ou ambíguos, tais como: maximizar, minimizar, adequado, suficiente, amigável etc.

## Identificando os riscos

Uma das áreas de grande preocupação de quem gerencia um projeto no setor espacial é com os riscos envolvidos, considerando sua inerente complexidade, alto investimento financeiro em instalações, pesquisas e sistemas, além da segurança requerida no caso de pessoas.

O risco pode ser entendido, no âmbito de uma missão espacial, como o potencial para falhas ou deficiência de desempenho que poderão vir a ser percebidas no futuro em relação às exigências de desempenho estabelecidas e declaradas.

As falhas ou deficiências de desempenho podem estar relacionadas com o apoio institucional para a execução da missão ou relacionadas com qualquer uma ou mais das seguintes áreas de execução de missão: segurança, técnica, custo e prazo.

O gerenciamento de riscos deve ser desenvolvido como um processo sistemático e integrado com todas as áreas de engenharia como projeto, fabricação, teste, operação, manutenção e descarte, além de também envolver o gerenciamento de custos e prazos.

Para que isso funcione adequadamente, há a necessidade de haver o compromisso de cada ator da organização com essa prática e o estabelecimento de linhas claras de responsabilidade de todos, incluindo as do alto escalão, já que todos devem estar plenamente alinhados com a política de gerenciamento de riscos[148] e do projeto.

Embora caiba ao gerente de riscos dar apoio a gerentes e engenheiros nos aspectos de gerenciamento do projeto e nas práticas de engenharia durante todo o ciclo de vida do projeto, incluindo a preparação da especificação de requisitos do projeto, o gerente do projeto tem a responsabilidade global pela implementação do gerenciamento de riscos, pois cabe a ele assegurar a integração coerente entre todos os processos e pessoas do projeto.

Então, o gerenciamento de riscos deve ser entendido como:

a. Um processo sistemático e interativo para otimizar os recursos de acordo com a política de gerenciamento de riscos do projeto;
b. Um processo conduzido por regras e responsabilidades definidas para as atividades do dia a dia em todo o domínio do projeto e em todos os níveis;
c. Uma ferramenta de auxílio a gerentes e time do projeto por inclusão dos aspectos de riscos nas práticas de gerenciamento e de engenharia

[148] Na definição da política de gerenciamento de riscos, deve-se: (a) identificar os recursos que podem ser impactados pelos riscos; (b) identificar as metas do projeto e suas restrições; (c) descrever as estratégias a serem adotadas para lidar com os riscos, como definição de margens e compartilhamento do risco entre fornecedor e cliente; (d) definição de critério para classificar os riscos de acordo com os requisitos do projeto; (e) estabelecer critério de pontuação para severidade da consequência e probabilidade da ocorrência; (f) estabelecer critério para identificar a magnitude do risco; (g) estabelecer critério para determinar as ações a serem tomadas na ocorrência de riscos e responsabilidades; (h) definir critério para aceitação de riscos; (i) estabelecer o método de pontuação e comparação entre riscos; (j) definir o método para calcular o risco total do projeto; (k) estabelecer critério de aceitação do risco total do projeto; (l) definir estratégias para monitoramento dos riscos e a forma de comunicação dos riscos para quem tomará decisão e para todos os atores envolvidos no projeto; (m) descrever como será implementado o plano de gerenciamento de riscos.

ao longo de todo o ciclo de vida do projeto, incluindo a preparação da documentação de requisitos;

d. Um processo que ocorre de maneira integrada e holística, maximizando os benefícios em áreas tais como: projeto, fabricação, ensaios, operação, manutenção e descarte, junto a suas interfaces, controle sobre as consequências dos riscos e gerenciamento de custos e prazos.

Como forma de facilitar o gerenciamento dos riscos de um projeto,[149] estes devem ser categorizados gerando a *Risk Brekdown Struture* (RBS, Estrutura Analítica de Riscos). As possíveis categorias de riscos estão indicadas a seguir:

1. Riscos Internos
    a. Processos decisórios;
    b. Políticas da organização;
    c. Cultura da organização;
    d. Técnicos (maturidade tecnológica, times de projeto e de apoio);
    e. Custos (verbas, recursos, orçamentos);
    f. Prazos (planejamento de compras e entregas relacionadas com fases do projeto);
    g. Operações;
    h. Atividades.

2. Riscos Externos
    a. Políticos;
    b. Econômicos;
    c. Fornecedores.

3. Riscos Intrínsecos
    a. Requisitos;
    b. Estimativas;
    c. Recursos;
    d. Critérios de aceitação.

As atividades necessárias ao gerenciamento contínuo dos riscos[150] são:

---

[149] Tanto a ESA quanto a Nasa adotam metodologias similares de gerenciamento contínuo de riscos, para os riscos associados a implantação de projetos, planos e processos.

[150] Fonte: NPG-7120.5 — Nasa Program and Project Management Processes and Requirements.

*Identificar*: determinar[151] o risco em termos de condições e consequências; entender o contexto do risco (5W1H). Métodos como a Análise Probabilística de Riscos (PRA) ou técnicas como a Análise de Riscos por Árvore de Eventos (ETA) e a Análise de Árvore de Falhas (FTA) são também usados para identificação dos riscos.

*Analisar*: avaliar, probabilisticamente, definir impacto/severidade e prazo (quando a ação necessita ser feita), classificar/agrupar com riscos similares relacionados e priorizar. Para isso, métodos tais como a PRA são usados para análise quantitativa de riscos que possam ter origem em eventos raros.

*Planejar*: definir responsabilidade, determinar abordagem quanto ao risco (avaliar, aceitar, mitigar ou monitorar), se o risco será mitigado, definir o nível de mitigação (listar a ação ou, se exigir mais detalhamento, planejar as tarefas necessárias), definir metas e incluir estimativa orçamentária.

*Acompanhar*: adquirir/atualizar, compilar, analisar e organizar dados dos riscos identificados; relatar resultados, verificar e validar as ações de mitigação.

*Controlar*: analisar os resultados, decidir como proceder (replanejar, fechar o risco, recorrer aos planos de contingência, continuar acompanhando), executar as decisões de controle.

*Comunicar e documentar*: o *status* dos riscos deverá ser comunicado em períodos regulares para o time do projeto. Um sistema para documenta-

---

151 Método para executar avaliação de risco com confiança surgiu no início dos anos 1960 nos programas aeroespaciais e de mísseis dos EUA. O Diagrama de Árvore de Análise de Falha (Fault tree analysis — FTA) é um exemplo, tendo sido desenvolvido por engenheiros do Laboratório da Bell Telefhone Company. Teria sido razoável esperar que a Nasa se tornasse a primeiro líder mundial na aplicação dessa técnica. Porém, isso não aconteceu. Entretanto, é uma lenda o que se fala do início do Projeto Apollo, da pergunta feita sobre a probabilidade de enviar astronautas à Lua e trazê-los com segurança para a Terra, com resposta tão simplória. Seja risco, ou nível de confiança, algum tipo de cálculo foi executado e o resultado era, certamente, um muito baixo valor de probabilidade de sucesso. Foi esse resultado desapontador que fez a Nasa desencorajar a execução de análises quantitativas de risco ou de confiança, voltando a fazê-lo somente depois do infortúnio com o ônibus espacial Challenger, em 1986. Ao invés de usar o FTA, a Nasa decidiu confiar na Análise de Modo e Efeito de Falha (FMEA), método para avaliações de segurança de sistema. Para registro, a FMEA continua sendo usada pela Nasa em todos seus projetos relacionados com segurança. Entretanto, a ferramenta mais utilizada pela Nasa e seus parceiros e subcontratados é a Avaliação Probabilística de Riscos (Probabilistic Risk Assessment — PRA) por ser considerada um método de análise lógica, inclusiva e estruturada, apropriada para identificar e avaliar riscos em sistemas tecnológicos complexos com o propósito de melhorar a segurança, desempenho e custos efetivos dos mesmos. (Fonte: NPG-7120.5 — Probabilistic Risk Assessment: Procedures Guide for Nasa Managers and Practitioners).

ção e acompanhamento das decisões acerca dos riscos deverá também ser implementado.

Das técnicas de coleta de informação, estas são as principais:

## Entrevista com especialistas

Esse recurso é de alta relevância em projetos complexos em que são necessárias informações técnicas que a equipe de projeto não consegue delinear, podendo ser esses especialistas pessoas de dentro da própria organização, assim como contratados, sendo o primeiro caso a prática menos onerosa, mas há de se considerar cada situação em particular.

O processo deve obedecer à seguinte sequência:

a. Definir o escopo da identificação de riscos;
b. Entender os objetivos do projeto;
c. Definir um gerente de riscos;
d. Definir o instrumento de levantamento das informações;
e. Aplicar o roteiro/questionário aos especialistas;
f. Tabular as informações;
g. Gerar a lista de riscos do projeto.

Essa técnica é aberta e todos os especialistas podem interagir.

## Técnica Delphi

Essa técnica, que respeita o anonimato entre especialistas, visa obter consenso entre tais especialistas quanto aos riscos de um determinado projeto, sendo os mesmos contatados individualmente pelo facilitador.

O gerente de riscos deve acompanhar a seguinte sequência:

a. Definir a lista dos especialistas;
b. Estabelecer claramente o problema;
c. Apresentar os objetivos do projeto;
d. Obter opiniões de especialistas gerando informações para ajudar na identificação dos riscos;
e. Agrupar e sintetizar as informações em formulários específicos;

f. Compartilhar as opiniões entre especialistas mantendo o anonimato entre eles;
g. Solicitar avaliação complementar, com justificativas, caso necessário;
h. Agrupar e sintetizar, novamente, as informações em formulários específicos;
i. Analisar os resultados finais que irão representar as opiniões de consenso dos especialistas.

## Brain Writting Pool — BWP

É uma técnica que utiliza a escrita e visa gerar um grande número de ideias entre os diversos especialistas envolvidos com o projeto, sem que eles se exponham.

Em reunião, sob o comando do facilitador, os participantes seguem os seguintes passos:

a. Os especialistas anotam em uma folha os principais riscos que identificam, inicialmente;
b. Depois de um período combinado de tempo, os especialistas devem trocar as folhas fazendo-as circular no sentido horário;
c. Depois de repetir essa operação quantas vezes o facilitador julgar ser necessário, é elaborada a lista preliminar de riscos do grupo;
d. Os participantes, então, devem estudar essa lista e devem separar aqueles riscos que comporão a lista final de riscos do projeto.

Além dessas técnicas consideradas principais, outras também estão disponíveis e podem ser utilizadas com boa margem de sucesso, podendo ser utilizadas em conjunto com outras:

a. Uso de *brainstorming*, em um workshop preparatório que pode ser estruturado em uma análise Swot, para identificar pontos fortes e pontos fracos da organização e oportunidades e ameaças concernentes ao projeto;
b. Listas de verificação ou listas de alerta para beneficiar-se do aprendizado obtido em avaliações de risco anteriores;
c. Análise detalhada de suposições/restrições do projeto para explicitar as mais arriscadas;
d. Entrevistas com as principais partes interessadas, visando incorporar sua perspectiva com relação a possíveis riscos do projeto;

e. Revisão de projetos similares, para identificar riscos comuns e respostas eficazes.

O resultado da coleta de informações e da avaliação de possíveis fontes de riscos para o projeto deve ser discriminado em relatórios de identificação de riscos elaborados seja por atividade, seja por processo, indicando todos os riscos e oportunidades vislumbradas.

O processo de gerenciamento de risco deve ser documentado para assegurar que as políticas de gerenciamento de riscos estejam bem estabelecidas, compreendidas, implementadas e são mantidas, que eles são rastreáveis à origem e que todas as decisões relacionadas com o risco foram tomadas durante o ciclo de vida do projeto. No relatório de identificação de riscos devem ficar explícitos os riscos e/ou oportunidades, suas fontes ou características e em que ponto do projeto eles poderão se manifestar, dando, assim, início a preocupações com relação aos possíveis impactos negativos ou vislumbrar possíveis impactos positivos.

## TRATANDO AS TECNOLOGIAS CRÍTICAS

Não é muito repetir que programas espaciais são altamente complexos e requerem tecnologias avançadas e comprovadamente seguras, sem o que não há confiabilidade suficiente em mandar ao espaço produtos que possam não funcionar como previsto, concorrendo para prejuízos financeiros e de imagem institucional, de valores sempre exponenciais.

Um dos tópicos a serem desenvolvidos em um plano de gerenciamento do programa espacial é o plano de desenvolvimento de tecnologia, que deve descrever a avaliação tecnológica, o desenvolvimento, gerenciamento e aquisição estratégica necessária para se atingirem os objetivos da missão. A figura mostra, na prática, como uma nova tecnologia transita pela escala TRL.

Para tanto, esse plano deve:

a. Descrever como o programa avaliará seus requisitos de desenvolvimento tecnológico, incluindo como o programa avaliará a viabilidade, prontidão, custo, risco e benefícios da nova tecnologia;
b. Descrever como o programa identificará oportunidades para alavancar esforços tecnológicos já em curso;
c. Descrever as estratégias do programa para assegurar que todas as alternativas desenvolvidas constituem tecnologias tão maduras quanto se espera;

d. Descrever como o programa resolverá quanto à defasagem tecnológica, incluindo maturação, validação e planos de inserção, medidas de desempenho e marcos quantificáveis, ponto de decisão e recursos requeridos;
e. Descrever brevemente como o programa assegurará que todas as mudanças tecnológicas planejadas, contratos e acordos de parcerias estejam de acordo com as leis e regulamentos previstos em controles de exportação e para transferência de informação sensível e de propriedade intelectual;
f. Descrever o plano de utilização de tecnologia no programa.

No caso do desenvolvimento de uma tecnologia, a Nasa, a ESA, o DoD, outras agências governamentais americanas, além de agências e companhias ligadas à indústria especial mundo afora, trabalham com a metodologia chamada Technology Readiness Levels (TRL, Níveis de Prontidão da Tecnologia), para avaliar a maturidade de tecnologias (materiais, componentes, dispositivos etc.).

A metodologia TRL é composta por nove níveis de maturidade, como mostrados na figura 27.

No capítulo dedicado a novas tecnologias (Proven versus new technology) do Documento RP-06-108 "Engineering and Safety Center Technical Report", publicado pela Nasa, a agência afirma que o uso de uma nova tecnologia deve ser para resolver um problema, do qual conhece necessidades e objetivos. E que, para ser segura e confiável, a nova tecnologia precisa ser "comprada" pelo sistema.

Durante a discussão do assunto, esse tópico é esclarecido:

> Nos casos onde novas tecnologias são necessárias, por exemplo, quando partes, processos ou materiais estão obsoletos, o Engenheiro do Sistema deve ajudar os times de Projeto a identificar as exigências adicionais e incertezas que a nova tecnologia poderia introduzir.
>
> Introduzir novas tecnologias pode tornar o sistema mais seguro, mas um fracasso durante o processo de maturação pode tornar o sistema menos seguro, quando considerado diante da vida do Programa. O Engenheiro de sistemas tem que entender como a complexidade tecnológica introduz incerteza no Programa, e o que pode ser feito para combater, incorporando, por exemplo, tolerância adicional, testes extras, voo alternativo de qualificação e conceitos de operações.

O uso de uma nova tecnologia é um fator constantemente variável por adicionar confiabilidade e reduzir custo e massa. É um processo natural para constantemente melhorar, indo de uma tecnologia para outra (num processo de *upgrade* tecnológico).

A seguir, a Nasa apresenta como os Níveis de Prontidão das Tecnologias (TRL) devem ser coordenados em relação ao ciclo de vida de seus projetos.

FIGURA 21
Nasa — Technology Readiness Level (TRL) and Project Lifecycle

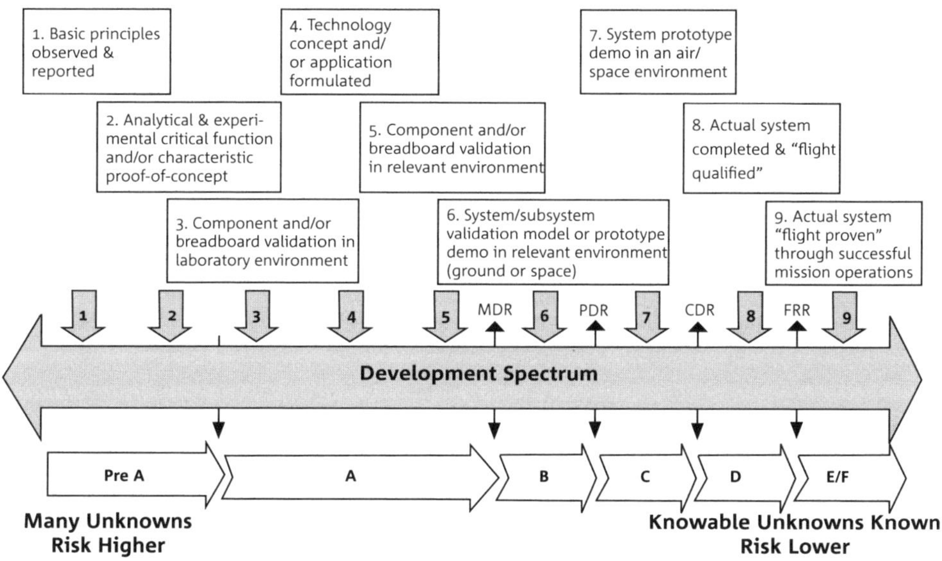


Fonte: Disponível em: <www.nasa.gov/pdf/189071main_RP-06-108_05-173_DDT%26_E_Volume_II_(MASTER)08-07-2007_ Final_%5B1%5D.pdf>. Acesso em: 8 maio 2014.

*TRL 1: Princípios básicos observados e relatados*
Esse é o menor nível de maturação da tecnologia. Nesse nível, as pesquisas científicas estão em fase de transição para a pesquisa aplicada e desenvolvimento. As ferramentas descritas são formulações matemáticas ou algoritmos. Exemplo: estudo de propriedades básicas de materiais.

*TRL 2: Conceito tecnológico e/ou aplicação formulada*
Aqui somente princípios básicos são observados, concorrendo para que no próximo nível de maturação se possam identificar ou "inventar" aplicações

práticas para essas características, como: a observação de alta temperatura como crítica para a supercondutividade, podendo levar à especulação sobre aplicação prática desse princípio em aplicação no desenvolvimento de sensores e instrumentos para aplicação espacial.

*TRL 3: Função crítica experimental e analítica e/ou características à prova de conceitos*

Nesse nível, é dado início ao processo de maturação, pesquisa ativa e desenvolvimento da tecnologia, com estudos analíticos e laboratoriais. Nesse ponto é feita a demonstração da viabilidade da tecnologia, podendo ser verificado se as previsões analíticas eram corretas.

*TRL 4: Validação em ambiente de laboratório de componente/sistema*

Para que haja real sucesso no trabalho de se provar o conceito formulado para a tecnologia, os elementos básicos dessa tecnologia devem ser integrados e validados em laboratório, devendo essa validação suportar o conceito que foi formulado anteriormente e também devendo ser consistente com o requisito de aplicação do sistema, embora esse trabalho de validação ainda esteja na fase inicial, considerada ainda de baixa fidelidade.

*TRL 5: Validação em ambiente relevante de componente/sistema*

Aqui, a fidelidade do componente e/ou sistema a ser testado tem um aumento significativo, já que os elementos tecnológicos básicos, nesse caso, devem ser integrados com elementos que tenham razoável nível de fidelidade e devem ser testados em um ambiente simulado ou real.

*TRL 6: Demonstração de modelos de sistemas/subsistemas ou protótipos em um ambiente relevante (solo ou espaço)*

Nesse caso, o nível de fidelidade da demonstração da tecnologia deve ser superior ao TRL 5, e aqui um modelo representativo do sistema ou subsistema deverá ser testado em ambiente pertinente, ou seja, se a tecnologia deve ser demonstrada no espaço, então o ambiente de teste tem de ser o espaço, embora nem tudo tenha que ser testado no espaço.

*TRL 7: Demonstração do protótipo do sistema no ambiente espacial*

Esse é um passo fundamental para a demonstração da tecnologia que, agora, deverá ser semelhante em tamanho ou a uma escala do sistema operacional planejado, e o teste deve ser feito no espaço. Isso se a tecnologia e/ou subsistema for para uma aplicação crítica e de nível de risco relativamente alto. A documentação do sistema deve estar parcialmente disponível.

*TRL 8: Demonstração e teste por meio de um sistema completo e "qualificado para voo" (solo ou espaço)*

Por definição, toda tecnologia a ser aplicada em sistemas atuais passou pelo nível 8. Na maioria dos casos, esse nível é o fim do caminho de desenvolvi-

mento de sistema para elementos de tecnologia. Aqui a tecnologia deve estar completamente integrada com sistemas de hardware e software.
A maioria da documentação de usuário, documentação de treinamento e documentação de manutenção deve estar concluída. Todas as funcionalidades devem ter sido testadas em um cenário operacional simulado. Processos de verificação e validação deverão estar concluídos.
*TRL 9: Sistema atual em prova durante sucessivas missões (solo e espaço)*
Sistemas completamente integrados com hardware e software operacionais. Os sistemas devem ser testados e demonstrados em ambientes operacionais. Toda a documentação deve estar concluída. A experiência em operação deve ter sido um sucesso.

## FASE B — DEFINIÇÃO PRELIMINAR (ECSS)

> O verdadeiro profissional é aquele que faz
> o que lhe foi confiado sem esperar elogios.
>
> NADII ANNE RIBEIRO

A fase de definição preliminar (ou de definição do sistema ou de definição preliminar do projeto) é quando os planos preliminares são convertidos em uma *baseline* de solução técnica.[152] Nessa fase, os requisitos estão definidos, os cronogramas preliminares estão determinados, as especificações estão prontas para dar-se início ao projeto e desenvolvimento do sistema, e a lista das tecnologias críticas necessárias deve ser completada, com início de seu desenvolvimento ou com sua definição.

Então, agora é momento para se finalizar os planos de gerenciamento, de engenharia e de garantia do produto, juntamente com o cronograma principal, dos requisitos de desempenho do sistema, e os requisitos técnicos devem estar suficientemente detalhados para permitir estimativas firmes de prazos e custos. A determinação dessas *baselines* implica a implantação de procedimentos de gerenciamento da configuração.[153]

Deve ocorrer ainda a definição da estruturação da WBS com as principais entregas do projeto, a definição da árvore de produtos e de especificações e

[152] Disponível em: <www2.jpl.NASA.gov/basics/bsf7-1.php>. Acesso em: 15 maio 2014.
[153] Disponível em: <http://portal.sbitech.com/dau-course-dev/NSE101/root/reference/pdfs/Project%20Lifecycle.pdf>. Acesso em: 16 maio 2014.

soluções técnicas associadas, concluídos os planos de verificação do projeto e o plano de testes do modelo de engenharia.

Também nessa fase é feita a preparação de especificações de compra de materiais e itens de fabricação, a definição de uma programação preliminar de fabricação de itens do projeto, a listagem e especificação de itens necessários para apoio aos trabalhos de montagem e integração e a realização de testes de bancada do modelo de engenharia.

A Fase B ainda é caracterizada pela oportunidade de se atualizar a avaliação de riscos da missão, preparar um plano para mitigar a geração de resíduos espaciais e sua possível disposição/descarte, e é dado início à fabricação do modelo de engenharia, de forma a evidenciar o acerto das soluções técnicas apontadas para o projeto.

As principais tarefas nessa fase do ciclo de vida do projeto são:

a. Finalizar planos de gerenciamento do projeto, de engenharia e de garantia do produto;[154]
b. Estabelecer a linha de base (*baseline*)[155] do cronograma principal;
c. Elaborar a *baseline* de custo para a conclusão do projeto;
d. Elaborar a Work Breakdown Struture (WBS) do projeto;
e. Confirmar as soluções técnicas identificadas na Fase A, para os sistemas e subsistemas, e os conceitos operacionais e sua viabilidade em relação às restrições encontradas;
f. Conduzir estudos de alternativas (*trade-off*) e selecionar o conceito preferido de sistema, juntamente com a solução técnica mais adequada a esse conceito;
g. Estabelecer uma definição preliminar do projeto para o conceito de sistema selecionado e solução técnica escolhida;
h. Determinar o programa de verificação, incluindo a filosofia do modelo de engenharia;
i. Identificar e definir as interfaces externas;
j. Preparar especificação e documentos para acordos comerciais;

---

[154] A garantia da qualidade de produtos, incluindo hardware e software e de partes elétricas, eletrônicas, eletromecânica, materiais e processos aplicados aos projetos, exige que se faça a elaboração dos requisitos e planos apropriados de garantia do produto, o controle da documentação técnica e de configuração dos itens especificados, o gerenciamento da documentação técnica e da configuração, a aplicação de normas técnicas e os procedimentos para preparação e controle de processos e documentos técnicos de testes, a qualificação de novos processos para partes mecânicas, eletromecânicas e eletroeletrônicas e para materiais, além de planos de auditoria das atividades de garantia do produto.

[155] *Baseline*: especificação ou produto de trabalho que foi formalmente revisado e acordado, que serve de base para desenvolvimento futuro, e que somente pode ser alterado mediante procedimentos formais de controle de mudanças (ABNT NBR ISO/IEC 15288:2009).

k. Iniciar o trabalho de pré-desenvolvimento de tecnologias críticas ou áreas de projeto de sistema quando for necessário reduzir os riscos na fase de desenvolvimento;
l. Iniciar a preparação de requisitos de suprimentos de longo prazo para satisfazer as necessidades do cronograma do projeto;
m. Preparar o plano de mitigação de resíduos espaciais e plano de descarte dos mesmos;[156]
n. Aprovar planos de avaliações de confiabilidade e de segurança;
o. Finalizar a árvore de produto, a WBS e a árvore de especificação;
p. Atualizar a avaliação de riscos;
q. Contratar a produção de sistemas e subsistemas.

No modelo de ciclo de vida de projetos da Nasa, a Fase B é dividida em duas etapas, sendo a primeira (Fase B1) chamada de Definição do Sistema e a segunda (Fase B2), chamada de Projeto Preliminar.

A etapa chamada Definição do Sistema tem como objetivo estabelecer uma lista validada de requisitos para os itens principais (*baseline* funcional completa), completar a arquitetura em nível de projeto, mitigar os riscos técnicos para os itens de tecnologia crítica, estabelecer estimativas firmes de recursos técnicos e programáticos, mitigar os riscos programáticos e demonstrar que o sistema pode ser construído de acordo com os custos e prazos estimados, mesmo com as restrições existentes.

[156] A quantidade de lixo espacial cresceu 3% durante o primeiro semestre de 2010. Segundo o Programa da Nasa para Dejetos Orbitais (Nasa Orbital Debris Program Office), já rodeiam nosso planeta mais de 15.500 detritos — desde velhos foguetes até pequenas peças e satélites desativados. Segundo a Nasa, foram lançados, desde 1957, cerca de 6 mil satélites. Desses, apenas 800 estão ativos e 45% orbitam a uma distância de até 32 mil quilômetros da Terra. Assim, no último semestre, o número de resíduos espaciais passou de 15.090 para 15.500. Trata-se, para a Nasa, de um aumento significativo e perigoso para as atividades espaciais. As estatísticas de países e organizações que despejam lixo se repete. Entre janeiro e julho, do número significativo de objetos abandonados em órbita, a Commonwealth of Independent States (CIS), países integrantes da Grã-Bretanha, continua sendo campeã na geração de poluição cósmica, com um total de 5.833 objetos. Em segundo lugar no *ranking* vêm os EUA, com 4.824. A China ocupa a terceira posição: 3.388 detritos. A ESA é responsável pela menor quantidade de lixo espacial, com apenas 83 resíduos. Desses, 39 procedem de explosões e 44 de foguetes e outros objetos. Preocupada com o risco para suas pesquisas, a Nasa criou o programa U.S. Space Surveillance Network, iniciativa do governo Barack Obama que detecta com radares lixo espacial com mais de cinco milímetros. Em seguida, os dejetos são catalogados e identificados. Finalmente, equipamentos conseguem determinar quando e onde caíram sobre a Terra. Hoje, a Força Aérea dos EUA tem uma rede de radares e telescópios, baseados em solo, para acompanhar cerca de mil satélites ativos e 20 mil fragmentos. Fonte: <http://blogs.estadao.com.br/jt-radar/perigo-cerca-a-terra-mais-lixo-espacial>.

Segundo o ciclo de vida dos projetos da Nasa, na Fase B (Definição Preliminar do Projeto), o time de projeto deve completar o projeto preliminar e o desenvolvimento de tecnologias. Essas atividades devem ser focadas para a complementação do plano de projetos e para a Revisão do Projeto Preliminar (PDR).

FIGURA 22

**Fase B (Subfase B1) — Projeto preliminar: Definição do Sistema (Nasa)**

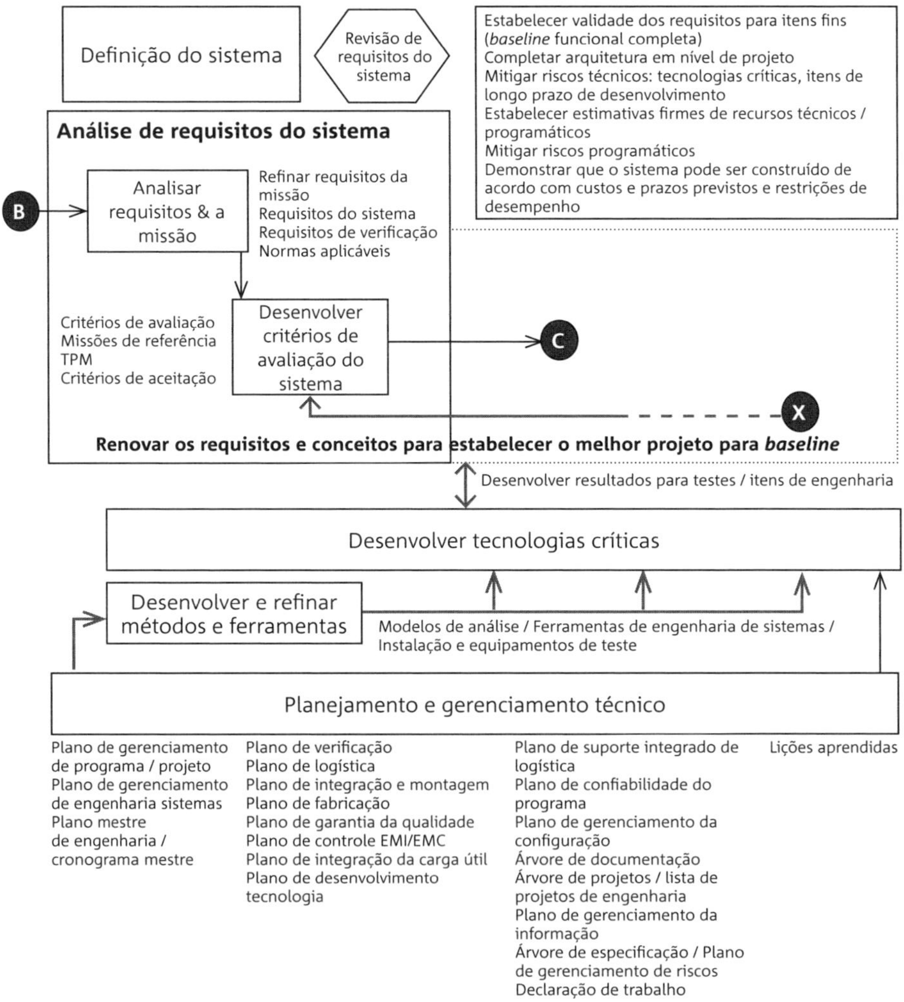


Fonte: Nasa.

FIGURA 23
Fase B (Subfase B1) — Projeto preliminar: Definição do Sistema (Nasa)

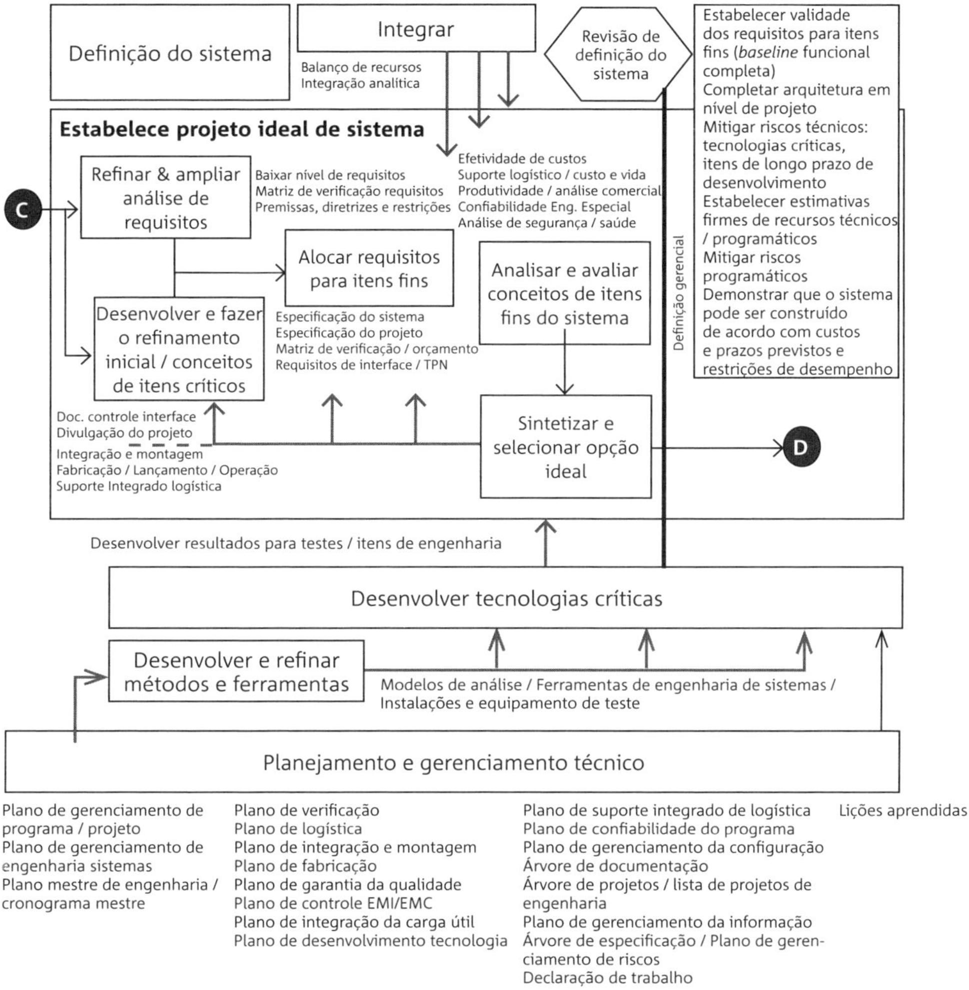


Fonte: Nasa.

As principais atividades que devem ser desenvolvidas nesta etapa da Fase B (Subfase B1) antes da primeira revisão, chamada de Revisão dos Requisitos do Sistema, são:

a. Análise da missão e dos requisitos (lista refinada dos requisitos da missão, requisitos do sistema, requisitos de verificação e relação de normas e padrões aplicáveis);

b. Desenvolver os critérios de avaliação do Sistema (critérios de avaliação, referenciais de outras missões, sistema de medição de desempenho técnico e critérios de aceitação).

Ainda na Fase B, agora a Subfase B2, são realizadas as seguintes atividades:

a. Preparar, conseguir aprovação e implantar planos de gerenciamento técnico e de planejamento do projeto (plano de gerenciamento de programa/ projeto, plano de gerenciamento do sistema de engenharia, plano macro de engenharia, cronograma macro, planos de verificação, plano de logística, plano de montagem e integração, plano de fabricação, plano de garantia da qualidade, plano de integração entre lançador e carga útil, plano de sistema de segurança, plano de desenvolvimento tecnológico, plano de suporte de logística integrada do programa, plano de confiabilidade do programa, plano de gerenciamento da configuração, árvore de documentação, árvore de desenhos e lista de desenhos de engenharia, plano de gerenciamento da comunicação, árvore de especificação, plano de gerenciamento de riscos e declaração de trabalho);
b. A *baseline* de gerenciamento do projeto deve incluir um cronograma macro integrado com as estimativas de custo durante o ciclo de vida do projeto, estimativas de força de trabalho e a *baseline* técnica, todas consistentes com os requisitos do programa;
c. Detalhar, atualizar e refinar os requisitos do projeto (requisitos de níveis inferiores, matriz de requisitos de verificação, premissas e restrições);
d. Desenvolver e refinar os principais conceitos para os itens críticos da missão (projeto básico, documentação de controle de interfaces, fabricação, montagem e integração, operações de lançamento, suporte logístico integrado);
e. Desenvolver e documentar a *baseline* de conceitos operacionais da missão;
f. Distribuir requisitos para itens principais (especificação de sistema, especificação de projeto, matriz de verificação, requisitos de interface e orçamento por sistema);
g. Analisar e avaliar conceitos dos principais sistemas envolvidos (efetividade, custos, suporte logístico, produtividade na fabricação, confiabilidade, análise relacionada com saúde e segurança, engenharia especialista);
h. Analisar a integração (balanço dos recursos necessários).

E temos a Subfase B3, referente ao Projeto Preliminar.

FIGURA 24

Fase B (Subfase B3) — Projeto preliminar: Definição do Sistema (Nasa)

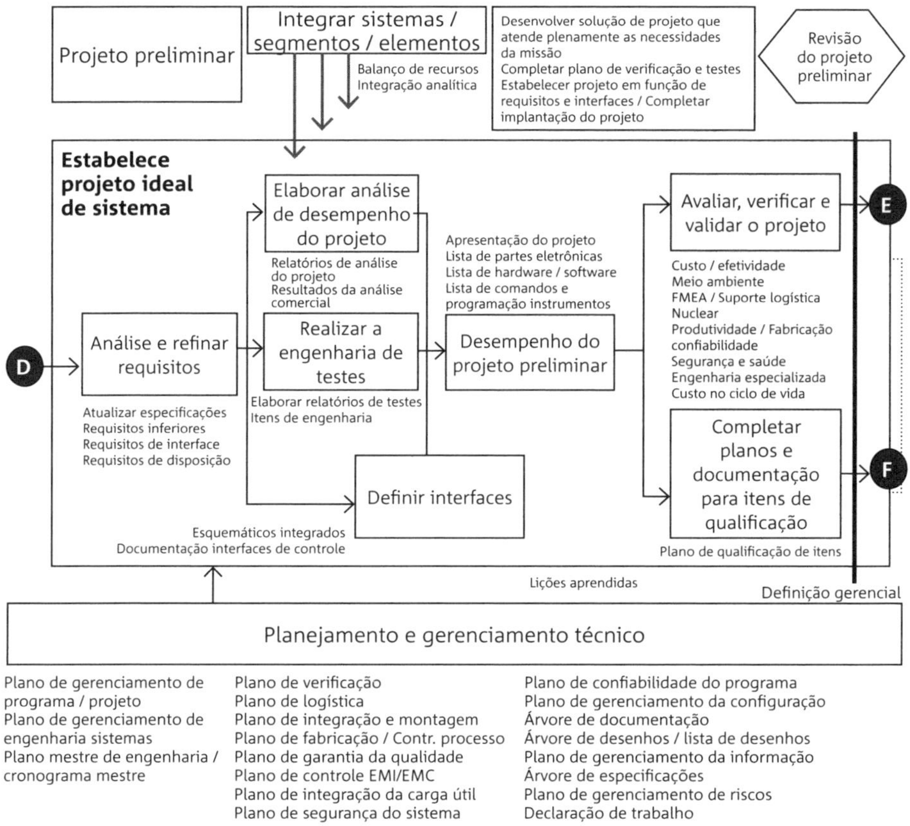


Fonte: Nasa.

i. Verificar as tecnologias desenvolvidas (avaliar resultados de qualificação de tecnologias desenvolvidas e itens de engenharia necessários, substituição por tecnologia mais madura, se necessário) e documentar esse trabalho em relatório de avaliação de prontidão de tecnologia, com as devidas evidências;
j. Desenvolver o conjunto de projetos preliminares de sistemas e subsistemas associados, incluindo a definição de interfaces e documentar esse trabalho em um relatório preliminar do projeto;
k. Planejar e implantar as compras de longo prazo de entrega, já aprovadas, de acordo com o plano de aquisição;

l. Desenvolver, documentar e manter uma *baseline* do gerenciamento de projeto para todo o trabalho a ser desenvolvido, incluindo o cronograma macro, estimativa de custo durante o ciclo de vida, estimativa de força de trabalho e da revisão preliminar do projeto;
m. Apoiar o desenvolvimento de acordos externos, tais como entre agências governamentais e acordos internacionais, incluindo o planejamento, a negociação e recomendações de participação conjunta e revisões, integração, testes e gerenciamento de riscos;
n. Se requerido, desenvolver uma *baseline* do plano de proteção planetária;
o. Desenvolver um plano preliminar de gerenciamento de riscos de segurança de pessoal;
p. Planejar e emitir compras de longo prazo de entrega, de acordo com o previsto no plano de aquisição, depois de aprovado;
q. Identificar os eventos que possam desencadear a ocorrência dos riscos e propor plano de mitigação para cada risco;
r. Completar o processo de planejamento ambiental para a missão;
s. Desenvolver uma avaliação preliminar de resíduos orbitais;
t. Desenvolver e documentar um plano preliminar de segurança para o lançamento;
u. Refinar ferramentas e métodos de controle (análise de modelos, ferramentas para análise de sistemas de engenharia e equipamentos e instalações de testes);
v. Priorizar a realização de revisões de ciclo de vida do projeto para essa fase;
w. Obter aprovação para passar para a Fase C.

A Jaxa intitula a Fase B como Projeto Básico, não tendo subdivisão e, ao final, ocorre a Revisão do Projeto Preliminar (PDR). Nessa ocasião deve ser aprovada uma *baseline* de especificações do sistema e é definida uma primeira ordem de custo com base nessas especificações, que serve para orientar a contratação de serviços externos.

Ainda na Fase B, a Jaxa faz uma avaliação de custo/risco do projeto do sistema e do plano de desenvolvimento, fazendo então a estimativa do orçamento da missão, incluindo as margens.

# REVISÕES DA FASE B

> Pergunta sempre a cada ideia:
> a quem serves?
> BERTOLT BRECHT

## SRR — Revisão de Requisitos do Sistema (ECSS)

Na Fase B é feita a Revisão de Requisitos do Sistema, que objetiva:

a. Aprovar a revisão das especificações de requisitos técnicos;
b. Avaliar a definição preliminar do projeto;
c. Avaliar o programa preliminar de verificação.

## PDR — Revisão do Projeto Preliminar (ECSS)

A Revisão do Projeto Preliminar (PDR) encerra a Fase B, cujos resultados são utilizados para julgar a prontidão do projeto para passar à Fase C, objetivando:

a. Verificar o projeto preliminar do conceito selecionado e as soluções técnicas em face do projeto e requisitos de sistema;
b. Aprovar os planos finais de gerenciamento, de engenharia e de garantia do produto;
c. Aprovar a árvore de produto, a WBS e a árvore de especificação;
d. Aprovar o plano de verificação (incluindo a filosofia do modelo de engenharia).

Segundo o modelo de ciclo de vida da Nasa, são realizadas três revisões na Fase B: a System Requirements Review (SRR, Revisão de Requisitos do Sistema), System Definition Review (SDR, Revisão de Definição do Sistema) e a Preliminary Design Review (PDR, Revisão do Projeto Preliminar).

A Revisão de Requisitos do Sistema (SRR), normalmente conduzida depois de completada a primeira etapa da Fase B, objetiva determinar o esforço necessário para otimizar e completar a configuração do sistema e a direção inicial e progresso do sistema de gerenciamento de engenharia.

Nessa revisão são verificados os seguintes pontos:

a. Lista de requisitos da missão;
b. Fluxograma funcional do sistema;

c. Distribuição de requisitos preliminares;
d. Efetividade de custeio do sistema;
e. Síntese da arquitetura do sistema;
f. Suporte logístico;
g. Disciplinas vinculadas à engenharia especialista;
h. Interfaces do sistema;
i. Especificação desenvolvida para o sistema;
j. Plano de gerenciamento de riscos;
k. Plano de testes e integração;
l. Plano de medição de performance técnica;
m. Atividades de integração;
n. Plano de gerenciamento de dados;
o. Segurança do sistema;
p. Fatores humanos;
q. Análise do custo durante o ciclo de vida;
r. Cronograma e marcos.

A Revisão de Definição do Sistema (SDR) objetiva demonstrar que a arquitetura do sistema é aceitável e que a lista de elementos funcionais está completa, assegurando com isso que a missão poderá cumprir seus objetivos primários.

A revisão SDR compreende a verificação dos seguintes itens:

a. Lista de itens de engenharia;
b. Critérios de aceitação;
c. Especificação de projeto;
d. Especificação ambiental;
e. Requisitos de interface;
f. Plano de controle ambiental;
g. Normas e padrões aplicáveis;
h. Matriz de verificação de requisitos;
i. Planos de verificação;
j. Projeto preliminar;
k. Lista de hardware e software;
l. Documentação de interfaces de controle;
m. Plano de montagem e integração;
n. Plano de manufatura;
o. Plano de garantia da qualidade;
p. Plano de operação;

q. Plano de suporte integrado de logística;
r. Análise de efetividade de custos;
s. Estudos e auditorias de produtividade;
t. Análise de suporte logístico;
u. Avaliação de confiabilidade;
v. Análises de aspectos relativos a saúde e segurança;
w. Resultados de análise de acordos comerciais;
x. Estudos de engenharia especializada;
y. Estimativas de custos durante o ciclo de vida;
z. Planos de desenvolvimento e de testes;
aa. Análise de modelos;
ab. Ferramentas de engenharia de sistemas;
ac. Equipamentos e instalações de testes;
ad. Plano de controle EMI/EMC;[157]
ae. Plano de integração entre lançador e carga útil;
af. Plano de gerenciamento de engenharia de sistemas;
ag. Plano de segurança do sistema;
ah. Plano de desenvolvimento tecnológico;
ai. Plano de suporte logístico integrado;
aj. Plano de confiabilidade do programa;
ak. Relatórios de medição de desempenho técnico;
al. Plano de gerenciamento da configuração;
am. Plano de gerenciamento de riscos;
an. Plano de gerenciamento da comunicação;
ao. Árvore de documentação;
ap. Planos de gerenciamento do programa/projetos;
aq. Declarações de trabalho (SOWs).

A Revisão do Projeto Preliminar (PDR), realizada ao final da segunda etapa da Fase B, objetiva demonstrar que o projeto do sistema está completo, otimizado e que está de acordo com os requisitos do sistema.

Essa revisão visa ainda verificar que o projeto esteja consistente com as metodologias de verificação, produção e operação e que os custos e restrições estão sendo levados em consideração, sendo os maiores produtos dessa revisão a *baseline* do projeto de engenharia e os planos de qualificação de modelos.

[157] EMI (interferência eletromagnética); EMC (compatibilidade eletromagnética).

Para essa revisão são abordados os seguintes itens:

a. Itens de engenharia;
b. Manuais de usuários;
c. Critérios de aceitação;
d. Especificação para construção;
e. Especificação de projetos de engenharia;
f. Requisitos de interfaces;
g. Lista de fornecedores de hardware e software;
h. Plano de controle ambiental;
i. Normas e padrões aplicáveis;
j. Especificação e requisitos de verificação;
k. Planos de qualificação de itens de engenharia;
l. Planos de verificação;
m. Projeto detalhado;
n. Documentação de controle de interfaces;
o. Dados de processos e de materiais;
p. Plano de montagem e integração;
q. Plano de manufatura;
r. Planos de controle de processos e de materiais;
s. Plano de garantia da qualidade;
t. Planos de operações de lançamento e operação do sistema;
u. Lista de sobressalentes a serem aprovisionados;
v. Plano de suporte logístico integrado;
w. Plano de treinamento;
x. Relatório de análise do projeto;
y. Estudos e auditoria de produtividade;
z. Análise de efeitos e modos das falhas (FMEA);
aa. Análise de suporte logístico;
ab. Avaliação de confiabilidade;
ac. Análise de aspectos relativos a saúde e segurança;
ad. Estudos de engenharia;
ae. Estimativas de custos durante o ciclo de vida;
af. Resultados de testes de desenvolvimento;
ag. Análise de modelos;
ah. Ferramentas de engenharia de sistemas;
ai. Equipamentos e instalações de testes;
aj. Planos de aceitação;
ak. Plano de controle de contaminação;

al. Plano de controle EMI/EMC;
am. Plano de integração de carga útil ao lançador;
an. Relatórios de medição de desempenho técnico;
ao. Árvore de desenhos/lista de desenhos de engenharia;
ap. Plano de gerenciamento da comunicação;
aq. Declarações de trabalho (SOWs);
ar. Plano de gerenciamento de partes;
as. Plano de confiabilidade do programa.

## Em destaque — gerenciamento da informação

A efetiva comunicação de uma agência espacial com seus diversos públicos é de fundamental importância para o sucesso de qualquer missão espacial, vista, principalmente, a necessidade de reconhecimento e apoio da sociedade para os pesados investimentos que são necessários para alavancar programas e projetos do setor, sempre em cifras astronômicas.

O diferencial em favor das agências espaciais está, justamente em estas saberem "vender" ao contribuinte os benefícios que poderão advir das pesquisas e desenvolvimento de novas tecnologias que irão aportar, mais dia menos dia, em algum item de uso da medicina, da indústria e na vida cotidiana da população. Por exemplo, o motor a álcool que equipa grande parte da frota brasileira é oriundo de pesquisas realizadas pelo Instituto de Aeronáutica e Espaço (IAE), de São José dos Campos (SP).

Outro setor que é bastante visado pelas Agências Espaciais e Centros de Pesquisa ligados ao setor é o acadêmico, pela necessidade de renovação de quadros técnicos e a busca de talentos para esse setor da economia. Assim, há um esforço muito grande em motivar os estudantes para a pesquisa espacial e o estudo da matemática.

Grandes agências, como a ESA, a Nasa e outras sabem muito bem comunicar com os públicos de interesse e colocam à disposição em diversos sites as informações científicas, sobre as missões em andamento e futuras, objetivos e metas, procedimentos de gestão, normas e padrões de conduta e tantos outros documentos e dados que tornam a informação um ponto de grande transparência e fonte de conhecimento e credibilidade.

De outra forma, também as agências e centros de pesquisa e desenvolvimento convivem com a necessidade de se resguardarem quanto à propriedade intelectual de suas pesquisas e desenvolvimento de tecnologias críticas, e quanto à possível utilização indevida de tais tecnologias por países e organizações.

Assim, os dados científicos são preservados com grande segurança e, via de regra, a transferência de tecnologia não é usual.

## Work Breakdown Struture (WBS)

A WBS (Work Breakdown Struture) ou EAP (Estrutura Analítica de Projeto) é um elemento essencial no gerenciamento do projeto. A WBS divide o projeto em pacotes que possam ser mais bem gerenciados, de forma a facilitar o planejamento e o controle de custos, prazos de execução e aspectos técnicos envolvidos na sua execução.

Na figura 34, é apresentada uma padronização de WBS (até o nível 2) para projetos de voos espaciais da Nasa, que objetiva, com isso, melhor estimativa de custos e consistência dos pacotes de trabalho, o que permite a comparação de custos entre projetos. Esse mesmo padrão de WBS se aplica a projetos espaciais de voos tripulados e robóticos e, havendo para um projeto específico, um elemento adicional, este poderá ser acrescentado, desde que não conflite com algum elemento padrão ou, para outros projetos menores, alguns elementos poderão ser suprimidos.

A partir do nível 3 da WBS e níveis mais baixos, se houver, podem os elementos diferir de projeto para projeto, assim como o gerenciamento na execução de cada elemento da WBS. Para fins de gerenciamento e relatórios, a WBS pode ser apresentada somente até o nível 2.

FIGURA 25
Exemplo de WBS para projetos de voos espaciais da Nasa

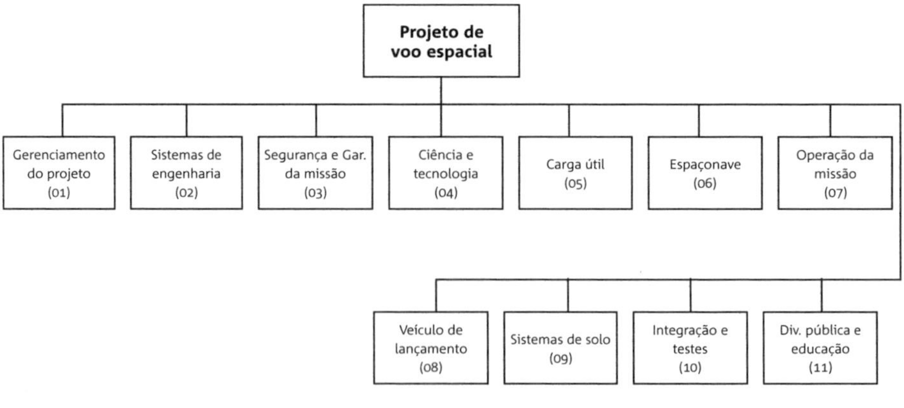


Fonte: Nasa. NPR 7120.5 handbook.

Para esta estrutura de WBS padrão da Nasa,[158] a agência define como Dicionário da WBS Padrão para Projetos de Voos Espaciais o que segue.

*Elemento 1 — Gerenciamento do projeto*: processos de planejamento administrativo e de negócio, organização, execução, coordenação, análise, controle e aprovação usados para acompanhar os objetivos gerais do projeto, os quais não estejam associados a elementos específicos de hardware e software. Esse elemento inclui as revisões do projeto e documentação, excluindo custos associados com planejamento e gerenciamento técnico e custos associados como entregas específicas de engenharia e produtos de hardware e software.

*Elemento 2 — Sistemas de engenharia*: contempla os esforços técnicos e de gerenciamento para a engenharia do projeto. Esse elemento inclui os esforços para definir o veículo de lançamento e os sistemas de solo do projeto, elaboração de estudos comerciais, planejamento e controle integrado dos esforços de engenharia de projeto, engenharia de software, engenharia especialista, desenvolvimento da arquitetura do sistema e planejamento de testes integrados, levantamento dos requisitos do sistema, controle da configuração, controle e monitoração do programa técnico e atividades de gerenciamento de riscos. A documentação dos produtos inclui documentos de requisitos, documentos de controle de interface, plano de gerenciamento de riscos e plano de verificação e validação. Exclui custo com engenharia de projetos.

*Elemento 3 — Segurança e garantia da missão*: os esforços técnicos e gerenciais de execução e controle dos elementos de segurança e garantia da missão. Esse elemento inclui projeto, desenvolvimento, revisão e verificação de práticas, procedimentos e critérios para o sucesso da missão, com a intenção de assegurar que a espaçonave, sistemas de solo, operações da missão e carga útil atinjam o desempenho esperado durante sua vida útil. Exclui os esforços para a garantia de produtos produzidos por parceiros e outros subcontratados, e os custos com testes ambientais.

*Elemento 4 — Ciência e tecnologia*: esse elemento inclui gerenciamento, execução e controle dos aspectos de investigação científica, assim como destacar, gerenciar e demonstrar o desempenho da tecnologia

158 Nasa Procedural Requirements — NPR 7120.5D — Nasa Space Flight Program and Project Management Requirements.

do projeto. Os custos incorridos para pagar o investigador principal, o cientista do projeto, os membros do time científico e o pessoal equivalente para a demonstração da tecnologia estão incluídos.

As responsabilidades específicas incluem a definição dos requisitos de ciência e tecnologia, garantia da integração desses requisitos com a carga útil, espaçonave, sistemas de solo e operações da missão, fornecimento dos algoritmos para processamento e análise dos dados e desempenho da análise e arquivamento dos dados. Esse elemento exclui hardware e software para carga útil e instrumentos científicos de investigação embarcados.

*Elemento 5 — Carga útil*: esse elemento inclui os equipamentos especiais, integrados à espaçonave, para experimentação científica, telemetria, monitoração, mapeamento, análises científicas e para fins de defesa. Isso inclui hardware e software para desenvolver as funções especificadas e a transmissão de dados para a Terra, assim como para demonstração da viabilidade de novas tecnologias.

*Elemento 6 — Espaçonave*: a espaçonave que serve como uma plataforma para transportar a carga útil, os instrumentos, seres humanos e equipamentos necessários para suportar a missão espacial e alcançar seus objetivos. A espaçonave pode ser simples ou de múltiplos módulos (estágio de cruzeiro, orbitadora, módulo de aterrisagem ou módulo de exploração).

Cada módulo da espaçonave do sistema inclui os subsistemas apropriados: tripulação, sistemas de potência, comando e manuseio, telecomunicações, mecânica, térmica, propulsão, navegação e controle, sistemas elétricos e software de voo. Esse elemento também inclui todos os projetos, desenvolvimento, produção, montagem e esforços de testes para entregar o completo sistema integrado com o veículo de lançamento e sua carga útil. Não inclui a integração e testes com a carga útil e outros sistemas do projeto.

*Elemento 7 — Sistema de operação da missão*: o gerenciamento do desenvolvimento e implementação da equipe de operação, procedimentos, documentação e treinamentos requeridos para conduzir a bom termo as operações requeridas pela missão.

Esse elemento inclui rastreamento, comando, recepção/processamento de dados de telemetria, análise de *status* do sistema, análise de trajetória, determinação de órbita, análise de manobra, atualização de posição na órbita e recursos para descontinuidade da missão. Não inclui integração e testes com outros sistemas do projeto.

*Elemento 8 — Veículo lançador/serviços*: o gerenciamento e a implementação de atividades requeridas à espaçonave diretamente no ambiente operacional ou em trajetória para tal. Esse elemento inclui o veículo lançador, a integração do veículo lançador, a operação de lançamento, serviços associados ao lançamento e o equipamento de suporte de solo. Não inclui a integração e testes com outros sistemas do projeto.

*Elemento 9 — Sistemas de solo:* o complexo de equipamentos, hardware, software, redes de comunicação e instalações específicas requeridas para conduzir as operações da missão, dos sistemas da espaçonave e carga útil.

Esse complexo inclui computadores, sistema de comunicação, sistemas operacionais e equipamentos de redes necessários para interconectar o software de operação da missão. Inclui projeto, desenvolvimento, implementação, integração, teste e equipamentos associados de suporte do sistema de solo, incluindo o hardware e o software necessários para processamento, arquivo e distribuição dos dados da telemetria e radiometria e para comando da espaçonave.

Também inclui o uso e a manutenção das instalações para testes de plataforma do projeto. Não inclui a integração e testes com outros sistemas do projeto.

*Elemento 10 — Sistemas de integração e testes*: esse elemento inclui o hardware, o software, procedimentos e instalações requeridas para executar a integração e testes dos sistemas do projeto, carga útil, espaçonave, veículo lançador e operações da missão.

*Elemento 11 — Divulgação pública e educação*: esse elemento inclui as atividades relativas à responsabilidade da missão, programa ou projeto da agência em divulgar ao público e ao meio acadêmico, em alinhamento com o plano de educação de seu planejamento estratégico.

Inclui o gerenciamento e a coordenação das atividades, educação formal, educação informal, divulgação pública, suporte de mídia e desenvolvimento de sítio na internet.

## Gerenciamento da configuração[159]

Segundo definição da ECSS,[160] o gerenciamento da configuração é o processo pelo qual se torna possível estabelecer e manter um registro consistente das características funcionais e físicas de um produto, comparado com o seu projeto e com as exigências operacionais.

Ainda segundo a ECSS, o gerenciamento da configuração é aplicado ao longo de todo o ciclo de vida do produto e permite:

a. Que se saiba, a qualquer hora, a descrição técnica de um produto, utilizando-se de uma documentação técnica aprovada;
b. Que se registre e controle a evolução na descrição técnica de um produto;
c. Que se tenha rastreabilidade quanto à evolução da descrição técnica do produto;

---

[159] A criação da ferramenta gerenciamento da configuração, como muitas outras práticas de gestão, veio da época do desenvolvimento do Programa de Mísseis Balísticos Intercontinentais (1957) dos Estados Unidos, conduzido pela Força Aérea Americana ou pelo Programa Apollo. No caso do gerenciamento da configuração, foi a Boeing, fornecedora da Força Aérea, a desenvolvedora dessa técnica que, junto com o combustível sólido, traria ao Programa de Mísseis Balísticos maior confiança e previsibilidade, inclusive em termos de custos. Os propelentes sólidos eliminaram o uso do perigoso propelente líquido que, em operações de carregamento, destruiu plataformas de lançamento e matou trabalhadores. Esta, em si, era uma tremenda vantagem. Porém, o uso de propelentes sólidos não fez nada mais que clarear para problemas sutis associados a interações de componentes não intencionais, que seriam o resultado de projetos pobres, ou pior, o resultado de hardware de voo que não teria sido fabricado conforme projetado. Nos testes de voo dos foguetes Atlas e Titan os engenheiros verificaram que certo número de testes falhou como resultado de um misto de problemas de configuração de hardware de projeto dos mísseis. Na pressa para definir os problemas, a organização de lançamento, contratados ou a Força Aérea faziam modificações nos mísseis sem a devida modificação na documentação. Para registrar os problemas, o pessoal envolvido dos laboratórios de tecnologia espacial e oficiais da Força Aérea desenvolveram um procedimento de relatório intitulado controle de configuração para rastrear e conectar mudanças de hardware em projetos de mísseis, passando a ser adotado como um processo de controle de mudanças. Sendo inspirado por problemas endêmicos do Programa de Mísseis Balísticos, a Boeing desenvolveu procedimentos de garantia de qualidade, usando cinco ferramentas de controle: a) sistema formal para registro de requisitos técnicos; b) um sistema de nomenclatura e de numeração do produto para cada item contratado entregue; c) um sistema de controle de documentação com espaço para adicionar dados de quantidade, prazos, procedimentos e assim sucessivamente; d) um sistema para processar as mudanças; e) um sistema integrado de registros. A Força Aérea, percebendo a importância desse processo de inovação, o transformou em um processo crítico. Em 1959, a Boeing percebeu que, com pequena alteração, poderia utilizar a ferramenta de controle de configuração para também controlar custos e estimativas de prazos. Assim, todo gerente de projeto deveria exigir dos engenheiros que, para toda mudança solicitada em projeto, deveriam ser destacados o custo previsto e a estimativa de prazo necessário para sua implementação. Dessa forma, passou a ser possível rastrear as mudanças de configuração dos projetos e o próprio desempenho das equipes de engenharia. Com base nesse processo de melhoria, em 1962, a Boeing transformou o controle de configuração em gerenciamento da configuração (Johnson, 2008).

[160] Fonte: Padrão ECSS-M-ST-40C — Revisão 1, de 6/3/2009.

d. Que se assegure a consistência das interfaces internas;
e. Que se verifique e se manifeste a todos os envolvidos que a descrição na documentação é e permanece a imagem exata dos produtos;
f. Que se identifique a *baseline* da configuração atual e a configuração de *asbuilt* de um produto, registrando-se possíveis discrepâncias descobertas durante produção, entrega ou operação e disposição para uso;
g. Que se permita a qualquer envolvido saber das possibilidades operacionais e limitações de cada artigo de produto e, no caso de não conformidade, saber quais itens são afetados.

O gerenciamento, propriamente dito, da configuração é precedido pela elaboração de um plano de gerenciamento da configuração e de controle de interfaces. Segundo a ECSS, os requisitos de gerenciamento da configuração devem ser definidos pelo cliente para o programa ou projeto e aplicáveis a todos os atores envolvidos, e cada fornecedor deve elaborar seu plano de gerenciamento da configuração a ser aprovado pelo cliente.

O propósito desse plano de gerenciamento da configuração é definir o processo e os recursos necessários para gerenciar a configuração do produto de uma maneira controlada e rastreável, ao longo de todo o ciclo de vida do programa ou projeto.

Também deve descrever os meios utilizáveis para uma comparação eficiente de configuração do produto entregue, entre o previsto (como projetado) e o real (como construído). O plano também deve definir a relação com o gerente do projeto, engenharia de sistemas e processo de gerenciamento da qualidade.

Na implantação do plano de gerenciamento da configuração, tanto a ECSS quanto a Nasa concordam sobre os processos necessários, que são:

a. Identificação da configuração;
b. Controle da configuração;
c. Registro da configuração;
d. Verificação da configuração;
e. Auditoria do sistema de gerenciamento da configuração.

## a) Identificação da configuração

A identificação da configuração é o processo primeiro do sistema de gerenciamento da configuração, pois é por meio de sua sistematização que os atributos dos produtos de configuração são selecionados, a documentação associada a esses produtos é organizada e os atributos são catalogados.

Para tanto, esses atributos precisam receber uma identificação única para um determinado produto ou componente e sua documentação deverá ser mantida permanentemente atualizada.

Os objetivos da implantação do processo de identificação da configuração são:

a. Identificar a arquitetura dos produtos;
b. Selecionar os itens de configuração e definir seus documentos de configuração;
c. Estabelecer meios para a identificação de produtos e documentação;
d. Definir os requisitos de identificação para software;
e. Estabelecer a *baseline* de configuração.

A identificação da configuração também serve de base para a evolução controlada de um produto ao longo de seu ciclo de vida. Assegura ainda que todas as disciplinas sejam consideradas para o programa ou projeto, com documentação idêntica para o uso delas.

A identificação da configuração deve ser tratada como um processo sistemático de seleção de atributos do produto, organizando a informação associada a eles e os declarando. A identificação requer identificador único para dado produto e sua documentação.

Então, o gerenciamento da configuração (CM) é uma atividade associada à identificação e inclui a seleção dos documentos de configuração; nomeando e aplicando identificador único a um produto, seus componentes e documentos associados e mantendo a revisão da documentação associada à configuração do produto ou *baseline*.

A identificação de configuração para documentos e desenhos é feita porque ambos fazem parte da função identificação. Documentos e desenhos são caracterizados por números e letras de revisão. Requisitos de sistema de alto nível deverão estar definidos na especificação de requisitos de sistemas e colocados como *baseline* durante a revisão de requisitos de sistemas (SRR). Por meio de revisão de projeto preliminar (PDR) são identificados.

Pela metodologia aplicada pela Nasa aos seus fornecedores (internos ou externos), eles devem realizar as seguintes tarefas de identificação de configuração:

a. Determinar os itens de configuração de alto nível, a tempo de não impactar o cumprimento dos marcos do programa;
b. Identificar tipos de documentos de configuração para cada item de configuração;

c. Identificar a sequência numérica e o processo para numerar os documentos por eles emitidos e outros identificadores afixados aos itens de configuração e para a documentação técnica que inclui a documentação de configuração em um processo de gerenciamento da configuração;
d. Estabelecer um esquema para a identificação de itens de configuração de software e as versões a serem controladas, inclusive o *status* da versão de cada produto;
e. Identificar a documentação a ser mantida para a fase de controle do gerenciamento da configuração.

## Item de configuração

Os itens de configuração devem estar contidos em duas categorias:

1. Item de configuração a ser desenvolvido

Esse é um item de configuração para desenvolvimento e é total ou parcialmente planejado para o programa ou projeto. Seu desenvolvimento deve ser gerenciado conforme os requisitos de gerenciamento do programa ou projeto e deve ter o processo conduzido pelo fornecedor responsável por seu desenvolvimento.

2. Item de configuração não desenvolvido

Esse é um item de configuração que representa um produto já padronizado ou "especial" que não esteja sendo desenvolvido para o programa ou projeto. Estará sujeito a definição, documentação e gerenciamento da configuração do fornecedor. Essa categoria de item de configuração também pode incluir qualquer produto que tenha sido desenvolvido e qualificado para outro programa ou projeto, que tenha sido projetado com exigências comparáveis ao atual e que seja usado sem modificação.

O gerenciamento da configuração de um item de configuração não desenvolvido deve estar conforme as exigências do gerenciamento de configuração do programa ou projeto.

## Seleção de itens de configuração

A árvore de produto é usada para a seleção de itens de configuração e serve como base para a WBS do programa ou projeto. São identificados itens de configuração em vários níveis, de acordo com a árvore de produtos, e definidos, pelo menos, por uma especificação técnica.

A seleção inicial de um item de configuração começa na fase inicial de definição de um programa ou projeto, quando se estão definindo os sistemas de hardware ou software. A responsabilidade por identificar um determinado produto como um item de configuração recai sobre o cliente, a menos que se delegue tal responsabilidade ao fornecedor.

Nenhuma regra fixa orienta a seleção de itens de configuração. O processo para selecionar itens de configuração reside no julgamento do pessoal de engenharia e experiência na atividade de gerenciamento da configuração.

## *Baseline* da configuração

A *baseline* da configuração representa o *status* de aprovação dos requisitos e projeta aos marcos fundamentais do programa ou projeto determinando o ponto de partida para evolução adicional do produto. Essa *baseline* de configuração é aplicável tanto a hardware quanto a software e inclui a documentação que descreve as características de tal produto.

Essa documentação é designada formalmente como a referência de configuração, em um momento-chave do ciclo de vida do produto, que corresponde a um evento na fase de definição do produto principal. Qualquer proposta de mudança subsequente de uma característica do produto estará sujeita a um procedimento de mudança formal que envolve todos os atores e disciplinas interessados antes que possa ser incorporada.

Durante o ciclo de vida do produto, são elaboradas *baselines* de configuração na seguinte sequência:

- A *baseline* do objetivo da missão é elaborada com base na especificação funcional aprovada e estabelece os objetivos do sistema, suas restrições e ambientes, as capacidades operacionais e de desempenho para cada fase de seu ciclo de vida e a flexibilidade permitida.
- A *baseline* de configuração funcional é elaborada com base na especificação técnica aprovada para o sistema e deve estabelecer as características do sistema em termos de suas exigências técnicas, assim como os critérios e níveis correspondentes de qualificação e aceitação.
- A *baseline* de desenvolvimento da configuração é elaborada com base em especificações técnicas aprovadas e estabelece as características do produto em termos de exigências técnicas e restrições de projeto, assim como as condições de verificação delas.

- A *baseline* de projeto é elaborada com base na documentação aprovada para o projeto.
- A *baseline* de configuração de produto é elaborada para produção imediata ou para construção de protótipos, com base no conjunto de documentos aprovados e que contêm todas as características funcionais e físicas requeridas para produção, aceitação, operação e disposição.

## b) Controle de configuração

O controle de configuração é o processo pelo qual é possível controlar a evolução da configuração ou o desvio em relação à *baseline*. Ele inclui a preparação, justificativa, avaliação, disposição e implantação da engenharia do produto, além do controle de mudanças contratuais e desvios em relação à *baseline*.

### Procedimento de mudança

O controle de configuração assegura que todas as mudanças, divergências e desvios em relação à *baseline* de configuração de acordo, incluindo sua documentação aprovada, devem ser processadas e controladas de maneira rastreável.

O processo de controle de configuração deve assegurar que as seguintes atividades sejam implantadas:

a. Prevenção de mudanças que possam degradar a capacidade do produto;
b. Envolvimento de todos os atores na análise e no processo de mudanças;
c. Controle para que mudanças ou desvios sejam implantados, verificados e registrados;
d. Prevenção quanto à implantação de mudanças não autorizadas;
e. Procedimentos de controle de mudança são aplicados conforme *baseline*;
f. Toda a documentação de *baseline* está sujeita ao controle de configuração, inclusive submissão ao cliente para aprovação ou revisão. Para tanto, nenhuma mudança pode ser feita sem uma *baseline* aprovada;
g. Uma mudança pode ser iniciada pelo cliente (por exemplo: evolução de requisitos) ou proposta pelo fornecedor (por exemplo: melhoria de projeto).

## Comitê de controle de configuração

Os comitês de controle de configuração podem ser estabelecidos a cada fase do projeto como autoridade responsável por todas as mudanças. O comitê deve ser composto em comum acordo entre o gerente de configuração e o gerente de projeto e deve ser formado por representantes permanentes de todos os programas ou disciplinas do projeto, preferencialmente, entre os engenheiros mais experientes dos vários setores e que sejam necessários para a revisão e avaliação das mudanças.

## Classificação de mudanças e desvios

A classificação de uma mudança ou desvio (classe 1, classe 2 etc.)[161] define o nível de aprovação e comunicação requeridas de acordo com critérios envolvendo impactos relativos a custo, programa, especificação técnica e outras características técnicas ou contratuais.

De acordo com seus efeitos, uma proposta de mudança ou um pedido de desvio deve ser processado por níveis diferentes dentro da organização, conforme critérios por ela adotados.

Então, o nível apropriado para decidir sobre a disposição (abandono) de uma determinada mudança deverá ser o nível para o qual os efeitos da mudança ou desvio não têm nenhuma repercussão nos compromissos feitos com o cliente. Porém, toda decisão de se abandonar uma mudança ou desvio deve ser transmitida ao cliente, para fins de informação.

## Controle de interface

O processo de gerenciamento da configuração deverá caminhar em sintonia com os de planejamento, engenharia, garantia da qualidade, logística, produção, manutenção e outros, levando em conta os termos contratuais e os prazos acordados, de forma a manter o gerenciamento da configuração durante a realização do ciclo de vida do projeto.

---

[161] A ECSS define que uma mudança ou desvio classe 1 (mudança significativa) deve ser aprovada pelo Cliente antes de sua implementação e que uma mudança ou desvio classe 2 (mudança pequena) será implementado depois de aprovação do Fornecedor, e relatando ao Cliente informação.

O controle de interface faz parte da atividade de controle de configuração e define o processo necessário para congelar e implantar os dados de interface e o controle de mudanças que possam afetar essas interfaces. O processo de controle de interface deverá estar sob a responsabilidade da engenharia de sistema com apoio do gerenciamento da configuração.

Os documentos de controle de interfaces são os agentes do controle de interface e contêm todos os aspectos relevantes para as mesmas, tais como: mecânico, elétrico, térmico e software.

### c) Registro da configuração

O registro de um item de configuração deve conter, pelo menos, os seguintes dados:

a. Identificação única;
b. Nome do item de configuração;
c. Descrição do item de configuração;
d. Pessoa responsável;
e. Classificação do item de configuração;
f. Categoria (por exemplo: hardware, software);
g. Tipo (por exemplo: servidor, impressora — refinamento da classificação);
h. Nome de fabricante e informações complementares;
i. Número de série ou número do lote;
j. Fabricante;
k. Modelo do item de configuração;
l. Número da licença/referência para contrato de autorização de uso;
m. Versão atual;
n. Histórico de modificações do registro do item de configuração
    - Data de criação
    - Modificações
    - Descrição da(s) modificação(ões)
    - Data das revisões
    - Responsável
    - Local
o. Histórico do *status* (descrição do ciclo de vida de um item de configuração com *status*, como: "Em Teste", "Ativo", "Em Manutenção", "Fora de Operação")
    - *Status* atual
    - Mudança de *status*

- Descrição
- Tempo e data da mudança de *status*

p. Relações com serviços;
q. Relações com outros itens de configuração;
- É um componente de
- É associado a
- Usos
- É uma característica de
- É uma versão nova de
- Será substituído por
- Relações para outros objetos de dados dentro da gestão de serviço

r. Registros incidentes;
s. Registros de problema;
t. Erros conhecidos
u. Registros de mudança;
v. Relações para documentos;
w. Documentação contratual;
x. Documentação operacional;
y. Documentação de usuário;
z. Documentação emergência-pertinente;
aa. Outra documentação.

### d) Verificação da configuração

A verificação da configuração é o processo pelo qual se deve verificar o estado da configuração atual do produto analisado e sua *baseline* de configuração. Essa atividade é executada durante a execução do programa ou durante as revisões do ciclo de vida do projeto.

Assim, ao término de cada revisão, os documentos e dados que identificam a *baseline* da configuração devem ser atualizados para estarem conformes para apresentação ao cliente para a devida aprovação.

### e) Auditoria do sistema de gerenciamento da configuração

A efetividade do sistema de gerenciamento da configuração deve ser medida por meio de auditorias, pelas quais se deve verificar a própria aplicação de exigências de gerenciamento da configuração durante o ciclo de vida do produto, como especificado pelo cliente.

## FASE C — DEFINIÇÃO DETALHADA

A arte, felizmente, ainda não soube
encobrir a verdade.
OSCAR WILDE

A Fase C "Definição detalhada", também chamada de "projeto final e fabricação", é marcada pela conclusão do detalhamento da filosofia do modelo selecionado para o projeto, incluindo os planos de fabricação, integração e testes para o sistema, subsistemas e seus componentes.

Nessa fase, são construídos os modelos de engenharia e de qualificação dos sistemas espaciais que serão utilizados na missão. São modelos com todas as características mecânicas e funcionais, com seus respectivos subsistemas elétricos e eletrônicos, e que serão submetidos a testes para se verificar se o sistema projetado resistirá aos esforços mecânicos a que será submetido durante o lançamento e durante sua vida útil no espaço.

Assim, o modelo de engenharia passa por simulação, em laboratório, de todas as condições a que estaria submetido durante o lançamento e em sua permanência no espaço: vibração, choque térmico, ruído, vácuo, radiação solar, interferência eletromagnética e outros.

Os principais objetivos dessa fase são:

a. Concluir o projeto detalhado do sistema, em todos os níveis (cliente-fornecedor);
b. Produzir, desenvolver, testar e pré-qualificar elementos e componentes críticos;
c. Produzir e desenvolver modelos de testes, de acordo com a filosofia de modelo;
d. Concluir a montagem, integração e testes do sistema e suas partes constituintes;
e. Detalhar a definição das interfaces internas e externas;
f. Definir questões preliminares do manual do usuário do sistema;
g. Atualizar a avaliação de riscos.

Analisando o ciclo de vida dos projetos espaciais por meio da metodologia aplicada pela Nasa, a Fase C (projeto final e fabricação) objetiva finalizar o projeto detalhado do sistema, incluindo o parecer de especialistas, definir os processos de fabricação e controle e finalizar e integrar as interfaces do sistema, de forma que se possa estar apto a passar para a fase de construção.

FIGURA 26

Fase C — Projeto Final e Fabricação (Nasa)

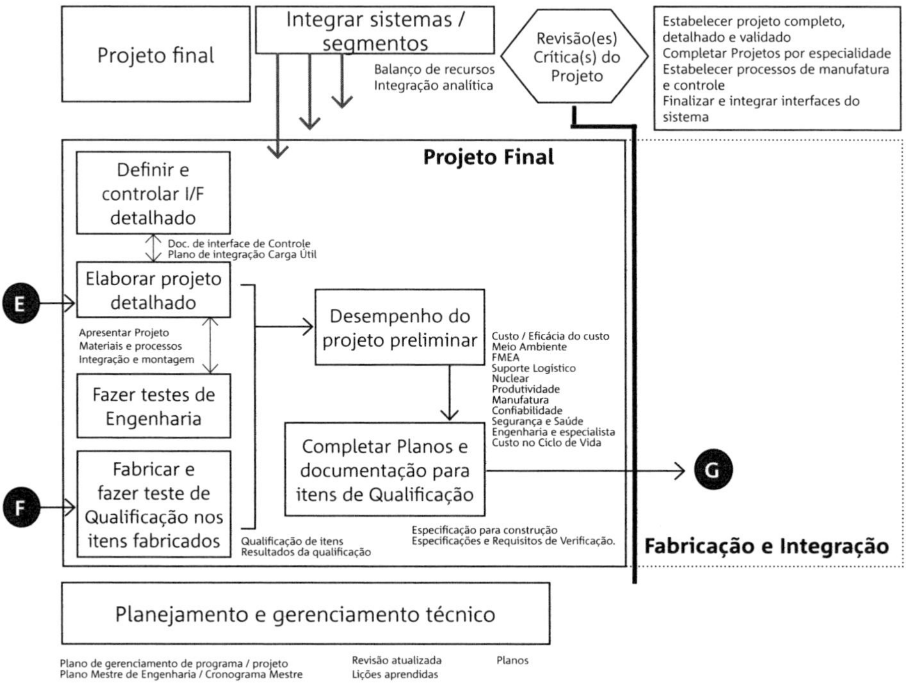


Fonte: Nasa.

As atividades a serem desenvolvidas na Fase C (Nasa) são:

a. Implantar a *baseline* do plano de projeto;
b. Completar todos os requisitos de análise e de projeto relativos a segmentos solo e de voo, por meio de suas respectivas revisões críticas de projeto;
c. Definir e controlar documentação das interfaces do sistema;
d. Concluir plano de integração da carga útil ao lançador;
e. Detalhar o projeto do sistema, incluindo descrição de materiais e processos de fabricação, além do detalhamento da integração e testes;

f. Desenvolver requisitos e metodologias para os testes de engenharia do sistema;
g. Desenvolver os registros para os testes de engenharia do sistema;
h. Fabricar e testar os modelos a serem qualificados;
i. Iniciar a qualificação e testes de aceitação de componentes, conjuntos e subsistemas;
j. Avaliar, verificar e validar o projeto do sistema, observando-se aspectos diversos, tais como: custos, meio ambiente, nuclear, saúde e segurança, confiabilidade, modelos de falha, produção, possibilidade de fabricação, suporte logístico, entre outros;
k. Finalizar o projeto detalhado e os planos de produção, de forma que o sistema possa ser construído conforme requisitos e especificações;
l. Concluir o plano de gerenciamento de programa/projeto;
m. Desenvolver a *baseline* do plano de resíduos orbitais;
n. Desenvolver o manual preliminar de operação, que deverá apoiar o time de operações;
o. Desenvolver e documentar a *baseline* do plano de gerenciamento de segurança de pré-lançamento do veículo de lançamento;
p. Concluir o plano mestre de engenharia;
q. Concluir o cronograma mestre;
r. Fazer a análise das lições aprendidas até então;
s. Integrar o sistema/segmentos e fazer uma análise desta integração;
t. Fazer um balanço dos recursos planejados;
u. Implantar o gerenciamento de valor agregado (EVM);
v. Priorizar a realização das revisões de ciclo de vida para essa fase e conduzir revisões internas, de acordo com as práticas e procedimentos;
w. Planejar e preparar para a realização de revisão independente e obter a aprovação para passagem à Fase D;
x. Revisar acordos de trabalho para a Fase D;
y. Desenvolver o plano preliminar de fim da missão.

## REVISÕES DA FASE C

> Até que o sol não brilhe,
> acendamos uma vela na escuridão.
> CONFÚCIO

## CDR — Revisão Crítica do Projeto (ECSS)

A Revisão Crítica do Projeto, feita ao final da Fase C, serve para definir se o projeto está apto a passar para a Fase D, incluindo nesta a avaliação dos testes realizados no modelo de engenharia e as demais soluções apresentadas pela engenharia de projetos, de forma a capacitar o projeto a passar para a fase de construção do modelo de qualificação.

Os objetivos principais dessa revisão são:

a. Avaliar a qualificação e validação dos processos críticos;
b. Confirmar a compatibilidade das interfaces;
c. Aprovar o projeto detalhado;
d. Aprovar os planos de montagem, integração e testes;
e. Aprovar os planos de fabricação, montagem e testes (hardware e software);
f. Aprovar o manual do usuário.

Segundo a metodologia da Nasa, a revisão feita nessa fase também recebe idêntica denominação (Critical Design Review — CDR) e objetiva verificar se o projeto detalhado está em conformidade com os requisitos especificados para o sistema, se todas as operações e performances foram definidas e se foram definidos todos os testes de verificação e aceite, tendo como produto principal a especificação de fabricação aprovada.

Os principais itens verificados na Revisão Crítica de Projeto, segundo a Nasa, são:

a. Itens de engenharia;
b. Itens de qualificação;
c. Critérios de aceitação;
d. Especificação para construção;
e. Resultados de qualificação;
f. Especificações e requisitos de verificação;
g. Projeto detalhado;
h. Documentação de interfaces de controle;
i. Dados de processos e de materiais;
j. Plano de montagem, integração e testes;
k. Plano de manufatura;
l. Plano de controle de processos e de materiais;
m. Plano de operações;
n. Plano de transição para operação;

o. Inventário do software de controle;
p. Plano de treinamento;
q. Estudos e auditoria de produtividades;
r. Relatórios de análise do projeto;
s. Análise do suporte logístico;
t. Avaliação de confiabilidade;
u. Análise de aspectos de saúde e segurança;
v. Estudos de especificações de engenharia;
w. Resultados de testes de desenvolvimento;
x. Análise de modelos;
y. Ferramentas de engenharia de sistemas;
z. Instalações e equipamentos de testes;
aa. Planos de aceitação;
ab. Relatórios de desempenho técnico;
ac. Sumário das mudanças do projeto;
ad. Plano de gerenciamento da comunicação;
ae. Declarações de trabalho (SOWs).

## GERENCIAMENTO DE VALOR AGREGADO (EVM)

O objetivo de se gerenciar o valor agregado em um projeto é avaliar quanto do trabalho planejado foi alcançado,[162] até um determinado momento (período

[162] O Gerenciamento de Valor Agregado surgiu, nos anos 1960, como uma análise financeira para programas do governo americano, mas ele veio a ter maior relevância em gerenciamento de projetos e engenharia de custos. Pesquisadores em gerenciamento de projetos investigando a contribuição do Gerenciamento de Valor Agregado para o sucesso dos projetos viram uma relação positiva, relativamente forte. O início da aplicação do Gerenciamento de Valor Agregado ocorreu na indústria de transformação em torno do século XX, baseado largamente no princípio do "tempo ganho", popularizado por Frank e Lillian Gilbreth, mas o conceito foi arraigado no DoD nos anos 1960. O conceito original foi chamado de Pert/Custo, mas ele era considerado muito "pesado" e não era fácil de ser disseminado junto aos contratados, os quais receberam a incumbência de implementar a ferramenta, mas estes começaram a fazer proliferar variações em diversos programas de compra. Em 1967, o DoD estabeleceu uma abordagem básica usando um conjunto de 35 critérios, chamados de Cost/Schedule Control Systems Criteria (C/SCSC). Nos anos 1970 e início dos anos 1980, teve aumento uma subcultura de análise de C/SCSC, mas a técnica foi, muitas vezes, ignorada ou foi rejeitada completamente pelos gerentes de projeto, tanto no meio governamental quanto na indústria. Então, o C/SCSC foi considerado uma ferramenta de controle financeiro que poderia ser delegada para analistas especialistas.
No final dos anos 1980 e início dos anos 1990, o EVM emergiu como uma metodologia de gerenciamento de projetos que poderia ser entendida e usada por gerentes e executivos, não somente por especialistas. Em 1989, o EVM foi elevado de líder a elemento essencial do programa de

avaliado), gerando entregas. Serve para medir o progresso do projeto, prever prazos e custos finais e indicar variações em relação ao que foi planejado.

Dessa forma, é possível ter-se uma avaliação conjunta de custos e prazos de execução, pois são duas variáveis que têm relação direta. No caso de custo, essa ferramenta serve para identificar, desde o início do projeto, o custo total estimado para o término do projeto (EAC), considerando-se a evolução presente (AC) e o custo projetado para o final do projeto, que deverá ser o somatório do custo corrente e o custo acumulado até o momento da avaliação.

A Análise do Valor Agregado (EVA) exige alguns processos essenciais, tais como:

a. Definição e elaboração de escopo do projeto, incluindo a WBS (estrutura analítica do projeto);
b. Elaboração do cronograma do projeto, partindo-se da WBS;
c. Estimativa de custos, partindo da alocação de recursos às atividades do projeto;
d. Monitoramento constante e periódico do projeto após a sua iniciação.

A Análise do Valor Agregado está fundamentada em três elementos básicos, a saber:

a. Custo planejado para o projeto (PV);
b. Custo orçado para o trabalho realizado ou valor agregado (EV);
c. Custo atual do projeto (AC).

As Variações de Custo podem ser determinadas por meio de quatro índices, a saber:

a. Variação de Custo (CV);
b. Variação do Plano (SV);
c. Índice de Desempenho do Plano (SPI);
d. Índice de Desempenho do Custo (CPI).

---

gerenciamento de compra da Secretaria de Defesa dos Estados Unidos. Em 1991, o secretário de Defesa Dick Cheney cancelou o Programa da Marinha "A-12 Avenger II" por causa de problemas de desempenho detectados pelo EVM. Isto demonstrou, conclusivamente, que o EVM se materializou como liderança em nível de secretaria. Mais notavelmente, entre 1995 e 1998, os critérios do EVM foram transferidos à indústria com a adoção da Norma Ansi EIA 748-A.
O uso do EVM rapidamente se expandiu dentro do DoD. Ele foi adotado pela Nasa, Departamento de Energia dos Estados Unidos e outras agências relacionadas com a área tecnológica. Muitos países industrializados também passaram a utilizar o EVM em seus programas de compra. Uma visão geral do EVM foi incluída no PMBOK de 1987 e expandiu em edições posteriores.

A Variação de Custo (CV) será a diferença entre o Custo Previsto (AC) para se atingir o nível atual de conclusão do Projeto (EV) e o Custo Real (AC), até a data atual, conforme equação:

$$CV = EV - AC$$

A Variação do Plano (SV) será a diferença, em termos de custo, entre o Valor Agregado (EV) e o Valor Orçado (PV), conforme equação a seguir:

$$SV = EV - PV$$

O Índice de Desempenho do Plano (SPI) será a divisão entre o Valor Agregado (EV) e o Valor Planejado (PV), conforme equação a seguir:

$$SPI = \frac{EV}{PV}$$

O Índice de Desempenho do Custo será a divisão entre o Valor Agregado (EV) e o Custo Real ou Atual (AC) mostrando a conversão entre os valores reais consumidos pelo projeto e os valores agregados no mesmo período, conforme equação a seguir:

$$CPI = \frac{EV}{AC}$$

a. A Previsibilidade do Projeto é baseada em mais seis índices, a saber:
b. Estimativa de Custo para Completar o Projeto (ETC);
c. Estimativa de Custo ao Término do Projeto (EAC);
d. Variação de Custo ao Término do Projeto (VAC);
e. Prazo para complementação do Projeto (PAC);
f. Duração projetada para o Término do Projeto (TAC);
g. Atraso projetado para o Término do Projeto (DAC).

A Estimativa de Custo para Completar o Projeto (ETC) representa o valor financeiro necessário para se completar o projeto e será calculada conforme equação a seguir:

$$ETC = \frac{BAC - EV}{SPI \times CPI}$$

Sendo:
BAC: Orçamento total do Projeto;
EV: Valor Agregado ao Projeto;
SPI: Índice de Desempenho do Plano;
CPI: Índice de Desempenho de Custo.

A Estimativa de Custo ao Final do Projeto (EAC) será o valor financeiro que representa o custo final do projeto concluído e inclui os custos reais incorridos, conforme equação a seguir:

$$EAC = AC + ETC$$

A Variação de Custo no Término do Projeto (VAC) será a diferença entre o Custo Orçado (BAC) e a Estimativa de custo ao Final do Projeto (EAC), conforme a seguir:

$$VAC = BAC - EAC$$

A Duração Projetada para o Projeto (TAC) será a razão entre a Duração Prevista para o Projeto (PAC) e o Índice de Performance do Plano (SPI):

$$TAC = \frac{PAC}{SPI}$$

Finalizando, o Atraso no Término (DAC) será a diferença entre a Duração Prevista (PAC) e a Duração projetada para o Projeto (TAC):

$$DAC = PAC - TAC$$

Variáveis envolvidas na Análise do Valor Agregado de um Projeto:

TABELA 11

Variáveis envolvidas na Análise do Valor Agregado

| VAR. | DESCRIÇÃO | EQ. | VAR. | DESCRIÇÃO | EQUAÇÃO |
|---|---|---|---|---|---|
| PV | Valor Planejado | - | SV | Variação do Plano | EV – PV |
| EV | Valor Agregado | - | SPI | Índice de Desempenho do Plano | EV/PV |
| AC | Custo Atual | - | ETC | Estimativa para Terminar | (BAC-EV)/CPI |
| BAC | Orçamento total | - | EAC | Custo Projetado Final | AC + ETC |
| CV | Variação do Custo | EV – AC | VAC | Variação no Término | BAC – EAC |
| CPI | Índice Desempenho do Custo | EV/AC | TAC | Duração Projetada para o Término do Projeto | PAC/SPI |
| | | | DAC | Atraso do Plano | PAC - TAC |

Fonte: Elaborada pelos autores.

## DECLARAÇÃO DE TRABALHO (SOW)

Uma Declaração de Trabalho ou, em inglês, Statement of Work (SOW) é um documento que especifica, de forma clara, concisa e objetiva, o que deve ser entregue pelo fornecedor para suprir a demanda do projeto, orientando a descrição do produto ou serviço a ser adquirido, podendo ainda ser ilustrada com figuras, gráficos, tabelas, fotografias.

O nível de detalhamento e amarração da "especificação de compra" deve estar condicionado ao projeto ou à tecnologia a ser empregada e ao quanto de risco se quer transferir ao fornecedor no detalhamento de sua solução ou emprego de tecnologia mais recente, podendo conter desenho do item a ser adquirido, as especificações de materiais e de desempenho, as especificações funcionais, escopo detalhado, normas a serem atendidas, as restrições impostas aos fornecedores, pré-requisitos para apresentação de propostas, prazos, responsabilidades, garantia e outros.

O Procedimento da Nasa de nº NPG 5600.2B (Statement of Work)[163] descreve como elaborar as Declarações de Trabalho (SOW). Nesse documento a Nasa coloca como objetivos a serem alcançados por se "elaborar uma declaração de trabalho clara e de alta qualidade":

[163] Disponível em: <www.hq.NASA.gov/office/procurement/newreq1.htm>. Acesso em: 14 maio 2014.

a. Permitir aos fornecedores entenderem, de forma clara, as exigências e as necessidades postas pela Nasa;
b. Permitir aos fornecedores custearem com maior precisão o preço em sua proposta e apresentar propostas técnicas de maior qualidade;
c. Proporcionar uma base para o desenvolvimento de outras partes da solicitação, nomeadamente os critérios de avaliação, instruções de proposta técnica e estimativa de custo independente;
d. Minimizar a necessidade de mudança de ordens que podem aumentar o custo ou preço e atraso na entrega;
e. Permitir que governo e fornecedores possam avaliar o desempenho; e
f. Reduzir reclamações e disputas contratuais.

Segundo esse procedimento da Nasa, a pessoa encarregada de formular a SOW deve estar familiarizada com os requisitos técnicos da aquisição, pois essa pessoa deve definir e articular os requisitos do contrato, levando-se em conta o planejamento do projeto e funções de controle, a WBS do projeto, os objetivos do programa, requisitos e prazos de entrega, orçamento do projeto, normas e padrões aplicáveis, e outros detalhes relevantes para que a aquisição atenda com eficácia ao projeto. É importante que essa pessoa verifique missões similares e lições aprendidas, também de outras organizações, via *benchmarking*.

## FASE D — PRODUÇÃO E TESTES DE QUALIFICAÇÃO

Raramente a verdade é pura,
e nunca é simples.
OSCAR WILDE

Segundo a metodologia utilizada pela ESA, nesta Fase devem ser concluídos os testes ambientais e funcionais do modelo de qualificação[164] e as demais ativida-

[164] Um modelo de qualificação é fabricado e montado como se fosse o modelo de voo, ou seja, com os mesmos requisitos e cuidados técnicos. Ele é então submetido a exaustivos ensaios laboratoriais para se certificar de que está apto a "sobreviver" ao lançamento e ir para o espaço enfrentando os rigores do ambiente espacial. São realizados exaustivos testes funcionais para se determinar sua repetibilidade e confiabilidade e são feitos testes ambientais, em condições mais agressivas do que as encontradas no espaço. Os testes de qualificação são realizados em ambientes controlados, onde são reproduzidas as condições térmicas (ciclo térmico), de vácuo, radiação solar, vibração, vibroacústico, choque de separação, interferência e compatibilidade eletromagnética, envelhecimento, além de propriedades de massa, centro de gravidade, ensaios de interface, rede elétrica e outros.

des de verificação, tanto do modelo quanto de subsistemas a ele relacionados. Devem-se concluir e qualificar os procedimentos para fabricação, montagem e testes do modelo de voo e sistemas de apoio de solo associados (hardware e software).

FIGURA 27

Laboratório de qualificação de sistemas e testes ambientais do Inpe

Fonte: Inpe. Licença Creative Commons.

Devem ainda ser completados os testes de comunicação e de compatibilidade operacional entre os segmentos espaço e solo e atualizada a análise de riscos. Este conjunto de ensaios e análises de qualificação do modelo culmina com a validação do processo de fabricação do modelo de voo.

No laboratório de qualificação de sistemas e testes ambientais do Inpe (foto anterior) a qualificação de equipamentos para uso espacial é feita por meio de ensaios climáticos, vácuo-térmicos, de vibração e de interferência/compatibilidade eletromagnética. Também são realizadas medidas de propriedades de massa, centro de gravidade, momento de inércia e balanceamento dinâmico.

Depois de qualificados modelos, projetos e procedimentos, é nessa fase que também é fabricado, montado, integrado e testado funcional e ambientalmente o modelo de voo para que ocorra sua aceitação final e capacitação ao voo.

Segundo a metodologia da Nasa, a Fase D (produção e implantação ou "montagem de sistemas, integração e testes e lançamento") é decomposta em três subfases, sendo a Subfase D1 chamada de "Fabricação e Integração", a Subfase D2 chamada de "Preparação para Implantação" e a Subfase D3 chamada de "Implantação e Verificação Operacional".

A Subfase D1 "Fabricação e Integração" tem como objetivos produzir os itens projetados de acordo com as especificações e os critérios de aceitação aprovados, montar e integrar o sistema, verificar e validar o sistema, desenvolver capacidade para usar o sistema na realização da missão e preparar instalações para produção, operação e manutenção.

FIGURA 28

O CBERS-3 em processo de integração à coifa do foguete Longa Marcha 4B (Cast — China)

Fonte: Inpe. Licença Creative Commons.

A primeira atividade da Subfase D1 é justamente preparar as instalações para produção, seguida da Revisão de Prontidão para Produção (PRR). Logo após a decisão gerencial pela continuidade do processo, essa subfase tem as seguintes atividades:

a. Fabricar e montar itens finalizados, incluindo verificação dos itens finalizados para montagem, itens de suporte, itens sobressalentes e resultados de garantia da qualidade;
b. Completar preparação para testes dos itens finalizados, incluindo instalações e equipamentos de testes e dados e procedimentos de verificação;

c. Completar planos e documentação dos itens finalizados, fazendo revisão da documentação, incluindo manuais técnicos e manuais de usuários;
d. Testar/verificar itens finalizados;
e. Montar e integrar fisicamente o sistema e equipamentos de suporte;
f. Completar os planos de testes e a documentação do sistema, incluindo dados e procedimentos de verificação e planos de voo;
g. Completar os planos e documentação do sistema, incluindo a revisão final da documentação e os procedimentos operacionais.

Neste ponto, a metodologia da Nasa prevê a Revisão de Prontidão para Testes (Test Readiness Review — TRR). Depois de aprovada a Revisão TRR (Revisão de Prontidão para Testes), as seguintes atividades têm continuidade na Subfase D1:

a. Testar e verificar sistema, com a submissão dos requisitos de verificação e os resultados de testes do sistema;
b. Testes de desempenho e entrega do sistema e dados de aceitação;
c. Montar e integrar o sistema, verificando e controlando interfaces;
d. Solucionar todos os problemas ocorridos nos testes;
e. Integrar carga útil ao veículo de lançamento;
f. Conduzir testes operacionais, incluindo cenários normais e anormais;
g. Relatar falhas e problemas;
h. Treinamentos;
i. Relatar lições aprendidas.

FIGURA 29
Fase D (Subfase D1) da Nasa

Fonte: Nasa.

A Subfase D2 (Preparação para Implantação) objetiva configurar e estabelecer estado de prontidão para o lançamento e implantação do sistema.

Nessa subfase as seguintes atividades são previstas:

a. Configurar e entregar (instalar) o sistema e sua documentação final;
b. Configurar sistemas de suporte para o lançamento;
c. Preparar e treinar o pessoal para o lançamento;
d. Atualizar planos e procedimentos da missão, incluindo critérios de prontidão operacional, critérios para lançar/abortar lançamento e dados operacionais;

e. Completar checagem final de pré-lançamento, com emissão de relatórios de prontidão, incidentes ocorridos e relatórios de falhas e problemas;
f. Fazer "As-Built" de toda a documentação relativa a hardware e software;
g. Obter aprovação para lançamento.

FIGURA 30
Fase D (Subfase D2) — Preparação para lançamento (Nasa)

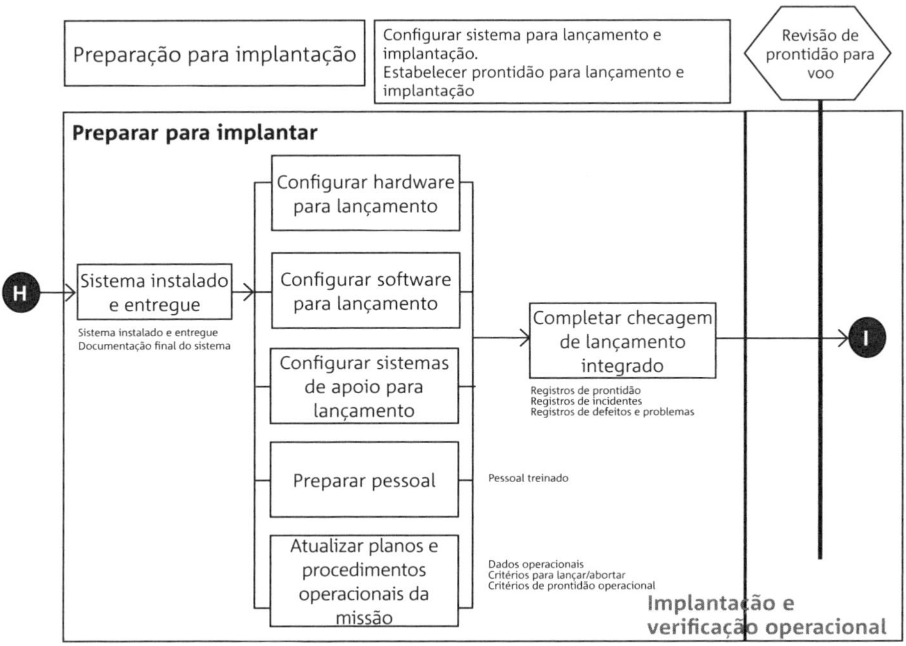


Fonte: Nasa.

A Subfase D3 (Implantação e Verificação Operacional) é precedida pela Revisão de Prontidão de Voo (FDR) e objetiva lançar e implantar o sistema, além de estabelecer sistemas logísticos e operacionais, sendo as seguintes atividades desempenhadas nessa subfase:

FIGURA 31

Fase D (Subfase D3) — Lançamento (Nasa)

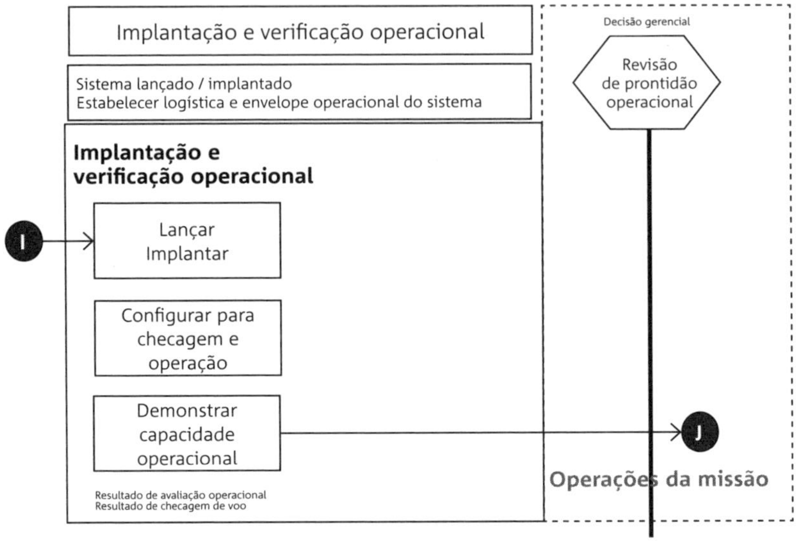


Fonte: Nasa.

a. Efetuar configurações finais para operação;
b. Lançar e dispor o sistema;
c. Demonstrar capacidade operacional, por meio de resultados de avaliação operacional e de resultados de checagem final em voo.

## REVISÕES DA FASE D

> Enquanto eu tiver perguntas e não houver resposta continuarei a escrever.
>
> CLARICE LISPECTOR

### QR — Revisão de Qualificação (ECSS)

A Revisão de Qualificação (QR) é feita durante o transcorrer da Fase D e tem como objetivos validar[165] o projeto, incluindo seus periféricos, no que diz

[165] Validação é uma confirmação, por meio de evidências objetivas, de que os requisitos para um pretendido uso ou aplicação foram completamente cumpridos (ISO 9000:2008). Nota: A valida-

respeito a satisfazer os requisitos aplicáveis, assegurar que o registro de verificação está completo em todos os níveis e verificar a aceitabilidade de todos os desvios apresentados durante os ensaios de qualificação.

O Processo de Qualificação é o da *Similaridade* e deve ser capaz de demonstrar que o produto qualificado está de acordo com a sua configuração inicialmente definida, sob o ponto de vista da reprodutibilidade, que a documentação é suficiente para possibilitar a fabricação do Modelo de Voo e o treinamento da mão de obra necessária à fabricação em série.

## AR — Revisão de Aceitação (ECSS)

O objetivo principal dessa revisão é confirmar que o processo de verificação demonstrou que o modelo de voo está livre de erros de fabricação e está pronto para o uso operacional.

Além disso, essa revisão busca certificar-se de que todos os itens constantes da lista de entregáveis estão disponíveis, que a documentação foi devidamente atualizada de acordo com o que foi fabricado (As-Built), que o Certificado de Aceitação dos Produtos foi aprovado e que foi autorizada a entrega dos produtos.

## ORR — Revisão de Prontidão para Operação (ECSS)

Nesta revisão final da Fase D busca-se verificar a real prontidão dos procedimentos operacionais e sua compatibilidade com o sistema de voo, verificar o preparo dos times operacionais e aprovar e liberar o segmento solo para a fase operacional.

Na Fase D, da metodologia empregada pela Nasa, são realizadas cinco revisões, sendo:

---

ção em um contexto de ciclo de vida é o conjunto de atividades que garante e dá segurança de que um sistema é capaz de cumprir o uso pretendido, metas e objetivos (por exemplo: alcançar os requisitos definidos pelos *stakeholders* no ambiente operacional destinado — ABNT NBR ISO/IEC 15288:2009).

## Revisão de Prontidão para Produção — PRR (Production Readiness Review)

Essa revisão objetiva verificar se as instalações e processos para produção estão prontos para suportar toda a produção do sistema e tem como maiores produtos os planos e cronogramas de produção e fabricação e os respectivos requisitos de qualidade.

São verificados na Revisão de Prontidão para Produção os seguintes itens:

a. Planos e cronogramas de produção e de fabricação;
b. Procedimentos de controle da qualidade;
c. Dados de processos e de materiais;
d. Plano de montagem e integração;
e. Plano de controle de processos e de materiais.

## Revisão de Prontidão para Testes — TRR (Test Readiness Review)

A Revisão de Prontidão para Testes tem por objetivo verificar se o projeto está conforme determina os requisitos do sistema, se todas as instalações e pessoal de testes foram previstos e se estão previstos todos os critérios e planos de aceitação dos resultados dos testes.

Os maiores produtos a serem obtidos dessa revisão de prontidão para testes são: conjunto completo de procedimentos, planos de controle de testes e de configuração de software, planos e procedimentos de controle da qualidade, planos de controle de resultados de testes e critérios de aceitação de resultados.

Nessa revisão são abordados os seguintes tópicos:

a. Dados e procedimentos de verificação;
b. Lista final de software e hardware;
c. Modelos de análises;
d. Instalações e equipamentos de testes;
e. Relatórios de falhas e problemas;
f. Critérios de aceitação;
g. Planos e procedimentos de controle da qualidade.

## Revisão de Aceitação do Sistema — SAR (System Acceptance Review)

A Revisão de Aceitação do Sistema tem o objetivo de demonstrar que os elementos do sistema foram construídos de acordo com os requisitos especificados, se foi verificada a qualidade do sistema e se todos os softwares/hardwares foram devidamente verificados.

Nessa revisão são verificados os seguintes itens:

a. Lista final de software e hardware;
b. Dados operacionais;
c. Reservas;
d. Itens de apoio;
e. Dados e manuais técnicos;
f. Manuais de usuários;
g. Critérios de prontidão operacional;
h. Dados de aceitação;
i. Resultados de avaliação de verificações e validações;
j. Requisitos de verificação;
k. Planos de checagem final em voo;
l. Resultados de garantia da qualidade;
m. Manuais de software;
n. Documento de suporte integrado de recursos de informática;
o. Procedimentos operacionais;
p. Planos operacionais;
q. Instalações, equipamentos e materiais de treinamento;
r. Plano de treinamento;
s. Modelos de análises;
t. Instalações e equipamentos de testes;
u. Relatórios de falhas e problemas;
v. Plano de gerenciamento da comunicação.

## Revisão de Prontidão de Voo — FRR (Flight Readiness Review)

A Revisão de Prontidão de Voo objetiva demonstrar que o sistema está pronto para o lançamento e tem como maior produto a autorização para o lançamento.

Durante a realização da reunião de revisão de prontidão de voo são aferidos:

a. Lista final de software e hardware;
b. Dados operacionais;
c. Reservas;
d. Itens de apoio;
e. Lista de pessoal treinado;
f. Critérios de prontidão operacional;
g. Requisitos de verificação;
h. Procedimentos de verificação;
i. Resultados da checagem final das instalações de lançamento;
j. Critérios para lançar/abortar lançamento;
k. Certificação da prontidão de voo/lançamento;
l. Relatórios reservados;
m. Relatórios de incidentes;
n. Relatórios de falhas e problemas;
o. Relatórios de prontidão;
p. Relatórios de mudanças de produtos.

### Revisão Pré-Embarque — PSR (Pré-Shipment Review)

Essa revisão é parte do protocolo formal da Nasa para autorizar o embarque de um equipamento espacial para sua estação de lançamento, depois da conclusão de toda a bateria de medidas físicas e ensaios ambientais.

## FASE E — OPERAÇÃO E UTILIZAÇÃO

Todas as vitórias ocultam uma abdicação.
SIMONE DE BEAUVOIR

Nessa fase são realizadas todas as atividades preparatórias para o lançamento e também as atividades de operação do sistema lançado, sendo a seguir indicadas as atividades principais:

a. Executar as atividades preparatórias para os segmentos, espacial e de solo;[166]

[166] O segmento solo é a parte da missão responsável pela operação e controle do segmento espacial (centro de controle da missão), pelo rastreio e recepção de dados provenientes do segmento

b. Conduzir o lançamento e operações de injeção em órbita;
c. Executar a verificação das atividades em órbita (incluindo comissionamento);
d. Executar as operações necessárias para se alcançar os objetivos da missão;
e. Executar todas as atividades do segmento solo de apoio à missão;
f. Executar todas as demais atividades de apoio de solo para apoiar a missão;
g. Finalizar o plano de descarte.

FIGURA 32
Centro de Controle de Missões do Centro Espacial Johnson

Fonte: Nasa.

Segundo a Metodologia da Nasa, a Fase E (Operações da Missão) objetiva implantar o plano de operações da missão desenvolvido nas fases anteriores. Agora será a hora de realizar, sustentar, ampliar e desenvolver a missão, contando com as seguintes atividades:

espacial (por exemplo: da carga útil de um satélite), pelo processamento e tratamento das informações recebidas e sua distribuição, sendo o caso.

FIGURA 33

Fase E — Operação e manutenção da missão (Nasa)

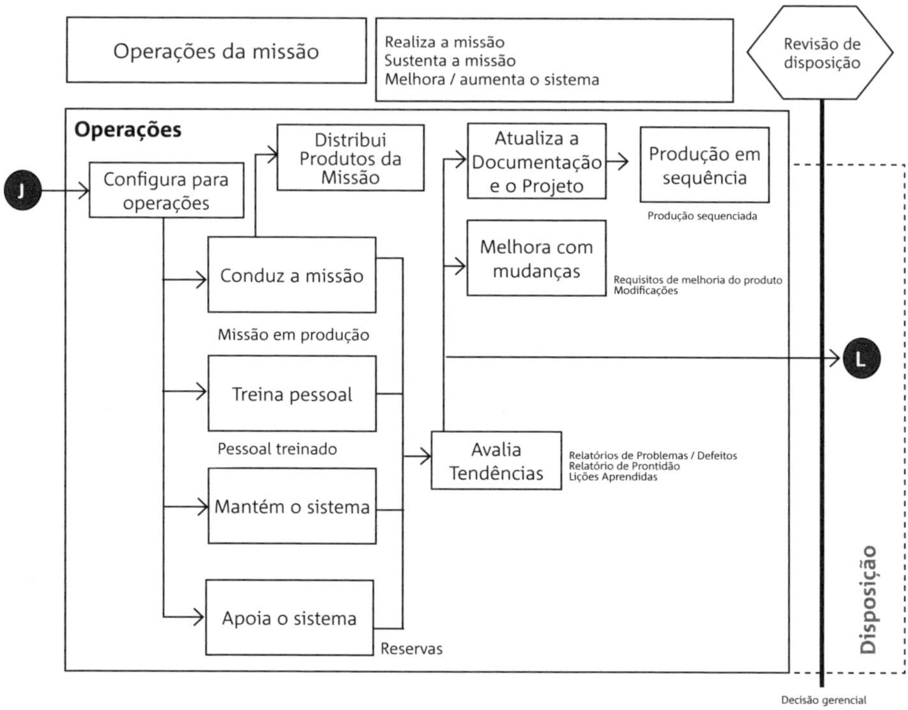


Fonte: Nasa.

a. Implantar o plano de projeto para o lançamento e a operação da missão;
b. Configurar o sistema para operação;
c. Colocar a missão em produção de acordo com o plano de projeto;
d. Treinar o pessoal operacional/manter o sistema/apoiar o sistema;
e. Capturar e arquivar dados da missão/distribuir produtos (dados coletados) da missão;
f. Avaliar tendências, por meio de comparação com relatórios de problemas e defeitos, relatórios de prontidão e lições aprendidas;
g. Atualizar documentação do projeto;
h. Preparar e documentar a *baseline* de disposição do sistema;
i. Listar possíveis melhorias;
j. Priorizar as revisões de acordo com o ciclo de vida do projeto, em atendimento a práticas e a requisitos documentados;
k. Monitorar o sistema quanto a incidentes, problemas e anomalias e fazer as investigações quanto a ocorrências observadas;

l. Preparar ou revisar acordos para os serviços da Fase F;
m. Capturar e arquivar resultados da missão, incluindo engenharia, dados de desempenho do sistema e subsistemas;
n. Planejar, preparar e participar da revisão independente dessa fase do projeto;
o. Obter prontidão para a Fase F.

## REVISÕES DA FASE E

> O passado serve para evidenciar as nossas falhas e dar-nos indicações para o progresso do futuro.
> HENRY FORD

### FRR — Revisão de Prontidão para Voo (ECSS)

A Revisão de Prontidão para Voo é realizada como atividade antecessora ao lançamento, justamente para que se certifique de que tanto o segmento solo quanto o segmento espacial estão efetivamente prontos para o lançamento.

Isso inclui a verificação também dos sistemas de rastreamento terrestre, sistemas de comunicação entre o segmento solo e o segmento espacial e todos os sistemas de segurança envolvidos.

Também é fundamental na realização das Revisões de Prontidão de Voo que se verifique a existência de qualquer restrição ou preocupação em relação a problemas ocorridos em lançamentos anteriores que pudessem impactar o voo. Assim, o voo só deve ser autorizado se a revisão de Prontidão de Voo concluir pela total inexistência de restrições que possam levar a riscos para o voo.

### LRR — Revisão de Prontidão para Lançamento (ECSS)

A Revisão de Prontidão para Lançamento é conduzida em momentos antecedentes ao lançamento e objetiva evidenciar a prontidão do lançamento do veículo lançador, as condições adequadas do segmento espacial e solo, incluindo todo sistema de apoio como os sistemas de rastreamento do segmento espacial, os sistemas de comunicação de solo e com o segmento espacial e os diversos sistemas de segurança, tendo-se ao final a decisão pela autorização ou não do lançamento propriamente dito.

## CRR — Revisão de Resultados do Comissionamento (ECSS)

A Revisão de Resultados do Comissionamento deve ser feita depois de completadas as atividades de comissionamento da entrada em órbita, objetivando declarar a prontidão para operação e utilização de rotina do segmento espacial.

Essa revisão deve ser conduzida como conclusão de uma série de testes em órbita, procurando-se constatar que todos os elementos do sistema estão executando suas funções dentro dos parâmetros de desempenho especificados. A conclusão dessa revisão é usada para marcar a entrega formal do sistema ao iniciador de projeto ou ao operador de sistema.

## ELR — Revisão de Fim de Vida (ECSS)

A Revisão de Fim de Vida de uma missão é conduzida para assegurar-se de que ela completou sua operação útil e que todos os elementos em órbita estão configurados para permitir um possível descarte seguro.

Para gerenciar a implementação da mitigação de resíduos espaciais é recomendada a elaboração de um Plano de Mitigação de Resíduos Espaciais que deve incluir:

a. Um plano de gerenciamento que defina atividades de mitigação de resíduos espaciais;
b. Um plano para a avaliação e mitigação de riscos relacionados com esses resíduos;
c. Medidas que definam os perigos relacionados com maus funcionamentos que têm um potencial para gerar resíduos espaciais;
d. Um plano para descarte da astronave ou fases orbitais;
e. Justificativa da escolha e seleção entre as várias possibilidades existentes;
f. Matriz de responsabilidades para o cumprimento das recomendações apontadas.

Na metodologia da Nasa, a Fase E comporta uma única revisão, que é a Revisão de Prontidão Operacional — ORR (Operational Readiness Review), que objetiva demonstrar que o sistema está pronto para realizar a missão e operacional.

Durante a Revisão de Prontidão Operacional são verificados os seguintes itens:

a. Dados operacionais;

b. Reservas;
c. Restrições e limites operacionais;
d. Dados e manuais técnicos;
e. Manuais de usuários;
f. Lista de pessoal treinado;
g. Dados e procedimentos de verificação;
h. Requisitos de verificação;
i. Resultados de avaliação operacional;
j. Resultados de checagem final em voo;
k. Procedimentos operacionais;
l. Plano de transição para a operação;
m. Plano de suporte logístico integrado;
n. Modelos de análises;
o. Relatórios de falhas e problemas;
p. Relatórios de prontidão;
q. Mudanças de configuração.

## FASE F — DESCONTINUIDADE

Tão cedo passa tudo quanto passa.
LUÍS DE CAMÕES

Ao final da Fase F será implantado o Plano de Descontinuidade ou Descarte, que deve prever e limitar a probabilidade de colisão acidental com objetos conhecidos e em missão.[167] Para tanto, um objeto espacial[168] que tenha terminado

[167] O Comitê de Coordenação de Resíduos Espaciais (IADC) é um fórum internacional de agências governamentais, que coordena as atividades relacionadas com assuntos de resíduos artificiais no espaço. O objetivo principal do IADC é trocar informações sobre atividades de pesquisa sobre resíduos espaciais entre as agências espaciais, facilitar oportunidades para cooperação em pesquisa de resíduos espaciais, acompanhar o progresso de atividades de cooperação e identificar opções de mitigação de resíduos. Os sócios do IADC são a Agência Espacial Italiana (ASI), Centro Espacial Nacional Britânico (BNSC), Centro Nacional de Estudos Espaciais (CNES), Administração Nacional Espacial da China (CNSA), Centro Aeroespacial da Alemanha (DLR), Agência Espacial Europeia (ESA), Organização de Pesquisa do Espaço da India (Isro), Agência Espacial do Japão (Jaxa), Agência Espacial dos Estados Unidos (Nasa), Agência Espacial Nacional da Ucrânia (NSAU) e Agência Espacial russa (Roskosmos).

[168] Um objeto espacial pode ser entendido como sendo espaçonave ou cargas úteis que já não podem executar a missão para as quais foram concebidas, corpos de foguetes, adaptadores de carga útil e outro tipo qualquer de hardware (por exemplo, fragmentos de parafuso, cobertura

sua missão deve ser manobrado para longe da órbita geoestacionária para que não cause interferência em outros objetos espaciais operacionais.[169]

O Plano de Gerenciamento de Engenharia deve prever o Plano de Descarte, indicando como será realizado o descarte ao longo do ciclo de vida do projeto, a começar com o desenvolvimento do modelo conceitual ou de engenharia. Componentes de sistemas podem requerer descarte por causa de defeitos ou por não serem aprovados em ensaios, sendo destruídos, ou por sofrerem dano irreparável.

Além disso, os processos e materiais utilizados para o desenvolvimento de modelos, produção, operação ou manutenção podem requerer o descarte ao longo do ciclo de vida. O descarte deve ser feito conforme a legislação vigente, regulamentos técnicos e normas que estão sendo continuamente atualizados e, normalmente, requerendo ações mais severas. Isso se relaciona, principalmente, com a segurança e com o meio ambiente, o que inclui atividades de reciclagem, recuperação de material e o descarte de subprodutos de desenvolvimento e produção.

O Plano de Descarte deveria especificar:

a. O método de descarte proposto para cada objeto espacial, ao fim de sua utilização ou de sua vida útil, e a confiabilidade do referido método;
b. O cálculo da duração da operação de descarte do referido objeto espacial;
c. A probabilidade de perda de vidas humanas e o método utilizado para cálculo;

---

de lentes etc.) que tenha ficado em órbita como resultado de lançamentos normais e atividades operacionais, produtos de fragmentação por acidentes ou colisões.

[169] Por meio de um entendimento comum do Comitê de Nações Unidas para Uso Pacífico do Espaço Exterior (Copuos), em 1999 foi publicado o Relatório Técnico em Resíduos Espaciais, que assegura menor risco para os objetos espaciais em órbita, mas a quantidade de resíduos está crescendo, e a probabilidade de colisões que possam levar a danos potenciais aumentará. Porém, se tornou prática comum considerar o risco de colisão com resíduos orbitais, especialmente devido a missões tripuladas. Assim, a implementação de alguma mitigação de resíduos espaciais hoje é um passo prudente e necessário para preservar o ambiente espacial para as gerações futuras. Várias nações e organizações internacionais estabeleceram padrões de mitigação de resíduos espaciais ou manuais para direcionar esforços para lidar com assuntos de resíduos espaciais. Os conteúdos desses padrões e manuais podem ser ligeiramente diferentes uns dos outros, mas os princípios fundamentais são os mesmos: (1) Prevenir quanto às separações em órbita; (2) Remover astronaves e fases orbitais que chegaram ao fim das operações de missão de regiões de órbitas úteis densamente povoadas; e (3) Limitar os objetos separados (descarte) durante as operações normais.

d. A quantidade de resíduos esperados para retornar à superfície da Terra, o tamanho da área de impacto, expresso em $m^2$, e como isso foi calculado;
e. Os limites geográficos para reentrada de resíduos e a área de impacto provável, o nível de confiança para determinação dos limites e como foram calculados os limites e o próprio nível de confiança;
f. A identidade e a quantidade de material perigoso e conteúdo de bens perigosos de cada objeto espacial ao fim de sua vida de missão;
g. A quantidade que se espera poderá alcançar a superfície da Terra no processo de reentrada e como as quantidades foram calculadas;
h. Os elementos que permanecerão em órbita e as órbitas de descarte;
i. Uma avaliação da expectativa de resíduos espaciais a serem libertados de cada objeto espacial durante suas operações normais por meio de explosões, por separações intencionais e mediante colisões de orbitais, e as medidas propostas para mitigação na produção[170] de resíduos espaciais.

A metodologia da Nasa, na Fase F do ciclo de vida, prevê o descarte, sendo considerada uma etapa evolutiva do nível de maturidade da missão, quando ocorrerá a descontinuidade e o descarte dos itens dessa missão.

[170] O chamado lixo espacial é, na realidade, formado por toneladas de pedaços de satélites, naves, estágios de foguetes e outras coisas que as missões espaciais, principalmente, americanas e russas deixaram no espaço. A estimativa é de que existam 150 mil fragmentos em órbita, que vão de partes de foguetes a chaves de fenda perdidas por astronautas ao realizar reparos em caminhadas espaciais. De acordo com a ESA, desde o primeiro lançamento do soviético Sputnik, em 1957, pelo menos 6 mil satélites foram enviados para a órbita da Terra. Desse total, 45% estariam a uma distância de até 32 mil quilômetros da superfície terrestre e só 800 estariam ativos. Esse lixo (cerca de 2 mil toneladas no total) torna-se um perigo para as estações espaciais e para os ônibus espaciais, além de ser um problema para as comunicações, pois podem destruir satélites, interrompendo as comunicações na Terra. Até fins de 2003 a ESA, mapeando o lixo espacial, concluiu que 93% do que circula na atmosfera da Terra é lixo e apenas 7% constituem objetos operacionais, sendo o total assim dividido: 41% — fragmentos diversos, 22% — espaçonaves desativadas, 13% — objetos relativos a missões espaciais, 7% — espaçonaves em atividade; e 7% — corpo de foguetes.

FIGURA 34
Fase F (Nasa)

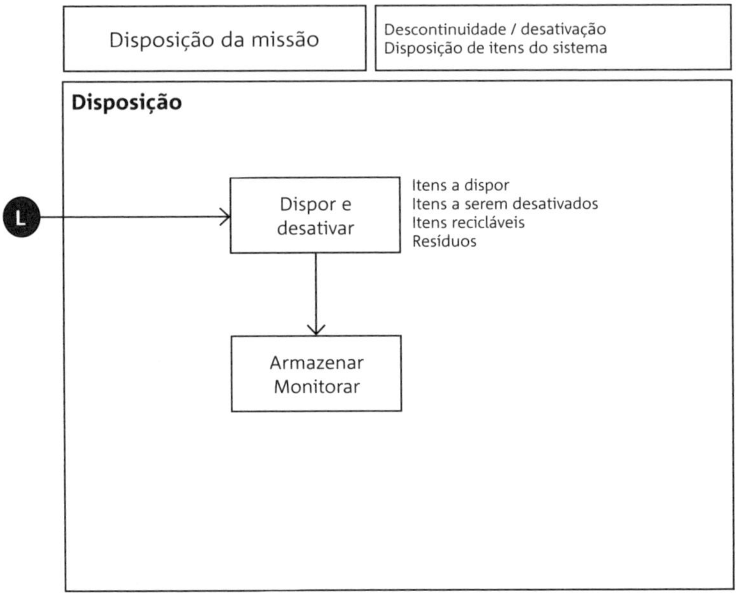


Fonte: Nasa.

Deve ser previsto para a fase de descarte avaliar os itens a serem descartados e/ou descontinuados, os itens recicláveis e aqueles considerados lixo, e os itens a serem estocados e/ou monitorados. De acordo com o Padrão da Nasa STD 8719.14[171]

## Revisões da Fase F

O tempo é o melhor autor;
sempre encontra um final perfeito.
CHARLES CHAPLIN

A Missão, segundo o modelo de ciclo de vida da ECSS, é efetivamente dada como encerrada quando, durante a Revisão de Descarte da Missão (MCR), toda a fase de descarte é considerada encerrada.

[171] Disponível em: <www.hq.NASA.gov/office/codeq/doctree/871914.pdf>. Acesso em: 15 mar. 2014.

No caso do modelo de ciclo de vida da Nasa, é feita a Revisão de Descontinuidade — DR (Decommissioning Review) com o objetivo de confirmar se o descarte planejado da missão está apropriado. Para tanto, é verificado se os planos e procedimentos de remoção de itens de serviço estão disponíveis e se existe uma necessária preparação.

Os itens verificados nessa revisão são:

a. Lista de produtos da missão;
b. Lista de pessoal treinado;
c. Reservas;
d. Requisitos para descarte;
e. Requisitos de verificação;
f. Resultados de avaliações operacionais;
g. Cronograma de descontinuidade;
h. Planos de descarte;
i. Plano de transição de pessoal;
j. Relatórios de falhas e problemas;
k. Relatórios de prontidão.

## Poluição do espaço

A poluição ambiental, tão recorrente e grave que se prolifera no solo, água e ar de nosso planeta Terra, atinge também o espaço e, se não receber um tratamento urgente dos países que utilizam o espaço, poderá se tornar tão séria que inviabilizará, a médio prazo, as atividades espaciais nas órbitas próximas da Terra.

Quando as órbitas desses corpos se aproximam muito da atmosfera terrestre, acabam entrando na atmosfera, e a maioria queima na reentrada ou cai no mar. Isso acontece ao atingirem a Terra. A probabilidade de os destroços caírem no mar é maior apenas porque o mar representa perto de 74% da superfície terrestre e a maioria dos continentes tem poucas áreas habitadas.

Quando qualquer nave espacial tem uma avaria ou fica, simplesmente, sem combustível, transforma-se automaticamente em "lixo espacial". O número é tão surpreendente que os pesquisadores americanos Donald Kessler[172] e Philip Anz-Meador,[173] que estudam o lixo espacial, estimam que, em duas décadas, poderá não ser mais possível realizar operações em órbitas mais próximas da Terra.

[172] Pesquisador da Nasa e que trabalha no Johnson Space Center, Houston, Texas (USA).
[173] Pesquisador da Lockheed Engineering and Sciences Co., Houston, Texas (USA).

A ESA, para esse monitoramento, utiliza um telescópio "de detritos espaciais", que fica situado no Observatório Teide, na ilha de Tenerife, Espanha. Esse telescópio é a estação ótica em terra da ESA, que faz parte do experimento Artemis.

Como grande parte do tempo das observações feitas ao telescópio é dedicada à análise de detritos espaciais, em especial a observação de detritos no anel geoestacionário e na órbita de transferência geoestacionária, o termo Telescópio de Detritos Espaciais da ESA tornou-se muito frequente. São realizadas várias pesquisas sobre os detritos mensalmente.

Além do Telescópio de Detritos Espaciais da ESA, atuam no monitoramento do lixo espacial: a Nasa, as forças armadas estadunidenses, o Massachusetts Institute of Technology (MIT), por meio dos radares Goldstone e Haystack, e o sistema de radar Cobra Dane, operado pela Federation of American Scientists (FAS).

Outro importante trabalho nessa área tem sido desenvolvido, nos últimos oito anos, pelo cientista suíço professor Schildknecht e sua equipe.[174] Por meio de telescópios óticos, a equipe vem monitorando o espaço a partir de Berna e de Tenerife, nas Ilhas Canárias espanholas, em colaboração com a ESA. O objetivo é fazer um inventário dos detritos de pequeno porte que circulam pelo espaço a altas altitudes.

Em 2004, um relatório da Nasa identificou a Rússia como fonte do maior número de itens considerados "lixo espacial", vindo em seguida os Estados Unidos. Outras fontes foram a França, China, Índia, Japão e a ESA.

No dia 11 de março de 1978, partes de um foguete soviético reentraram na atmosfera acima da cidade do Rio de Janeiro e caíram no oceano Atlântico, com inúmeros fragmentos, entrando em ignição devido ao atrito com a atmosfera.

Se, porém, a reentrada tivesse acontecido alguns minutos depois, poderíamos ter presenciado uma tragédia de grandes proporções, pois a queda seria na área urbana do Rio e não no oceano. Em janeiro de 1979, um satélite militar soviético portando um pequeno reator nuclear ficou descontrolado, vindo a cair no Canadá, felizmente, em área desabitada.

O que mais deixou os cientistas apreensivos foi a estação espacial norte-americana Skylab, de 69 toneladas, que em julho de 1979 caiu quase que totalmente descontrolada na Terra. Várias de suas partes atingiram o oeste da Austrália e o oceano Índico.

---

[174] Instituto de Astronomia da Universidade de Berna.

No dia 22 de janeiro de 1997, o principal tanque de combustível de um foguete Delta, com cerca de 250 kg, fabricado em aço inoxidável e praticamente intacto, apesar da reentrada na atmosfera da Terra, caiu perto de Georgetown, no Texas (USA).[175]

Outro exemplo é um tanque de combustível de um foguete Delta mais dois outros objetos espaciais que caíram na África do Sul no dia 27 de abril de 2000.

Em março de 2001, a estação espacial russa Mir, de 120 toneladas, voltou ao nosso planeta em uma queda controlada. Várias partes, algumas com várias toneladas, caíram no oceano Pacífico Sul, a leste da Nova Zelândia — área essa designada por tratados internacionais como nosso "lixão" espacial.

Esses exemplos demonstram o potencial desses objetos deixados pelas missões espaciais, que circulam perigosamente ao redor de nosso planeta e que, vez ou outra, resolvem entrar na atmosfera terrestre, com poucas, mas com chance de atingir regiões povoadas.

É importante frisar que nem todos os objetos são inofensivos, sendo vários deles constituídos de materiais radioativos ou tóxicos.

Em fevereiro de 2008, um satélite norte-americano desgovernado (usado para espionagem) foi destruído por um míssil lançado pela marinha americana, antes que caísse na Terra. O grande risco era que tal satélite estava carregado com hidrazina,[176] elemento altamente tóxico. A queda desse satélite em área habitada poderia levar a um número incalculável de mortes.

Surpreendente colisão entre dois satélites de comunicação — um da Rússia e um dos Estados Unidos —, ocorrido no dia 10 de fevereiro de 2009, é a primeira registrada na história, conforme informação da Nasa.[177] O choque se deu a cerca de 780 km acima do território da Sibéria.

Um dos satélites pertencia à companhia americana Iridium (possui uma frota de 66 satélites) e orbitava em alta velocidade quando bateu em um satélite militar russo desativado. A empresa americana e as autoridades russas explicaram que o acidente é bastante incomum, "extremamente raro" e "muito pouco provável", destacou a Iridium. A companhia americana comunicou que

---

175 Informação e foto extraídas do endereço: <http://orbitaldebris.jsc.NASA.gov/reentry/recovered.html>.

176 A hidrazina é um produto químico altamente tóxico. Seu manuseio exige o uso de roupas especias de proteção. A hidrazina é utilizada como combustível para foguetes, removedor de oxigênio de caldeiras e de sistemas de calafetação, polimerização de catalisadores e removedores de gases. Também entra na composição de explosivos como a astrolite.

177 Baseado em artigo publicado pela BBC no endereço: <http://noticias.terra.com.br/ ciencia/interna/0,,OI3511573 -EI238,00-Colisao+entre+satelites+e+ primeira+da +historia + diz+ NASA.html>.

adotará "as medidas necessárias para substituir o satélite danificado" e garantiu que o acidente não foi provocado por uma eventual falha de seu satélite.

Segundo o repórter da BBC Andy Gallacher:

> O satélite russo que estaria desativado foi lançado em 1993 e pesava 950 kg, enquanto o Iridium pesava 560 kg e foi lançado em 1997. A Nasa acredita que ainda vai levar algumas semanas para conhecer melhor a magnitude da colisão. Mas as centenas de destroços já estariam sendo rastreadas. [Gallacher, 2009]

Williams Lotte, de Tulsa, Oklahoma, foi a primeira e única pessoa a ser vítima de um detrito espacial. Dia 22 de janeiro de 1997 quando caminhava em um parque em Tulsa, ela foi atingida por um objeto metálico de 15 cm (sem ferimentos), posteriormente confirmado como uma peça do tanque de combustível de um foguete Delta II, lançado pela aeronáutica dos Estados Unidos, em 1996. Outro caso de lixo espacial caído no Brasil aconteceu no dia 22/03/2008, quando um tanque de combustível de um foguete caiu na Fazenda Montiviedu, em Goiás.

Há uma grande dificuldade em se recolher satélites desativados da atmosfera terrestre e toda a série de detritos ali acumulada. Mas isso pode estar prestes a mudar, graças a um novo sistema desenvolvido por uma equipe de cientistas e engenheiros da Queen's University.[178]

A equipe do docente Michael Greenspan, responsável pelo projeto, está desenvolvendo um novo sistema que poderá reparar os cerca de 8 mil satélites que atualmente se encontram orbitando em volta da Terra, mas fora do alcance das operações de reparação terrestres.

A solução proposta pela equipe de Greenspan é o desenvolvimento de um novo programa de localização, que tornará possível que um veículo de reparações espaciais autônomo localize e capture satélites avariados, que depois de colocados no interior desse veículo serão reparados por máquinas controladas a distância.

Há também propostas para "varrer" o lixo orbital de volta para a atmosfera da Terra, utilizando rebocadores automatizados, vassouras de laser para vaporizar ou amontoar as partículas em órbitas de queda rápida, ou mesmo bolhas de aerogel para absorver detritos que colidam com essas bolhas, e, eventualmente, cair na Terra com o lixo dentro.

---

[178] Ontário, Canadá.

Outras ideias, ainda, incluem a reunião dos objetos mais largos numa espécie de "aterro orbital", onde poderiam ter alguma utilidade futura, enquanto se mantêm fora de vista. Por exemplo, em altitudes orbitais onde não seria economicamente viável provocar a fuga de um satélite, como no anel geoestacionário, eles seriam levados para uma *órbita cemitério*, onde não há presença de satélites em operação.

Entretanto, a maior parte do esforço está sendo direcionada para a prevenção de colisões, acompanhando os detritos de maior largura, prevenindo a formação de mais detritos, além de atuação da ONU na área jurídica, embora ainda tímida.[179]

Assim, os problemas com o "lixo espacial" e suas consequências, aliados à disputa pela exploração do espaço, estão convergindo para que haja estudos e criação de novos conceitos na área jurídica, com seus consequentes desdobramentos, inclusive científicos.

As agências espaciais europeias implementaram em 2004 um Código de Conduta[180] para Mitigação de Resíduos Espaciais, o qual especifica medidas referentes ao projeto e à operação de sistemas espaciais, visando evitar ou minimizar a geração de resíduos espaciais.

Além disso, o Código de Conduta propõe medidas adequadas para proteger um sistema espacial de perigo devido a resíduos espaciais presentes em órbita. Ele ainda exige que, para cada projeto espacial, seja designado um gerente de resíduos espaciais e que ele seja responsável por fazer cumprir o referido Código de Conduta, tanto na fase de projeto quanto na de operação.

## GERENCIAMENTO DE PROJETOS ESPACIAIS DE PEQUENO PORTE

> O tempo e o espaço são modos pelos quais pensamos
> e não condições nas quais vivemos.
>
> ALBERT EINSTEIN

Os nanossatélites ou *cubsats* foram propostos, em 1999, pelos professores Jordi Puig-Suari, professor de engenharia aeroespacial da California Polytechnic

[179] Em fevereiro de 2007, a ONU deu um passo importante nesse sentido, aprovando as "Diretrizes para a Redução dos Dejetos Espaciais", em reunião do Copuos.

[180] Ver no endereço: <www.cnsa.gov.cn/n615708/n676979/n676983/n893604/appendix/2008529151013.pdf>.

State University, e Bob Twiggs, do Departamento de Aeronáutica e Astronáutica da Universidade de Stanford, *com o objetivo de permitir a alunos de pós-graduação projetar, construir, testar e operar no espaço um satélite*, com características próximas às do Sputnik.

A Especificação do Projeto CubeSat (CubeSat Design Specification) é um documento de domínio público e está na revisão 13 (20/2/2014). Ela orienta o projeto, a produção e testes de um satélite de baixo custo, com dimensões padronizadas de 10 × 10 × 10 cm (Padrão 1U) e múltiplos (2U, 3U...), massa acima de 1 kg, utilização de componentes comerciais e até com a utilização de itens produzidos por diversas empresas.

Os primeiros *cubesats* foram lançados em junho de 2003, pelo Eurochot Launch Services, em solo russo. Esses pequenos satélites têm a possibilidade de serem equipados com as funções normais de um satélite convencional (controle, potência, determinação de atitude, uplink e downlink de telecomunicações, CPU para armazenamento de dados, baterias, painéis solares, antenas, além de uma carga útil, que pode ser um experimento tecnológico, um sensor ou uma pequena câmera).

As principais características que tornam os *cubesats* tão acessíveis são: a utilização de componentes eletrônicos comerciais, sem a necessidade de qualificação espacial (se for decidido pela qualificação, esta não deve ser menos severa), curto prazo de produção, pode operar na frequência de radioamador, montagem relativamente simples, subsistemas divididos por placas, menos requisitos de integração e testes, menos exigência dos lançadores e menor custo para fabricação, lançamento e operação.

Originalmente concebidos como uma plataforma acadêmica (educação e treinamento), os *cubesats* passaram a se destacar como opção para vários projetos, como: sensoriamento remoto e observação da terra, investigação da atmosfera, coleta e retransmissão de dados, serviços de comunicação especializada, aplicações militares e de defesa, aplicações científicas, demonstração de tecnologia, testes de componentes espaciais, serviço de GPS, serviço de internet, monitoração de cursos d'água, monitoração ambiental e outras funcionalidades mais avançadas como em estudo pela Nasa para exploração do espaço profundo, equipando os *cubesats* com sistema de micropropulsão.

O baixo custo por unidade dos *cubesats* é um fator interessante e que estimula a utilização de constelações de nano e minissatélites e as operadoras poderão compensar a baixa resolução espacial com a alta taxa de revisita da constelação, e também com a utilização de instrumentação diferente e complementar nos *cubesats* da constelação.

Nessa categoria de satélites de pequeno porte, os chamados *cubesats*, se encontram os picossatélites (>1 kg), os nanossatélites (1 a 10 kg) e os microssatélites (10 a 100 kg), e a plataforma poderá ter como base o padrão 1U e seus múltiplos ou outra plataforma proprietária.

Os nanossatélites normalmente são constituídos dos seguintes subsistemas:

a. Subsistema estrutural;
b. Subsistema de controle e determinação de atitude;
c. Subsistema de energia elétrica;
d. Subsistema de controle térmico;
e. Subsistema de gestão (computador de bordo e de manuseio de dados);
f. Subsistema de comunicação (telemetria, rastreamento e comando);
g. Payload.

Requisitos construtivos mínimos para os *cubesats* são mostrados a seguir.

## Subsistema estrutural

a. Depois de integrado ao lançador, qualquer acesso ao interior do *cubesat* somente será permitido através de portas apropriadas;
b. A estrutura não pode ter possibilidade de solda fria e deve ser, preferencialmente, de alumínio;
c. Chaves interruptoras não podem ter travamento elétrico ou mecânico.

## Subsistema de controle e determinação de atitude

a. Não poderá ser utilizado qualquer material magnetizável no *cubesat*;
b. O *cubesat* deverá ser capaz de recuperar-se a uma taxa de 50°/s durante três dias de testes (condições normais).

## Subsistema de energia elétrica

a. O *cubesat* deve fornecer energia suficiente com a tensão adequada, seja por geração de painéis solares ou da bateria, para satisfazer os requisitos de energia de todos os subsistemas de satélite em todos os modos de operação;

b. O *cubesat* deve ser capaz de ser comissionado em órbita, após o último estado de energia reduzida, sem o carregamento da bateria, por meio de inspeção ou teste funcional por um período de até oito meses;
c. O *cubesat* deve ser mantido com a alimentação elétrica desligada durante todo o lançamento e até que seja implantado em órbita a partir do sistema de lançamento (implantação), incluindo as baterias, que deverão estar desligadas ou totalmente descarregadas, para que não haja interferência com o veículo lançador ou carga útil primária.

## Subsistema de gestão (computador de bordo e de manuseio de dados)

Os requisitos deverão ser de acordo com a configuração do mesmo. Talvez um item padrão seria em relação ao relógio usado no computador do *cubesat* que deve usar exclusivamente o Tempo Universal Coordenado (UTC) como referência de tempo.

## Requisitos gerais

a. A massa total de um *cubesat* padrão 1U não poderá exceder a 1,33 kg e um *cubesat* padrão 3U não poderá ter massa superior a 4 kg;
b. O centro de gravidade do *cubesat* deve estar localizado dentro de uma esfera de 20 mm de diâmetro localizada no centro geométrico do *cubesat*;
c. Nenhum lixo espacial poderá ser gerado durante o lançamento do *cubesat* e ele deve ser construído com material que não degrade em menos de dois anos depois do lançamento;
d. Não é permitido o uso de subsistema pirotécnico;
e. Não é permitido usar no *cubesat* nenhum vaso de pressão acima de 1,2 atm;
f. Os *cubesats* devem ser projetados para terem uma vida útil em órbita de pelo menos seis meses;
g. Subsistemas e componentes de *cubesats* não podem apresentar emissões eletromagnéticas, pois isto pode gerar interferências em outros subsistemas e componentes.

## Revisões do projeto

O projeto de um *cubesat* apresenta um ciclo de vida bem menor do que seria de um satélite convencional e perfaz cerca de um ano ou um pouco mais, caso o objetivo seja mais acadêmico do que comercial.

Por exemplo, as revisões obrigatórias previstas no Projeto FP7/QB50[181] são apenas quatro: Revisão de Projeto Preliminar (PDR), Revisão Crítica de Projeto (CDR), Revisão de Prontidão para Montagem, Integração e Testes (AIT-RR) e Revisão de Prontidão para Voo (FRR).

Para o QB50, as revisões do projeto devem ser feitas com um rigor inferior ao de uma revisão de projeto convencional, mas sempre buscando a participação de consultores externos à organização construtora.

No caso do Inpe, seus projetos adotam, embora também com menor rigor, nove revisões de projeto, conforme indicado na figura 35, especialmente, porque tais projetos, via de regra, são voltados para a formação de recursos humanos na área aeroespacial e, portanto, procura-se passar por todas as fases do ciclo de vida de um projeto convencional e também por suas principais revisões.

## Ciclo de vida do projeto

Embora todas as fases de um projeto convencional sejam observadas, não há a necessidade de se cumprir todas as exigências e somente parte das Revisões de Projeto, conforme indicado no fluxo a seguir.

181 O Consórcio QB50 (Projeto FP7/QB50) é coordenado pelo Instituto Von Karman (VKI) da Bélgica e é formado pelas seguintes organizações: Isis, EPFL, Bira, Itam, UCL, IAP, TUDelft, SSC, DLR, NPU, Stanford, Airbus e SSLLC, com o objetivo de demonstrar a possibilidade de lançar uma rede de 50 *cubesats* universitários de todo o mundo, inclusive do Brasil (IFF) para fins de executar pesquisa científica na termosfera inferior. Disponível em: <www.qb50.eu/index.php/project-description-obj/mission-objectives>. Acesso em: 24 jun. 2015.

FIGURA 35
Ciclo de vida de um projeto de *cubesat* e suas revisões

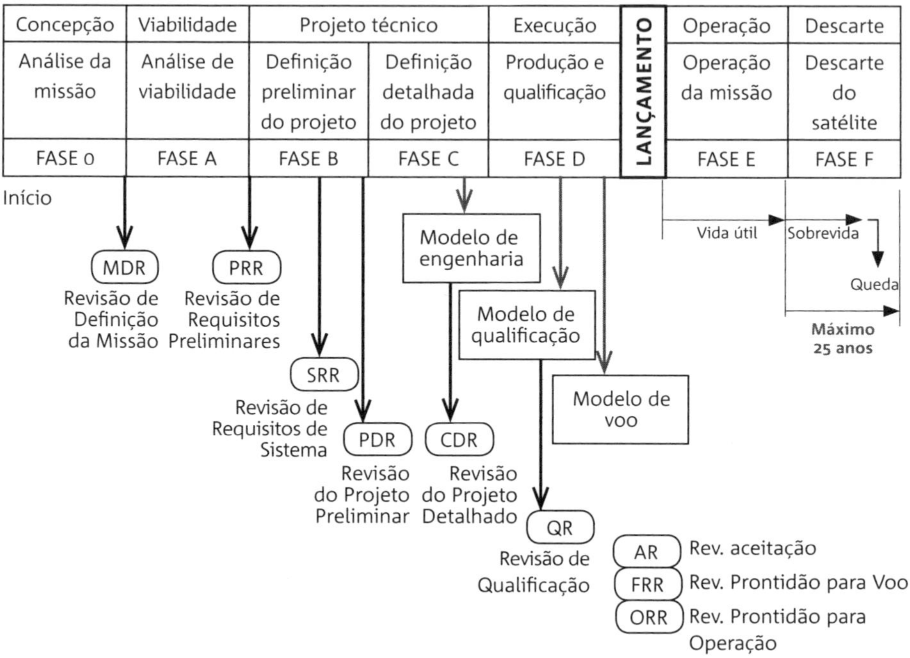


Fonte: CRN/Inpe.

As revisões indicadas para os projetos do Inpe são:

a. Revisão de Definição da Missão (MDR);
b. Revisão de Requisitos Preliminares (PRR);
c. Revisão de Requisitos dos Sistemas (SRR);
d. Revisão do Projeto Preliminar (PDR);
e. Revisão do Projeto Detalhado (CDR);
f. Revisão de Qualificação (QR);
g. Revisão de Aceitação (AR);
h. Revisão de Prontidão para Voo (FRR);
i. Revisão de Prontidão para Operação.

## Testes de qualificação e de aceitação para lançamento

O padrão CubeSat Design Specification determina alguns testes básicos a serem realizados, mas dá a indicação de que a agência ou empresa lançadora deverá ser consultada com relação ao que será exigido como bateria de testes. No caso de faixas de testes e valores de aceitação, o CDS recomenda que seja consultado o documento da Nasa GSFC-STD-7000, que está disponível no endereço: <http://snebulos.mit.edu/ projects/reference/NASA-Generic/GSFC-STD-7000A.pdf>.

Com base no que o Inpe e no que o Consórcio QB50 tem desenvolvido, segue uma planilha de testes ambientais recomendados.

TABELA 12
Planilha de testes ambientais recomendados

| TESTES | INPE | QB50 |
|---|---|---|
| Teste de vibração senoidal | x | x |
| Teste de vibração randômica | x | x |
| Choque mecânico | 1, 2 | x |
| Teste de ciclagem térmica | 3 | x |
| Teste de termovácuo | x | x |
| Teste acústico | 4 | NA |
| Pressão | 5 | NA |
| Choque térmico | 6 | NA |
| Propriedades físicas (dimensional, massa etc.) | 7 | x |
| Ensaios magnéticos | 8 | 9 |

Fonte: Inpe/QB50.

Legenda:
1. Equipamentos elétricos e eletrônicos
2. Painéis solares
3. Não recomendado para baterias que não podem ser recarregadas depois do teste
4. Indica apenas para painéis solares
5. Somente para sistemas e circuitos de pressão
6. Apenas para antenas, painéis solares, equipamentos térmicos e óticos
7. Medidas de massa, centro de gravidade e momento de inércia
8. Ensaios de EMI/EMC e Balanço Magnético
9. Se durante os ensaios funcionais for identificado um potencial de autointerferência, então um teste completo de EMC, em câmara anecoica, deve ser realizado.

# CONCLUSÃO

Ao finalizar o conteúdo deste livro, espera-se que o leitor tenha tido uma visão ampla sobre gerenciamento de projetos espaciais, por meio das questões históricas, conhecimento e melhores práticas acumuladas em milhares de projetos realizados.

Desta forma, procuramos, por meio de linguagem simples, desvendar os principais elementos constitutivos de projetos espaciais bem-sucedidos.

Esperamos que você tenha gostado desta experiência. E que, em algum dia, possamos estar vivendo os dizeres que abriam cada episódio da famosa e clássica série Star Trek...

*"O espaço, a fronteira final. Essas são as viagens da nave estelar Enterprise, em sua missão de 5 anos, para explorar novos mundos, buscar novas formas de vida, novas civilizações. Audaciosamente indo, aonde nenhum homem jamais esteve".*

# REFERÊNCIAS


AEB. Agência Espacial Brasileira. *Programa Nacional de Atividades Espaciais — PNAE (1998-2007)*. 1998. Disponível em: <ftp://ftp.mct.gov.br/Biblioteca/6416-Programa_Nacional_Atividades_Espaciais1998-2007.pdf>.

AMARAL, Roberto. Desafios ao Veículo Lançador de Satélites. In: DOMINGOS NETO, Manuel (Org.). *O militar e a ciência no Brasil*. Rio de Janeiro: Gramma, 2010. p. 169-211. Disponível em: <www.ramaral.org/wp-content/uploads/2013/07/O-militar-e-a-ciencia-no-brasil.pdf>.

ASSESSORIA DA QUALIDADE DA AME. Qualidade na visão humana. *Qualidade*, São José dos Campos, n. 1, a. 1, p. 14-15, 2007/2008. Disponível em: <www.iae.cta.br/revista_qualidade.htm>.

BALESTRA, Luciano. *The European Cooperation for Space Standardization (ECSS)*. Disponível em: <www.hq.nasa.gov/office/codeq/trismac/apr08/day2/balestra_esa.pdf>. Acesso em: 18 maio 2014.

BLOG ASTRONAUTICA. *Glennan T. Keith: official Nasa biography*. Disponível em: <www.astronautix.com/astros/glennan.htm>. Acesso em: 19 maio 2014.

BLOG HISTÓRIAS DO MUNDO INTEIRO. Disponível em: <http://historiasdomundointeiro.blogspot.com.br/2012/11/muralha-da-china.html>. Acesso em: 5 jan. 2013.

BLOG PANORAMA ESPACIAL. *Avanços no projeto Sara: IAE realiza revisão crítica na rede elétrica do projeto Sara*. São Paulo, 24 mar. 2010. Disponível em: <http://panoramaespacial.blogspot.com.br/2010/03/avancos-no-projeto-sara.html>.

BONOME, João Batista Vieira. *Teoria geral da administração*. Curitiba: Iesde Brasil, 2009. Disponível em: <www2.videolivraria.com.br/pdfs/23879.pdf>.

BOSCOV, Jayme. Crônica de um desastre anunciado. *Jornal do Engenheiro*, n. 219, p. 16-30 set. 2003. Disponível em: <www.seesp.org.br/imprensa/je219alcantara.htm>.

BRASIL. Ministério da Ciência e Tecnologia. Instituto Nacional de Pesquisas Espaciais. Notícias. *LIT/Inpe comemora 25 anos*. São José dos Campos, 2012. Disponível em: <www.cbers.inpe.br/noticia.php?Cod_Noticia=3162>.

CAMPOLINA, Clério. Absolutismo, não! *Estado de Minas*, Belo Horizonte, 10 jul. 2010. Pensar Brasil, p. 22.

CORREIA, André Luiz; FAZOLLI, Silvio. Gerenciamento de risco em projetos do setor espacial. Qualidade, São José dos Campos, a. 2, n. 2, p. 17-21, 2009. Disponível em: <www.iae.cta.br/Arquivos/revista2.pdf>.

DOLINSKY, Mauro Melo. O desenvolvimento de foguetes de sondagem no Brasil. *40 Anos de Atividade Espacial*, Parnamirim, ed. esp., p. 18-24, 12 out. 2005.

DOMINGUES, Lucy de Albuquerque Kimura; CARNEIRO, Maria Alice Carneiro; SILVA JUNIOR, Waldemir José Rodrigues da. Certificação do IAE na NBR 15100:2004. *Qualidade*, São José dos Campos, n. 3, p. 4-6. Disponível em: <www.iae.cta.br/Arquivos/revista3.pdf>.

ELFES, Alberto. Nasa cogita explorar Titã, lua de Saturno. *O Estado de S. Paulo*, 6 mar. 2011. Caderno Geral, p. 16.

FELÍCIO, Delma. *Implantação de um sistema de gestão da qualidade*: estudo de caso em uma organização pública de pesquisa e desenvolvimento. Dissertação (mestrado) — Universidade de Taubaté, São Paulo, 2008. Disponível em: <www.ppga.com.br/mestrado/2008/felicio-delma. pdf>. Acesso em: 19 maio 2014.

GALLACHER, Andy. *Satélites da Rússia e dos Estados Unidos colidem no espaço*. BBC Brasil. Disponível em: <www.bbc.com/portuguese/lg/noticias/2009/02/090212_satelitescolisaoml.shtml>.

GANTT, H. L. *Work, wages, and profits*. 2. ed. Nova York: The Engineering Magazine Co.: 1919. Disponível em: <https://archive.org/stream/workwagesprofits00gant #page/n3/mode/2up>. Acesso em: 8 mar. 2014.

GOUVEIA, Adalton. *Esboço histórico da pesquisa espacial no Brasil*. São José dos Campos: Inpe, 2003. E-book. Disponível em: <http://mtc-m12.sid.inpe.br/col/sid.inpe.br/jeferson/2003/07.02.08.39/doc/publicacao.pdf>.

HANDBERG, Roger. Arrival of the "new era" in U.S space policy. *The Space Review*, Florida, 2013. Disponível em: <www.thespacereview.com/article/2425/1>. Acesso em: 12 dez. 2013.

INAGAKI, Diná Tiemi; PESSOA FILHO, José Bezerra. A NBR 15100 na ASE. *Qualidade*, São José dos Campos, n. 1, a. 1, p. 10-11, 2007/2008.

____; CARNEIRO, Maria Alice. A normalização no setor espacial. *Qualidade*, São José dos Campos, n. 4, p. 19-22. Disponível em: <www.iae.cta.br/Arquivos/revista4.pdf>. Acesso em: 7 maio 2014.

JOHNSON, Stephen B. *The secret of Apollo*: systems management in American and European space programs. 3. ed. Baltimore: The John Hopkins Press, 2008.

KASEMODEL, Carlos Antônio de Magalhães. Certificação do VSB-30. *Espaço Brasileiro*, São José dos Campos, n. 2, p. 30, 3. trim. 2009. Disponível em: <www.aeb.gov.br/wp-content/uploads/2012/09/RevistaAEB_n6.pdf>.

LANIUS, Roger D. *The legacy of the Apollo moon landings*. Disponível em: <www.e-ir.info/2012/10/26/the-legacy-of-the-apollo-moon-landings/>. Acesso em: 23 maio 2014.

LARSON, Wiley J. et al. *Applied project management for space systems*. 3. ed. Nova York: MC Graw Hill, 2008.

LEE, David E. Spacecraft manufaturing, integration and test. In: WERTZ, James R.; EVERETT, David F.; PUSCHELL, Jeffrey J. *Space mission engineering*: the new Smad. California: Microcosm Press, 2011.

LEVINE, Arnold S. Managing Nasa in the Apollo Era. Washington, DC: Nasa, 1982. (The Nasa Story Series, Nasa SP-4102). Disponível em: <http://history.nasa.gov/SP-4102.pdf>.

LICHTGARN, Eve. Review: the secret of Apollo. *The Space Review*, 23 out. 2006. Disponível em: <www.thespacereview.com/article/727/1>. Acesso em: 13 dez. 2013.

MACAU, Elbert. Como um satélite é integrado e testado? In: INPE. *Escola do espaço*. José dos Campos: Inpe, 1999.

MALCOLM, D. G. et al. Application of a technique for research and development program evaluation. *Operations Research*, a. 5, v. 7, p. 646-669, set./out. 1959.

MELLO, Olympio Achilles de Faria. Experiência adquirida pelo AQI na implantação e implementação da NORMA ISSO/IEC 17025. *Qualidade*, São José dos Campos, n. 1, a. 1, p. 23-24, 2007/2008. Disponível em: <www.iae.cta.br/revista_qualidade.htm>.

NASA. National Aeronautics and Space Administration. *FY 2013 president's budget request summary*. Washington: Nasa, 2013.

NASA. Nasa Space Flight Program and Project Management. *NPR 7120-5E: Procedural requirements*. Washington, DC: Nodis Library, 2012. Disponível em: <http://nodis3.gsfc.nasa.gov/displayDir.cfm?t=NPR&c=7120&s=5E>.

NASA. National Aeronautics and Space Administration. *Quality manual.* Disponível em: <www.nasa.gov/centers/ivv/doc/170870main_IVV_QM.doc>. Acesso em: 18 maio 2014.

NÓBREGA, Clemente. *Taylor superstar*. 24 set. 1997. Disponível em: <http://exame.abril.com.br/revista-exame/edicoes/0645/noticias/taylor-superstar-m0049273>. Acesso em: 8 mar. 2014.

OLIVEIRA, Cesar Aparecido de Araujo Querido. *Proposta de modelo organizacional de gestão de tecnologia para o setor espacial brasileiro*: estudo do caso VLS. Tese (doutorado) — Instituto Tecnológico de Aeronáutica, São José dos Campos, 1998. Disponível em: <www.bdita.bibl.ita.br/tesesdigitais/lista_resumo.php?num_tese=000405982>.

OLIVEIRA, Fabíola de. Prefácio. In: COSTA FILHO, Edmilson. *Política espacial brasileira.* Rio de Janeiro: Revan, 2002.

PEREIRA, Guilherme Reis. *Política e desenvolvimento tecnológico no setor espacial.* s.d. Disponível em: <www.necso.ufrj.br/esocite2008 /trabalhos/36259.doc>.

PMI. *A guide to the project management body of knowledge (PMBOK guide)*. 5. ed. Pensilvania: Project Management Institute, 2013.

PORTAL DA AGÊNCIA ESPACIAL BRASILEIRA (AEB). XII Encontro Nacional de Estados Estratégicos (XII ENEE): Orçamento/Financiamento para o Programa Espacial. Rio de Janeiro: 2012. Transparências. Disponível em: <http://pt.slideshare.net/ saepr/apresentao-xiienee-oramento-e-financiamento>. Acesso em: 14 jan. 2014.

PORTAL DA ENCICLOPÉDIA BRITÂNICA. *Central Pacific railroad.* Disponível em: <www.britannica.com/EBchecked/topic/102543/Central-Pacific-Railroad>. Acesso em: 23 dez. 2013.

PORTAL DE HISTÓRIA DA NASA. *Apollo-1 (204).* Disponível em: <history. nasa.gov/Apollo204>. Acesso em: 19 jan. 2014.

PORTAL DE HISTÓRIA DA NASA. *Effects of the Apollo 204 accident on schedule and cost of the Apollo Program.* Disponível em: <http://history.nasa.gov/Apollo204/ effects.html>. Acesso em: 19 jan. 2014.

PORTAL DE HISTÓRIA DA NASA. *Project Apollo*: a retrospective analysis. Disponível em: <http://history.nasa.gov/Apollomon/Apollo.html>. Acesso em: 20 jan. 2014.

PORTAL ESA Space Science. *How a mission is chosen.* Disponível em: <www.esa.int/Our_Activities/Space_Science/How_a_mission_is_chosen>. Acesso em: 6 maio 2014.

PORTAL EXAME. Fracassa lançamento do satélite sino-brasileiro CBER-3. 2013. Disponível em: <http://exame.abril.com.br/tecnologia/noticias/sem-posicionamento -satelite-pode-ter-retor nado-a-terra>. Acesso em: 9 jan. 2014.

PORTAL EXAME. *Taylor superstar*. Disponível em: <http://exame.abril.com.br/revista-exame/edicoes/0645/noticias/taylor-superstar-m0049273> Acesso em: 8 mar. 2014.

PORTAL FOX NEWS. *Sputnik's secret history finally revealed*. Disponível em: <www.foxnews.com/story/2007/10/02/sputnik-secret-history-finally--revealed>. Acesso em: 19 maio 2014.

PORTAL INPE (Clipping). CLA adia lançamento do VS-30. *O Estado do Maranhão*, 20 ago. 2000. p. 7. Disponível em: <http://md-m09.sid.inpe.br/col/sid.inpe.br/md-m09%4080/2007/09.17.19.14/doc/clipping1.html>. Acesso em: 19 maio 2014.

PORTAL MICROSOFT. *Um histórico rápido do gerenciamento de projetos*. Disponível em: <http://office.microsoft.com/pt-br/project-help/um-historico-rapido-do-gerenciamento-de-projetos-HA010351563.aspx>. Acesso em: 8 mar. 2014.

PORTAL NASA. *Jet propulsion laboratory*. California Institute of Technology. Basic of space flight section II — chapter 7: Mission inception overview. Disponível em: <www2.jpl.nasa.gov/basics/bsf7-1.php>. Acesso em: 12 maio 2014.

PORTAL NODIS LIBRARY NASA. *Nasa online directives information system*. Disponível em: <http://nodis3.gsfc.nasa.gov/rpt_current_directives.cfm>. Acesso em: 19 maio 2014.

PORTAL OLHAR DIGITAL. *Nasa pode enviar plantas vivas para Marte em 2020*. Disponível em: <http://olhardigital.uol.com.br/noticia/nasa-pode--enviar-vida-vegetal-para-marte-em-2020/ 41868>. Acesso em: 9 maio 2014.

PORTAL PRAVDA. *Há 50 anos a União Soviética lançou o Sputnik*. Disponível em: <http://port.pravda.ru/science/04-10-2007/19546-sputnik-0>. Acesso em: 18 mar. 2014.

PORTAL SAE. Secretaria de Assuntos Estratégicos. *Política de ciência, tecnologia e inovação*. Disponível em: <www.sae.gov.br/site/?p=969>. Acesso em: 19 maio 2014.

PORTAL SAE INTERNATIONAL. *SAE aerospace quality standards on the web*. Disponível em: <http://store.sae.org/aeroqa/contents/>. Acesso em: 10 maio 2014.

PORTAL SPACE. *Nasa may put greenhouse on mars in 2021*. Disponível em: <www.space.com/25767-nasa-mars-greenhouse-rover-plant-experiment.html>. Acesso em: 9 maio 2014.

PORTAL THE NEW YORK TIMES. *Samuel C. Phillips, who directed Apollo Lunar landing, dies at 68*. 1/2/1990. Disponível em: <www.nytimes.com/1990/02/01/obituaries/samuel-c-phillips-who-directed-apollo-lunar-landing-dies-at-68.html>. Acesso em: 15 dez. 2013.

PORTAL UNESP. A conquista do espaço: do Sputnik à Missão Centenário. Disponível em: <www.feg.unesp.br/~orbital/sputnik/sputnik.html>. Acesso em: 18 mar. 2014.

PORTAL WIKIPÉDIA. *Arquitetura da Roma antiga*. Disponível em: <http://pt.wikipedia.org/wiki/Arquitetura_da_Roma_Antiga>. Acesso em: 16 dez. 2013.

PRADO, Darci. *Pert/CPM*. Belo Horizonte: INDG Tecnologia e Serviços, 2004.

QUALIDADE. São José dos Campos: Comando da Aeronáutica. Departamento de Aeronáutica e Espaço. Instituto de Aeronáutica e Espaço, n. 3, 2011.

QUALIDADE. São José dos Campos: Comando da Aeronáutica. Departamento de Aeronáutica e Espaço. Instituto de Aeronáutica e Espaço, n. 4, 2012.

RIBEIRO JR., W. A. *Datação e cronologia da Grécia antiga*. Portal Graecia Antiqua, São Carlos. Disponível em: <www.greciaantiga.org/arquivoasp?num=0101>. Acesso em: 5 jan. 2014.

ROSA, Aldo Weber Vieira da. *Entrevista com o prof. Aldo Weber Vieira da Rosa, fundador do Inpe, jul. 2007*. Entrevistadora: Fernanda Soares. SindCT. São José dos Campos, São Paulo. Disponível em: <www.sindct.org.br/?q=node/29>.

SANTOS, Paulo Marques dos. *Instituto Astronômico e Geofísico da USP*: memória sobre a sua formação e evolução. São Paulo: Editora da USP, 2005. (Coleção USP 70 Anos).

SEAMANS JR., Robert C. Project Apollo: the tough decisions. *National Aeronautics and Space Administration (Nasa)*, Washington, v. 37, 2005. Disponível em: <http://history.nasa.gov/monograph37.pdf>.

SEERY, B. D. et al. Project planning. In: LARSON, Wiley J. et al. *Applied project management for space systems*. 3. ed. Nova York: MC Graw Hill, 2008. p. 57-115.

SLACK, Nigel et al. *Administração da produção*. São Paulo: Atlas, 2002.

STOEWER, Heinz. *Project management and systems engineering*: "twin competences" for successful space projects implementation. Disponível em: <www.stp.isas.jaxa.jp/nakamura/lecture/PlanetInquiry2/0118/JAXAISA-SExecSy1106.pdf>. Acesso em: 18 maio 2014.

TEJOS-SALDIVIA, Miguel Enrique; PETRONI, Sérgio Luiz Graciano. A NBR 15100 em um ambiente de laboratório de pesquisa. *Qualidade*, São José dos Campos, a. 1, n. 1, p. 8-9, 2007/2008.

VALOR ECONÔMICO, São Paulo, 5 jan. 2010. p. B3.

WERTZ, James R. Space mission engineering. In: ____; EVERETT, David F.; PUSCHELL, Jeffrey J. *Space mission engineering*: the new Smad. California: Microcosm Press, 2011. p. 45-60.

____; EVERETT, David F.; PUSCHELL, Jeffrey J. *Space mission engineering*: the new Smad. Califórnia: Microcosm Press, 2011.

WOLFLE, Dael. The administration of Nasa. *Science*, v. 162, n. 3855, p. 753, 15 nov. 1968. Disponível em: <http://science.sciencemag.org/content/162/3855/753.full.pdf+html>.

# ANEXO

# TEMPLATE NASA: PLANO DE GERENCIAMENTO DE PROJETOS

Segundo definição do PMBOK, "Um Programa é definido como um grupo de Projetos relacionados, gerenciados de modo coordenado para a obtenção de benefícios e controle que não estariam disponíveis se eles fossem gerenciados individualmente".

Tipicamente, um programa espacial precisa de uma coordenação ampla e orientada a metas e objetivos claros. Cada projeto tem relação direta com outro e precisa, na maioria das vezes, ser desenvolvido em paralelo e com aplicação final simultânea.

O plano de gerenciamento de programas/projetos é parte do escopo do gerenciamento de integração e visa documentar as ações necessárias para se definir, preparar, integrar e coordenar todos os planos que farão parte do gerenciamento do programa/projeto.

O roteiro a seguir apresentado está baseado no procedimento NM 7120.81, da Nasa (Nasa Space Flight Program and Project Management Requirements) e é apresentado como um *template*.

O *template* do plano de gerenciamento de programas/projetos espaciais, proposto pela Nasa, tem a seguinte estrutura básica:

## TÍTULO DO PROGRAMA

## 1.0 GERAL

## 1.1 INTRODUÇÃO

Breve descrição sobre o programa e o *status* atual, incluindo resultados de atividades de formulação, decisões e documentação.

## 1.2 METAS E OBJETIVOS

Indicar as metas e objetivos específicos do programa e relacioná-los de forma clara com as necessidades, metas e objetivos da Nasa e com as metas e com os objetivos estratégicos da Diretoria da Missão e da Nasa, expressos de uma forma objetiva, qualificável e mensurável, devendo incluir compromissos específicos com a segurança e sucesso da missão.

## 1.3 ARQUITETURA DO PROGRAMA

Descrever, de forma breve, a arquitetura do programa, seus componentes principais e o meio pelo qual eles serão integrados. Descrever os principais componentes do programa e como serão operados em conjunto e com outros sistemas, como é aplicável, para que se alcancem as metas e objetivos do programa. Especificar o tipo de programa (projeto simples, com prazo folgado, com prazo relativamente apertado e com prazo apertado) e a base para essa classificação.

Elaborar um sumário da descrição técnica do programa, incluindo projetos constituintes e conceitos operacionais. Deve também incluir a descrição da missão, interfaces do programa, instalações, conceitos de logística, resultados planejados da missão e análise de dados, arquivamento e relatórios. Identificar as maiores restrições que possam afetar os sistemas a serem desenvolvidos para o programa (exemplos: custos, janela de lançamento, veículo lançador requerido, ambiente planetário da missão, projeto de propulsor/motor e parceiros estrangeiros).

Descrever como o programa está relacionado com outras organizações dentro e fora da Nasa:

a. Para organizações internas à Nasa, descrever o papel de cada uma no programa, incluindo esforços tecnológicos, comunicações espaciais e serviços de lançamento;
b. Para organização externa à Nasa, descrever o papel de cada uma no programa, incluindo outras agências governamentais, universidades,

indústria e parceiros internacionais e como eles participarão do programa.

## 1.4 DEFINIÇÃO DE *STAKEHOLDERS*

Identificar os principais *stakeholders* do programa (exemplos: comunidade científica, tecnológica, acadêmica, público em geral, *sponsor* da Diretoria de Missões) e o processo a ser usado para assegurar o envolvimento desses *stakeholders* com o programa.

## 1.5 AUTORIDADE DO PROGRAMA (GERENCIAMENTO E ESTRUTURA DE GOVERNANÇA)

Descrever a estrutura de gerenciamento do programa, incluindo as responsabilidades de cada organização participante. Identificar:

a. O Centro ao qual o gerente do projeto pertence;
b. As responsabilidades de cada centro e como eles se relacionam com os demais.

Descrever o grupo contábil, nível de decisão, papel e responsabilidades do *sponsor* da Diretoria da Missão, do gerente do Programa, do diretor do Centro e outras autoridades (incluindo as autoridades técnicas), como requerido. Preparar uma descrição de "alto nível" da organização do programa, apresentando os grupos contábeis. Descrever linhas claras de autoridade para os projetos e centros, para o programa e para o diretor da missão, e a frequência com que cada um receberá relatórios. Ilustrar graficamente a organização e descrever o processo pelo qual os projetos serão formulados, aprovados e concluídos.

## 1.6 ABORDAGEM DE IMPLANTAÇÃO

Descrever brevemente a abordagem de implementação do programa, incluindo algum guia ou direção para as aplicáveis revisões Acquisition Strategy Planning (ASP) e Acquisition Strategy Meeting (ASM), a estratégia de aquisição (desenvolver nos Centros da Nasa e contratantes), parceiros e contribuições dos parceiros, se apropriado. Incluir os planos de decisão de *make-or-buy* e estudos econômico-financeiros.

Descrever como as lições aprendidas e as práticas e políticas de implantação dos centros da Nasa serão utilizadas na execução do programa. Documentar os acordos no uso de políticas de implantação e práticas entre o gerente do programa e os centros da Nasa participantes, nesta secção ou em anexo, alinhados com a abordagem do programa para assegurar que interfaces não representem riscos para o sucesso do programa.

## 2.0 *BASELINE* DO PROGRAMA

## 2.1 *BASELINE* DE REQUISITOS

a *Requisitos do programa*: Documentar os requisitos de "alto nível" do programa, incluindo desempenho, segurança, e requisitos programáticos e relacionados com os requisitos e objetivos estratégicos da Diretoria da Missão e da Nasa. Descrever o processo pelo qual os requisitos do programa terão sua conformidade verificada. Descrever o processo para controle de mudanças dos requisitos do programa. Documentar a rastreabilidade dos requisitos.

b *Documentação dos requisitos*: Para programas com prazos muito apertados e projetos de programas simples, decompor seus requisitos de "alto nível" em outros requisitos de projetos e sistemas constituintes, especificando, aqui ou em separado, documento de requisitos do programa, a ser preparado pelo gerente de projetos. Para programas com prazos alongados ou programas incompletos, aplicar aqueles requisitos de "alto nível" para transferir os requisitos do programa em cada projeto constituinte. Esta documentação deve ser controlada e deve ser alocada no corpo do plano do programa ou em anexo. Os requisitos, dessa maneira, devem ser documentados e alguma mudança posterior requererá aprovação do gerente do programa.

c. *Requisitos do programa nos projetos*: Para cada projeto, elaborar uma descrição macro, incluindo os objetivos de exploração ou científico da missão. Documentar a categoria dos projetos, a governança do Conselho de Gerenciamento do Programa e a classificação de risco. Descrever o objetivo dos projetos, desempenho e requisitos de segurança. Identificar os critérios de sucesso da missão para cada projeto, baseado em *baseline* de requisitos científicos. Apresentar cada requisito em termos objetivos quantificáveis e verificáveis. Identificar os principais marcos do cronograma do projeto, incluindo Preliminary Design Review (PDR — Revisão Preliminar do Projeto), Critical Design Review (CDR — Revisão Crítica do Projeto), lançamento, marcos críticos de operação da missão e dados de comissionamento da missão. Especificar as condições sob as quais a Revisão de Término da Missão deve ser desencadeada. Descrever algum requisito adicional do projeto (exemplo: parceiros internacionais). Se as características da missão indicam grande ênfase em determinado aspecto, poderá ser necessária a reformulação de um ou outro aspecto, seja ele técnico, custo ou prazo, identificando o que for mais importante (exemplo: informar se a missão está com o custo limitado ou se o prazo é primordial para a missão planetária ou se ela é crítica para acompanhar todos os objetivos técnicos, como no caso de ser usada como uma missão de demonstração tecnológica).

## 2.2 *BASELINE* DA WBS

Providenciar a WBS do Programa e o dicionário da WBS até o segundo nível.

## 2.3 *BASELINE* DO CRONOGRAMA

Apresentar um sumário do cronograma macrointegrado do Programa, incluindo todos os marcos críticos, os maiores eventos e as revisões do programa pela agência durante o ciclo de vida do programa. O sumário do cronograma deve incluir os relacionamentos lógicos (interdependências) para os marcos críticos, maiores eventos, revisões do programa e o caminho crítico, como apropriado.

## 2.4 *BASELINE* DE RECURSOS

Apresentar as necessidades de investimento no programa para o ano fiscal. Informar valores em dólares para todos os anos: anterior, corrente e restante.

Os valores devem ser consistentes com a WBS do programa e incluir previsão para todos os elementos de custo requeridos, conforme procedimento de custeio da agência.

As previsões de custo devem ser consistentes com o orçamento aprovado. Apresentar uma quebra das necessidades de verba do programa para a WBS com os elementos de nível dois. Apresentar as necessidades de força de trabalho para os anos fiscais.

Descrever as necessidades de infraestrutura do programa (aquisição, renovações e/ou uso de instalações/propriedades existentes) por meio de sinergia com outros programas e projetos aprovados e planejados, para se evitar a duplicação de instalações e capacidade. Identificar necessidade de atualização ou novos desenvolvimentos, incluindo aquelas necessidades para se manter a conformidade ambiental.

Documentar as *baselines* finais do projeto.

## 3.0 PLANOS DE CONTROLE DO PROGRAMA

## 3.1 PLANO DE CONTROLE TÉCNICO, DE CUSTO E DE PRAZO

Documentar como os planos controlarão as necessidades do programa, o projeto técnico, prazos e custos para alcançar seus requisitos de "alto nível". Esse plano de controle deve incluir o seguinte:

a. Descrever o plano para monitorar e controlar os requisitos, projeto técnico, prazos e custo para o programa;
b. Descrever as medidas de desempenho do programa, que devem ser objetivas e quantificáveis, e documentar como as medições podem ser comparadas com as necessidades de "alto nível" do programa. Estabelecer metas e valores limites para as métricas de desempenho. Documentar os critérios mínimos de sucesso da missão associado às necessidades de "alto nível" do programa que, se não atingidos, desencadearão consideração da revisão de encerramento;
c. Descrever as autoridades técnicas para implementação dos projetos (engenharia, segurança e garantia da missão e saúde e medicina);
d. Descrever o sistema de gerenciamento de valor agregado (EVMS);
e. Descrever ferramentas específicas adicionais que serão usadas para implementar o programa, processos de controle etc. (exemplos: siste-

ma de gerenciamento de requisitos, sistema de programação do programa, sistema de gerenciamento da informação);

f. Descrever como o programa monitorará e controlará o cronograma macrointegrado (IMS);
g. Descrever como o programa utilizará suas reservas técnicas e margens de prazo para controlar sua *baseline* de gerenciamento;
h. Descrever como o programa planeja relatar o *status* técnico, de prazos e de custos, incluindo a frequência e o nível de detalhe;
i. Descrever como o programa abordará os desvios técnicos e como as opiniões divergentes serão tratadas.

## 3.2 PLANO DE SEGURANÇA E GARANTIA DA MISSÃO

Desenvolver um plano de segurança e de garantia para o programa. Esse plano deve abordar as funções e atividades de segurança e garantia durante o ciclo de vida do programa. O plano deve ainda identificar e documentar os papéis, responsabilidades e relações de segurança e garantia dentro do programa específico.

O plano deve refletir uma perspectiva do processo de segurança e garantia da missão, envolvendo áreas como compras, gerenciamento, projeto e engenharia, verificação e teste, software, fabricação, operação, em conformidade com os procedimentos da agência.

Descrever como o programa desenvolverá e gerenciará um sistema de resolução e informação de problemas e como o programa desenvolve ações, rastreia e resolve os problemas. O processo deve incluir um sistema de coleta de dados bem definido e processo para informes de anomalias e problemas de hardware e software e análise de problemas e ação corretiva correspondente.

## 3.3 PLANO DE GERENCIAMENTO DE RISCOS

Sumarizar como o programa implantará o processo de gerenciamento contínuo de riscos e incluir a lista inicial de riscos potenciais e as apropriadas ações para mitigar cada risco. No caso de programas desenvolvidos com parceiros internacionais, privados ou estatais, incluir os riscos potenciais e um plano de contingência.

## 3.4 PLANO DE AQUISIÇÃO

O plano de aquisição do programa deve ser desenvolvido pelo gerente do programa, com apoio da área de compras e deve ser consistente com o plano estratégico de aquisições. Os elementos do plano de aquisição do programa devem refletir os objetivos da missão e fornecer o melhor valor para a agência. Em suma, o plano de aquisição deve:

a. Identificar todas as maiores aquisições propostas (tais como: estudo de engenharia de projeto, desenvolvimento de hardware e software e suporte de dados para a missão e operações) em relação com a WBS do programa. Elaborar informação sumarizada para cada proposta de aquisição, incluindo uma WBS de contratos, maiores itens de entrega, tipo de compra, tipo de contrato (custo reembolsável, preço fixo), recurso (institucional, outras agências governamentais ou organização internacional);
b. Descrever estudos concluídos ou planejados que suportarão as decisões de comprar ou fazer internamente (*make-or-buy*), considerando as capacidades internas da agência e a manutenção de suas competências básicas, bem como custos e o que melhor vá contribuir como valor para a agência.
c. Identificar oportunidades no programa para criar incentivos a contratados que resultem em segurança e garantia da missão.
d. Descrever como o programa estabelecerá e implantará o processo de gerenciamento constante de riscos.
e. Descrever todos os acordos, memorandos de entendimento, trocas, contribuições típicas e outros arranjos colaborativos e/ou relacionamento cooperativo. Incluir parcerias criadas por meio desse mecanismo e outros. Listar todos os acordos (configuração, número de controle, data de assinatura ou data projetada para aprovação e necessidades associadas) necessários para o sucesso do programa. Incluir ou fazer referência a todos os acordos concluídos com a autorização do gerente do programa ou superior.

## 3.5 PLANO DE DESENVOLVIMENTO TECNOLÓGICO

Descrever a avaliação da tecnologia e as estratégias de desenvolvimento, gerenciamento e aquisição necessárias para atingimento dos objetivos da missão.

a. Descrever como o programa avaliará as necessidades de desenvolvimento de tecnologia, incluindo como o programa fará a avaliação de viabilidade, disponibilidade, prontidão, custo, risco e benefícios de uma nova tecnologia;
b. Descrever como o programa identificará oportunidades para alavancar esforços tecnológicos em andamento;
c. Descrever as estratégias do programa para assegurar o desenvolvimento de alternativas, caso as tecnologias avaliadas não estejam maduras como esperado;
d. Descrever como o programa compensará déficits de tecnologia, incluindo problemas de maturação, validação e planos de inserção, medidas de desempenho com marcos quantificáveis, momento de decisão e recursos requeridos;
e. Descrever brevemente como o programa assegurará que todos os intercâmbios planejados de tecnologia, contratos e acordos de parceria cumprem com as leis e regulamentos considerando, entre eles, o controle de exportação e de transferência de informação sensível e proprietária.

## 3.6 PLANO DE GERENCIAMENTO DE ENGENHARIA DE SISTEMAS

Sumarizar os elementos-chave do plano de gerenciamento de engenharia de sistemas, incluindo uma descrição macro do programa. Incluir processos de projeto de sistemas e realização de produtos (implantação e/ou integração, verificação e validação e transição), assim como os processos de gerenciamento técnico.

## 3.7 PLANO DE REVISÕES

Sumarizar a abordagem na condução de um programa contínuo de revisões ao longo da vida do programa. Explanar as necessidades de comunicação para o programa de revisões. Fornecer dados técnicos, científicos, de prazos, custos e outros critérios que deverão ser utilizados na revisão de encerramento do programa.

## 3.8 PLANO DE GERENCIAMENTO DE MEIO AMBIENTE

Descrever as atividades requeridas para implantar a política de meio ambiente, incluindo marcos críticos associados a normas e regulamentos.

## 3.9 PLANO DE LOGÍSTICA

Descrever como o programa implantará a política de logística de projetos e programas, incluindo a infraestrutura de logística integrada para fornecer suporte, manutenção, equipamentos de teste e apoio, treinamento, documentação técnica, embalagem, manuseio e transporte e sistema de informação logística durante a vida do programa.

## 3.10 PLANO DE GERENCIAMENTO DE DADOS CIENTÍFICOS

Descrever como o programa gerenciará os dados científicos gerados e capturados pela operação da missão e amostras coletadas e retornadas à Terra para análise. Incluir descrições de como os dados serão gerados, processados, distribuídos, analisados e arquivados, bem como as amostras serão coletadas, estocadas durante a missão e controladas quando retornarem à Terra.

O Plano deve incluir definição de direitos sobre os dados e serviços e acesso a amostras, como apropriado. Explanar como o programa acompanhará o gerenciamento da informação e obtenção de conhecimento e requisitos de disposição.

## 3.11 PLANO DE GERENCIAMENTO DA CONFIGURAÇÃO E DA INFORMAÇÃO

Descrever a abordagem que o time do programa implantará para o gerenciamento da configuração. Descrever a estrutura da organização de gerenciamento da configuração e as ferramentas a serem usadas. Descrever os métodos e procedimentos a serem usados para identificação da configuração, controle da configuração, gestão de interfaces, rastreabilidade e *status* da contabilidade da configuração e comunicações. Descrever como o gerenciamento da configuração será auditado e como o processo de gerenciamento da configuração de contratados será integrado com o programa.

Descrever como o programa gerenciará a informação ao longo do ciclo de vida do programa, incluindo o desenvolvimento e a manutenção de uma biblioteca digital do programa. Explanar como o programa assegurará a identificação, controle e disposição dos registros do programa.

Descrever como o programa fará a captura das lições aprendidas de acordo com diretivas, normas, requisitos, princípios de projeto ou outra documentação existente.

## 3.12 PLANO DE SEGURANÇA

Descrever os planos do programa para garantir segurança e proteção tecnológica, incluindo:

a. Requisitos de segurança: descrever a abordagem do programa para o planejamento e a implantação dos requisitos de informação, físico, de pessoal, industrial e contrainteligência e contraterrorismo de segurança, e conscientização/educação para a segurança. Incluir no plano as previsões para proteção de pessoal, instalações, infraestrutura essencial para a missão e informações críticas da missão para uma potencial ameaça e outras vulnerabilidades que devem ser identificadas durante o processo de avaliação da ameaça ou vulnerabilidade.
b. Requisitos de segurança para informação tecnológica: documentar a abordagem do programa para implantação de segurança da informação tecnológica.
c. Requisitos para resposta a emergências: descrever o plano de resposta a emergências e definir o alcance e escopo de potenciais crises e ações específicas de resposta, momento de notificações e ações e responsabilidades de pessoas-chave.

## 3.13 PLANO DE EDUCAÇÃO

Descrever os esforços planejados e atividades para melhorar a capacitação científica pelo engajamento do público na compreensão do Programa, seus objetivos e benefícios. Sumarizar os planos para desenvolver as atividades de educação, serviços e produtos que contribuirão para os esforços na busca pela excelência na educação da ciência, tecnologia, engenharia e matemática ou para estimular o interesse nas atividades relacionadas com o programa.

Especificamente, mostre como os esforços serão planejados para:

a. Contribuir para o desenvolvimento da força de trabalho nas disciplinas de ciência, tecnologia, engenharia e matemática;
b. Atrair e reter estudantes nas disciplinas de ciência, tecnologia, engenharia e matemática por meio de oportunidades de educação para estudantes, professores e faculdades;
c. Construir parcerias estratégicas e vínculos entre provedores formais e informais de educação de ciência, tecnologia, engenharia e matemática.

Sumarizar o plano para disseminar a educação e o engajamento do público com o programa.